被消失的中國史——隋唐盛世到安史之亂

白逸琦◎著

故事，正要開始；歷史，仍在延續

「學歷史有什麼用？」

經常被人抱著不同的眼光，以不同的方式提出這樣的問題。

我通常默不作聲，或許一笑置之。

歷史還沒學好，哪能回答這樣的問題？

可是，不回答卻又不甘心！

後來，我決定說故事。

五千年的故事，好沉重！

或許我們可以這麼認爲：爲了證明那終究無法證明的眞理，人們開始研究人們曾經作過的事，於是產生了歷史。

打打殺殺的歷史，嘗試錯誤的歷史，學習教訓的歷史，學習不到教訓的歷史，只要是人們曾經作過的事，就可以替它冠上這個沉重的名詞：「歷史」。

「人」是一種奇妙的動物，總喜歡自認為萬物之靈，喜歡主宰，喜歡操控，喜歡打打殺殺，這些行為說穿了，與其他動物實在沒什麼不同。有機會逛逛動物園的話，也許有幸能夠在長臂猿島與關猴子的柵欄裡，看見類似的情形。

不久之前終於成功破解的DNA密碼告訴我們，作為一種生物，人類與果蠅之間的差異，其實是微乎其微的。

生物學家大概不會高興吧！他們努力了幾輩子，結果只證明出，人類和所謂的「低等動物」，幾乎沒有什麼差別。

宗教家大概不會高興吧！人類是上帝的選民，是上帝照著祂自己的外型創造的，怎麼能與動物們相提並論？

財閥們大概會不高興吧！我擁有數也數不完的金錢，享受著無與倫比的物質生活，你竟然告訴我，我和一隻果蠅差不多？

政客大概會不高興吧！當他動員了無數支持的群眾，在他面前高喊著：「凍蒜、凍蒜！」的時候，他竟然必須思考，究竟他與動物園裡的猴子有什麼不同。

那麼人類究竟有什麼好驕傲的呢？

人類懂得把自己的行爲記錄下來，分析自己到底幹過什麼蠢事，以後盡量不要再犯，這大概就是人類値得驕傲的地方吧！

果蠅永遠會鑽進爛水果裡，猴子永遠是力氣最大的稱王，人類卻有機會，證明自己懂得記取教訓，懂得從前人的錯誤中學習，懂得繼承過去的文化，開拓一個比較光明的未來，而非僅靠著本能生存。

正因爲這個機會，讓人們被比喻爲「笨豬」、「死狗」，甚至「豬狗不如」的時候，會有不高興的感覺。

所以，「學歷史有什麼用？」

我的回答是：「沒什麼用，只想給自己一個驕傲的機會。」

可是，現在的我，根本驕傲不起來呀！

於是，我決定說故事。

故事，正要開始；歷史，仍在延續。

CONTENTS

目錄

被消失的中國史5：隋唐盛世到安史之亂

第一章 短命的隋朝

第二章 大唐建立與貞觀之治

第三章　盛世氣象與武后稱帝

第四章　帝國中衰與安史之亂

第一章：短命的隋朝

從東漢末年到南北朝，歷經魏晉的腐化與胡人的高壓統治，將近四百年的分分合合，北方的政權，最後還是回到漢人的手裡。

這個漢人名叫楊堅，他建立隋朝，統一天下，終結南北朝，並在極短的時間裡，讓他的朝代富強興盛。

楊堅的兒子楊廣，接手的是一個龐大而強盛的國家，他好大喜功地開鑿運河，南征北伐，四處巡遊，他自以為是秦始皇，是漢武帝，比他們更揮霍，卻沒有他們的運氣，所以他成了隋煬帝。

短命的隋朝，只有三十七年的壽命，卻在暴政之餘，替將來的天下，保留興盛的種子。

隋文帝楊堅

公元五八〇年，北周靜帝大象二年十二月。

長安城外，寒風凜凜，揚起漫天黃沙；長安城中，張燈結綵，一片喜氣洋洋，連路旁的行人，都沾染了這股喜悅的氣氛。

「這麼熱鬧，是誰家要嫁女兒吧？」

「什麼嫁女兒！是楊大丞相要封王啦！」

人們議論紛紛，將宮廷中的政權轉移，當作茶餘飯後的話題，話題的主角，便是新近受封為隋王的楊堅。

在此之前，楊堅的頭銜已經多不勝數了，隋國公、上柱國、大司馬、大後丞、大前疑、揚州總管、大丞相、都督中外軍事……不論宮廷中的禁軍與各地重鎮的大軍，都由他負責調度；不論中央官員與地方將領，都是他的人馬。

如今，他又加九錫，受封隋王，一人之下，萬人之上！這似乎已經是權臣竄位之前的必經之路，曹魏竄漢是這樣，西晉竄魏也是這樣，人人都知道，改朝換代的日子又快要來臨了。

對於這些榮耀，楊堅本人倒沒有什麼表示，彷彿一切都是理所當然。在他的想法中，所有的權力與地位，都是他應得的，都是他用智慧、用實力爭取來的。

也許是這樣吧！不過比起一般人，他還是相當幸運的。

楊家已經興盛幾百年了，漢代的太尉楊震，就是他們的祖先，傳了九代到了北魏，又有楊元壽出任武川鎮司馬，掌管軍事，到了楊堅的父親楊忠，曾經先後擔任西魏、北周的大將軍、大司空，地位顯赫。

所以楊堅是含著金湯匙出生的。十四歲就當上了京兆功曹，十五歲授為散騎常侍、車騎大將軍，十六歲晉升為驃騎大將軍，開始領兵作戰。北周王朝的創建者宇文泰見了他，十分讚賞地說道：「此人氣宇非凡，不可等閒視之。」

不只宇文泰讚賞他，西魏八大柱國之一的獨孤信，也非常喜歡楊堅，把自己的第七個女兒嫁給他為妻。獨孤信的長女，也就是楊堅妻子的姊姊，是宇文泰長子宇文毓的妻子，後來宇文毓成了北周明帝，楊堅就成了皇室的親戚。

基於這層關係，北周明帝在位的短短一年之間，先後讓楊堅掌管官員任用與獎懲，又封他為大興郡公，對他十分禮遇，可是私底下，卻又對他不大放心，所以暗中派了懂得面相的人觀察他，得到的答案是：「從相貌來看，楊堅只能當到上柱國，不會有什麼威脅的。」明帝這才放心。

繼任的一代雄主北周武帝，也是只把楊堅當成一個將才驅使。北周武帝領軍出征討平北齊，統一北方的幾年之間，他讓楊堅率領軍隊，協助他四處征戰。

楊堅幸不辱命，建立了不少汗馬功勞。

隨著功績的提升，楊堅的地位日漸隆重，真的成了柱國將軍，而且還承襲了隋國公，被任命為定州總管，據說，定州城的西門，長年關閉，北齊文宣帝在位的時候，曾經有人上奏請求打開城門，卻被文宣帝一口回絕，他道：「將來總會有聖人前來開啓此門！」楊堅到任之後不久，定州城的西門，竟然自己打開了，這讓楊堅身為眞命天子的傳說，不脛而走。

又過不久，楊堅把女兒嫁給太子，成為太子妃，這下子北周皇室的宗親大臣們看不過去了，他們當中，有人對武帝說道：「非我族類，其心必異！北方向來是咱們鮮卑人的天下，陛下如此重用一個漢人，只怕會有不好的結果。」

「鮮卑人的天下？」北周武帝笑道：「你去看看外面的百姓吧！街上走的十個人裡，有幾個是鮮卑人的？朕重用漢人，也是爲了我朝長治久安著想。」

也有人說道：「楊堅生就異相，臣瞧他絕非久居人下之輩，每次看見他，總覺得心裡面不舒服！」

武帝仍替楊堅說話：「從前不是有人替他相過面嗎？他只是個大將之才，不會有別的意思的。」

有人把話說得更直接：「陛下，楊堅總有一天會造反的，請陛下速速決斷，趁早將他除去，永絕後患。」

武帝不高興了，說道：「一切自有天命，他造不造反，都是上天的安排，朕不能拿上天如何的。」

這位英明有爲的皇帝，就是這樣信任楊堅，對他力挺到底。所以武帝在位的時候，楊堅從來沒有想過什麼造不造反的問題，似乎對自己的地位已經十分滿足了。

可惜這個絕對信任楊堅的皇帝，與鮮卑族其他的皇帝一樣，並不長命，公元五七八年，統一北方的第二年，北周武帝宇文邕，正準備發兵大舉南下，消滅江南的陳朝前夕，忽然以三十六歲的盛年，生了重病，英年早逝。

武帝死後，楊堅的女婿，太子宇文贇繼位，是爲北周宣帝。

如果宣帝爭氣一點，或許楊堅還不至於心生異志，但這個十九歲的皇帝實在太不長進，十足是個無道昏君，整天除了喝酒，就是縱情女色，對於處理朝政，一點興趣也沒有，這樣的性格，在他還是太子的時候，就已顯露出來。

許多忠心耿耿的大臣，都曾經規勸武帝更換太子，甚至有人直言不諱：「太子這種模樣，只會壞了陛下家門！後繼無人，只怕將是陛下終生的遺憾哪！」

北周武帝何嘗不知道？但他也眞是運氣不好，生的兩個兒子，品行都差，偏偏他又只想讓自己的兒子，繼承自己的地位，只好嚴格加強太子的教育，禁止太子喝酒，強迫太子唸書，並要官員隨時記錄太子言行，每日上奏，只要有不好的行爲，他就對太子施以嚴厲的懲罰。

即使這樣，太子仍然死性不改，表面上似乎很聽話，私底下仍然偷偷尋歡作樂，夜夜笙歌。

「我總有一天會當上皇帝。」太子宇文贇警告隨行的官員：「如果你們敢得罪我，儘管去向父皇告狀吧！」官員們一想也對，不敢將太子的行爲稟報武帝，武帝久久沒聽見太子不當的行爲，還以爲自己的嚴格管教就此奏效。

其實北周武帝的弟弟宇文憲，文才武略，多謀能斷，威望很高，朝中大臣十分佩服他，是個極佳的繼承人選。但是北周武帝不願意讓兄弟繼承自己的皇位，執意要讓太子繼位，讓那個不知長進的兒子，成爲至尊權力的中心，也因此，給予楊堅可乘之機。

宣帝一繼位，就大肆整肅叔叔宇文憲，把他抓起來斬首，並且連帶處分了他身邊的黨羽，曾經在武帝面前說他壞話的，一樣沒有好下場，不是被殺，就是遭到流放，武帝派來管教他的，他也懷恨在心，一律處死。

到後來，留在宣帝身邊的，只剩下一些佞臣了。

楊堅的身分比較特殊，他算不上佞臣，理應位於整肅之列，不過他是皇帝的岳父，不曾說過皇帝的壞話，也沒加入宇文憲的黨羽，在朝中聲望也高，宣帝抓不到他的把柄，只好不斷拉攏他，升他的官，讓他成爲上柱國、大司馬，出巡的時候，也讓楊堅留守，似乎對他十分信任。

然而，這種信任僅止於表面，隨著楊堅的地位提升，宣帝和皇室宗親對他的猜忌越來越大，趙王宇文招，就是怨恨楊堅的代表，他曾經密謀誅殺楊堅，設下酒宴，派人送去請帖，邀請楊堅至趙王府作客。

「這就像是鴻門宴啊！」楊堅看著請帖說道。

「大丞相不要受到奸計所害！」親信元胄說道：「還是不要去比較好。」

「不成。」楊堅說道：「現在不去，就是和趙王撕破臉了……」他沉吟著：「現在和趙王撕破臉，就是和宇文家的人過不去，會讓皇帝抓到把柄……」

「大丞相是打算……？」

「去！」楊堅僅僅捏著請帖，說道：「你和我一起去，機伶點，總之……見機行事。」

他帶了三十名隨員前往趙王府。趙王親自出門迎接，對楊堅說道：「大丞相別來無恙！宴席已然備妥，只不過……」他朝楊堅身後看了看：「府內地方小，您帶這麼些人來，只怕我府裡難以容納……」

楊堅就讓隨員等在外面，自己只帶了元胄入府。

酒過三巡，趙王忽道：「前些日子，有人從西域帶來一種甜瓜，名喚西瓜，汁多味甜，十分可口，讓大丞相您嚐嚐鮮。」一面說著，一面就有下人將西瓜進獻上來，放在楊堅面前，一看就知道，根本是預謀的。

楊堅留神趙王的一舉一動。

趙王解下佩刀，走上前來，「這西瓜的皮厚，若是不用刀切，那是沒辦法吃的……」他將西瓜切開，順勢便要將那亮晃晃的佩刀送向楊堅的脖子。他也緊張，握住刀柄的手不停顫抖，抬頭一看，只見元胄按著腰間的佩刀，對他怒目而視，似乎隨時就要發難。

看見這副模樣，趙王更怕了，只好慢慢又將刀子收回來。「看來我眞是喝多了……」搖晃了兩下，假裝要嘔吐，起身準備前往後屋。元胄一閃身，擋在趙王面前，說道：「這時候離席，是瞧不起我們大丞相嗎？趙王請不要怠慢客人了。」趙王不得已，只好坐回席上。

正在雙方僵持的時候，外面有人進來通報：「又有客人來了，是滕王……」

趙王向楊堅一拱手，說道：「既然不便怠慢客人，那麼就請大丞相與我一同前去迎接吧！」

兩人到了屋外，元胄低聲對楊堅說道：「我看這情況不對，您還是先離開比較好。」

楊堅也聽見屋後面有鎧甲撞擊的聲音，確認對方不懷好意，於是順勢就向趙王告辭，並在元胄的保護之下，匆匆離開險境，宇文招的計謀終究沒有得逞。

宇文氏的皇親國戚想要置楊堅於死地，就連宣帝本身，也毫不掩飾自己對於楊堅的懷疑。他終究還是把楊堅的兵權奪了去，封他爲大後丞，大前疑，這兩個職位聲望高，事權輕，手中又沒有兵馬，宣帝這樣做，乃是明升暗降。

楊堅心裡雖然不滿，可是他從來不表現在臉上，沒辦法讓人抓到把柄。

在一次皇帝個人的家務事中，楊堅幾乎面臨殺身之禍。宣帝一共立了五名皇后，楊堅的女兒，不過是其中之一。某日，這幾名皇后因爲一些細故吵了起來，宣帝心煩，指著楊堅的女兒高聲罵道：「你如果再吵，朕就把你全家都殺光！哼，朕早就看你爹不順眼了。」他越說越火大，趁著自己的怒氣，竟對左右說道：「把楊堅給我找來！」他打算找個藉口把楊堅殺了。

不過幸好宣帝的記性不大好，身邊的成群美女對他好說歹說，等楊堅上殿參見的時候，宣帝的怒氣已經消了一大半。對楊堅，他其實是有點畏懼的，但還是瞪著他說道：「朕剛才對楊皇后說了，要誅滅你全家，你怎麼說？」

楊堅說道：「君要臣死，臣不敢不死。」

「這可是你說的？那如果朕現在就讓你死了，你又有什麼話說？」

「臣向來忠心爲國，並無犯錯，更無犯罪，望陛下好自爲之，不要落個濫殺忠臣的惡名，將來遭到後人唾罵。」

「是嗎？」宣帝咕噥了幾聲，也沒人聽清楚他說了什麼，隨即揮了揮手：「你下去吧！濫殺忠臣這種事，朕是不會做的。」

楊堅再度化險爲夷。

宣帝似乎很希望自己能夠留下好的名聲，經常宣佈許多改革制度，這些制度往往還沒經過群臣商討，就由他下詔實施了，然而制度本身的不健全，導致法令一改再改，改到後來，連他自己也忘記究竟頒佈了哪些政策，只好朝令夕改，恢復原狀。

他以爲濫殺忠臣，就算很大的罪過了，其實就算不需要濫殺忠臣，宣帝的所作所爲，已經足以遭到後人唾罵。他縱情聲色，好酒貪杯，即位沒幾個月，就宣佈營建洛陽爲東京，並且搬到那裡去，大興土木，修造宮殿。

綿延數里的宮殿，規模之大，裝飾之豪華，連漢魏也難望其項背，他整天就在這些瓊樓玉宇之間流連忘返，連皇帝也不想當了，索性傳位給自己年僅八歲的兒子宇文闡，是爲靜帝，自己以二十一歲的年紀，自稱太上皇，並且以「天」自居，號稱「天元皇帝」，繼續干擾朝政。

楊堅差不多就在這時興起竄位的念頭。

宣帝胡作非爲，搞得人心盡失，這是他絕佳的機會，可以拉攏人心。楊堅的努力沒有白費，連宣帝的親信鄭譯、劉昉等人，都與他十分親善。

北周靜帝大象元年，公元五七九年五月，太上皇忽然命令宇文氏諸王回到自己的封國去，拱衛朝廷，楊堅與劉昉等人私下議論道：「皇上年幼，太上皇又整天玩樂，弄得天怒人怨。如今，又將諸王趕回封國，無異於自己翦除羽翼，如此，可不是長遠之計啊！」

他這樣說，只是在試探劉昉的意圖。劉昉也有自己的打算，他認爲，與其效忠一個年紀幼小的皇帝，或者效忠一個昏庸縱慾的太上皇，倒不如與這位素有威望的明日之星合作，也許比較能夠從中獲利。

劉昉把自己的想法提出來，和鄭譯商量，鄭譯也表示同意。

那時鄭譯是內史大夫，劉昉是御政大夫，兩人同時掌管地方軍事將領的任用，在楊堅的遊說與兩人的合謀之下，各地軍事將領紛紛上表，終於讓太上皇做出南征陳朝的決定，由鄭譯帶兵，楊堅爲揚州總管，鎭守壽陽都督軍事，重新掌握兵權。

這項人事命令在公元五八〇年五月五日下達，鄭譯興沖沖地跑來告訴楊堅，囑咐楊堅可以動身了，楊堅搖搖頭道：「別忙！適才晉見太上皇，只見他面黃肌瘦，說話有氣無力，依我看，不久便會有所變化，先在朝中佈置，才是上策。」

果然不出楊堅所料，沒過幾天，年僅二十三歲的太上皇，忽然生了重病，倒臥在龍床上，連話都說不出來，眼看著就要不行了。靜帝這時候才九歲，凡事都由鄭譯、劉昉決定。

兩人連忙假傳靜帝聖旨，以照顧太上皇疾病爲名義，徵召楊堅入朝。不久，太上皇死去，隨即發表楊堅總知中外兵馬事，掌握宮廷禁軍的節度。

楊堅馬不停蹄，開始在禁軍與朝中安排自己的人馬，他讓心腹大將元冑和陶澄負起保衛安全的工作，並讓姊夫竇榮定負責指揮禁軍，隨後又以重禮聘請山東名士李德林、高熲等人前來朝中擔任自己的助手。

鄭譯、劉昉支持楊堅是有條件的，他們希望可以從中獲取利益，因此，打算讓楊堅當丞相，由鄭譯擔任大司馬，各掌政軍大權。丞相這個官職，在北周名爲大冢宰，是百官之首，可是仍與大司馬平起平坐，而大司馬又掌握著天下兵馬的大權，這樣安排，乃是爲了要節制楊堅。

楊堅當然不樂意，便問李德林應該如何是好，李德林答道：「您現在控制了禁軍，他們不能把您怎麼樣的，但是一旦讓鄭譯成爲大司馬，那就很難說了。爲了避免日後發生不必要的變故，不論大冢宰還是大司馬，都應該由您一個人攬下來才對。」

所以當太上皇的死訊傳開之時，楊堅的正式職位是左大丞相，假黃鉞，都督中外軍事，入朝主政，總攬一切軍國要事，節制文武百官；鄭譯和劉昉，一個是丞相府長史，一個是丞相府司馬，兩人都成了在楊堅底下的官員。他們雖然恨得牙癢癢的，奈何實力不如人，只能一面怨恨李德林，一面接受自己的位置。

當時局面很亂，朝廷人心惶惶，當他們知道掌握大權的，竟然不是宇文氏，而是楊堅，竟有不少人想要偷偷溜走。楊堅讓宿衛軍隊守住長安城各個出口，並且帶兵進宮，召集百官前往丞相府正陽宮參見，穩定朝廷人心，讓他們接受楊堅掌握最高統治權的事實。

往後半年，楊堅致力於穩定權力，除了繼續在權力中樞安插自己的人脈，還把當初被宣帝遣回封國的諸侯王召回長安，一一加以軟禁，不讓他們有威脅自己的機會，到後來找藉口先後殺死，以杜絕他們發動政變的可能。

此外，在楊堅的主持下，廢除許多宣帝時代的苛政，修改律令，減輕刑罰，藉以收買人心，並且施行仁政，崇尚節儉，這讓楊堅得到百姓們的擁戴。

當年，北周武帝為了反對迷信，強化政府統治基礎，曾經禁止佛教與道教，焚燒佛教經典，勒令僧道還俗，沒收寺院財產。因為當時，人們往往假借出家作為逃避賦役的藉口，寺院道觀如同國中之國，北周全國人口不過九百萬，出家人就佔了一百多萬，比例之高，可謂空前絕後。到了楊堅掌政，他看出這些當時曾經遭受迫害的人，很適合用來作為他的政治資本，於是宣佈解除對於佛道教的禁令，爭取佛教徒與道教徒的支持。

種族問題，也被楊堅刻意拿出來利用。

當初北魏孝文帝實行漢化政策，將胡人的姓氏全數改為漢人姓氏，到了北周始祖宇文泰把持西魏政權時，為了拉攏鮮卑部族領袖，曾經採用恢復鮮卑姓氏的辦法，規定全國六位柱國將軍，十二大將軍，以及二十四位開府將軍，都可以恢復鮮卑族姓氏，如果將軍是漢人，也可以賜姓鮮卑姓氏，至於普通的士兵，則可以跟隨長官恢復姓氏。

楊堅掌權之後，下令：「諸改姓者，悉宜復歸。」他這樣宣示，是做給漢人看的，目的在向天下人表示：「我是漢人，我要與鮮卑人劃清界限，更要讓鮮卑統治者，也變成漢人！」其實那時北方胡漢交錯生活數百年之久，彼此之間的界線已經模糊，但是，這的確是個奪權的好辦法，拉攏實際上佔據絕大多數的漢人，來打擊鮮卑貴族的地位。

他的所作所爲自然大大刺激了既得利益者，五月入朝主政，六月初，便有相州總管尉遲迥在鄴城起兵發難，隨即又有鄖州（今湖北省境）總管司馬消難、益州（今四川成都）總管王謙分別在七月、八月間起兵響應，參與的軍隊多達數十萬，遍及全國一半以上的領土。

尉遲迥是當中最關鍵的勢力，他的反叛，早在楊堅預料之中，但楊堅沒想到，竟然會發展得這麼快，蔓延得如此廣泛！他派遣鄖國公、上柱國將軍韋孝寬帶兵前往平亂，臨行之前，他對韋孝寬說道：「尉遲迥勢大，凡事小心爲上！」連他自己也不大有把握。不過値得慶幸的是，事發之前，他已經和并州（今山西太原）總管李穆、幽州（今北京市）總管于翼等人，取得聯繫。

李穆是西魏、北周兩代的名將，與楊堅的父親楊忠交情不錯。楊堅掌政，立刻派人去向李穆致意，李穆表示：「任何人都知道，周德已衰，楊堅的崛起，也許是天意吧，我又怎麼能違背天意呢？」

那時李穆的兒子李渾人在長安，尉遲迥起兵後，楊堅爲了確認李穆的支持，請李渾前去太原。李穆拿了一只熨斗交給李渾，讓他帶回長安，說道：「回去告訴大丞相，我願意協助他熨平天下！」

這只熨斗，讓楊堅吃下定心丸，他對李渾說道：「還得麻煩你跑一趟，請你前去韋杜國前線，通報消息，穩定軍心。」

謀士李德林說道：「只是這樣，恐怕不夠。」

「那該如何？」

「前線諸將，缺乏一個可以統合意見的人才，只把這個好消息告訴他們，能讓他們提振士氣，卻不能保證獲勝。」

「誰能統合意見？」

「高熲足智多謀，且深得諸將信服，請他前往，必可一戰而勝！」

高熲到了前線，果然產生很大的作用，韋孝寬領著大軍，火速往鄴城進發。

尉遲迥在國內得不到有力的支持，只好啓用當初北齊的宗室貴族，這態勢一時間演變成北周與北齊舊勢力之間的對抗。

北齊、北周之間當年的火拚，造成嚴重的生靈塗炭，人們記憶猶新，誰都不願重蹈覆轍，也就不願跟從尉遲迥。再加上尉遲迥個性優柔寡斷，遲遲不肯出兵，以致喪失先機。十月底，韋孝寬攻破尉遲迥，並且將他的首級送回長安。

尉遲迥一失敗，司馬消難和王謙也就不足道了，叛亂旋即平定。

如此一來，楊堅通往權力寶座的絆腳石，全部移除。這年年底，他加九錫，晉位隋王，兩個月後，公元五八一年二月十四日，楊堅從年幼的靜帝手中接過玉璽，正式成爲皇帝，改元開皇，建立隋朝，這一年楊堅四十歲。

他就是歷史上的隋文帝。

終結南北朝

隋文帝繼位之後，延續他的改革政策，爲國家積蓄財富，儲存實力，以對付北方與南方的兩大敵人。

北方近幾十年來，新崛起了一個強大的遊牧民族，號稱突厥，在公元五五二年建立突厥汗國，經常騷擾中國北方邊境。北齊、北周對峙的時代，雙方都以聯姻、納貢等方式，爭取突厥的支持，這讓突厥領袖佗缽可汗驕傲無比，每次都對部下說道：「我在南方有兩個孝順兒子，可以不用擔心貧窮啦！」

到了隋朝建立，也是隋文帝的運氣好，突厥內部發生統治階級之間的衝突，同時出現好幾個人自稱可汗，相互攻伐，其中，沙缽略可汗野心最大，他的妻子是北周公主，她看見北周被楊堅所竄，積極慫恿沙缽略可汗南侵，沙缽略可汗也覺得，中原局面不穩，正是他的好機會，於是大舉發兵南下攻隋。

隋文帝憂心忡忡，道：「我朝方才成立，竟然就要遭到外患騷擾，這該怎生是好？」

這時有個大臣名叫長孫晟說道：「陛下不必憂心，想要解決突厥之事，易如反掌。」

「此話怎講？」

「當年下官曾護送公主前往突厥，對突厥內部情況，略知一二。」長孫晟說道：「突厥現下出了好幾個可汗，誰也不服誰，我朝可善加利用。」

「接著說！」

「來犯的乃是沙缽略可汗，距離我朝最近。此外，尚有達頭可汗與阿波可汗居於西方，還有沙缽略可汗之弟處羅侯居於東北，此三人皆手握重兵，與沙缽略可汗作對。」長孫晟一笑，道：「我們可以採用當年范雎的策略，以遠交近攻之策，加以離間，如此，必可以解除危機。」

隋文帝鼓掌笑道：「此計甚妙！」

他派遣長孫晟為使節，前往聯絡達頭可汗，另外派了元暉出使處羅侯，費了一番唇舌，終於說服他們協助隋朝。沙缽略可汗有了後顧之憂，不敢繼續南侵，只好退回北方。

開皇三年，公元五八三年，隋文帝採取主動攻勢，兵分八路，大舉出擊，在白道（今內蒙古呼和浩特西北）一戰，大敗沙缽略可汗，並且繼續進擊，多次擊敗位於涼州北方的阿波可汗，讓阿波可汗打消南侵的念頭，轉而攻擊曾被隋朝打得一敗塗地的沙鉢略可汗。

突厥就在隋朝的攻擊之下，分裂成沙鉢略可汗的東突厥與阿波可汗的西突厥，到了開皇五年，沙鉢略可汗向隋朝稱臣，爲了永絕後患，開皇七年，隋文帝徵調十萬人，大修長城，制止突厥南下，北方的邊患，遂告解除。

接下來，隋文帝要解決的，只剩下江南的陳朝了。

南方歷經侯景之亂，不論生產力與經濟力，都遭受到極爲嚴重的破壞。公元五五七年，陳霸先建立陳朝，雖是由南方本土世族建立的第一個朝代，卻也是南方國力最爲衰弱、疆域最爲狹小的朝代。長江以北、漢中與益州，這些向來屬於南朝的領土，此時已全部落入北朝手中，陳朝疆域，幾乎只有劉宋全盛時期的一半，之所以還能苟延殘喘地維持著獨立的政權，主要是因爲北方分裂，無暇南顧。

自從北周武帝消滅北齊，統一北方以來，南下伐陳，統一全中國的呼聲，便沒有一天停止過。

隋文帝即位，同樣十分積極地準備南征。

陳朝雖然不強，隋文帝也絕不敢輕忽大意，當初，西晉滅吳，發兵二十萬，未曾掉以輕心；苻堅攻打東晉，動員將近百萬，竟然鎩羽而歸，最後甚至一敗塗地，由此可見揮軍江東，絕對不可等閒視之。

為此，他特別採用高熲建議的辦法，趁著每年陳朝即將收割稻作的時節，在邊境集結軍隊，大張旗鼓地宣稱將要進攻，等陳朝把平時身為農民的軍隊集結好了，他又將軍隊撤回，如此反覆了好幾年，不但讓陳朝多年因為延誤收割而糧食短缺，而且讓南方軍民對隋朝的這個舉動習以為常，逐漸喪失警覺心。

而此時陳朝上下，則瀰漫著一股末日的氣氛。

連年欠收，再加上官府的搜刮，讓生活本來就清苦的百姓，難以維持生計，餓死在路旁的不計其數，統治階層對這種現象視而不見，繼續以及時行樂為宗旨。他們的皇帝，將來被稱做後主的陳叔寶，大概算是箇中翹楚了，從來不過問政事，只知道縱情在美女與美酒環繞的溫柔鄉中。

陳後主有一大群寵妃，其中最寵愛的就是張麗華。

張麗華原是歌妓出身，憑著婉約的風姿進入後宮，得到寵幸，成為貴妃。她的眉目如畫，歌聲動聽，最引人注目的，是她那一頭七尺長的秀髮，烏黑亮麗，如同緞子一般，此外，她更具有敏銳的才思及過人的記憶力，所謂「人間有一言一事，輒先知之。」陳後主臨朝之際，總將張麗華擁在懷裡，或是讓她坐在自己的膝上，兩人同決天下大事。

除張麗華之外，還有龔貴嬪、孔貴嬪、王、李二美人、張、薛二淑媛，還有袁昭儀、何婕妤、江修容……。為了安置這些美女，陳後主在皇宮大殿前，又建「臨春」、「結綺」、「望仙」三閣，高聳入雲，雕樑畫棟，裡面的窗臺欄杆，都用沉香檀木做成，一陣風吹過，香氣綿延數里，宛如人間仙境。三閣之間，設有複道，陳後主可在其間來回穿梭，放眼望去，盡是飄飄然若仙女的愛妃，讓他只覺得人生至此，夫復何求。

宰相江總、尚書孔範等軍政重臣，和陳後主的調調十分接近，也喜歡整天喝醉了酒，和美人們一同吟詩作樂。陳後主和寵妃們常在宮裡舉行酒宴，宴會的時候，讓他們一起參加。大家通宵達旦地喝酒賦詩，相互唱和，還把這些詩詞配上曲子，挑選了一千多個宮女，爲他們演唱。

陳後主著名的詩作《玉樹後庭花》就是這時寫的，內容是：

> 麗宇芳林對高閣，新裝豔質本傾城；映戶凝嬌乍不進，出帷含態笑相迎。
> 妖姬臉似花含露，玉樹流光照後庭；花開花落不長久，落紅滿地歸寂中！

這雖然是在形容陳後主的愛妃，柔媚豔麗，人比花嬌，卻在最後忽然筆鋒一轉，寫成了花開花落不長久，落紅滿地歸寂中的淒涼氣氛，這首詩傳開以後，有人私下偷偷說道：「這該不是在寫亡國之後的景象吧？怪不吉祥的。」

隋文帝在北方動作頻頻，這些陳後主與一班朝臣當然看在眼裡，可是陳後主卻說：「咱們建康城，古時候稱做金陵，乃是王氣匯聚之所，有何可懼？」

孔範也在一旁附和道：「陛下說的是！長江天險，阻隔南北，北方蠻人，難道能飛過來不成?」

有個大臣名叫傅縡,實在看不下去,上奏說道:「如今天下,朱門酒肉臭,路有凍死骨,已到了天怒人怨、眾叛親離的田地!這樣下去,恐怕我朝覆滅之日不遠矣。」

陳後主最聽不進這樣的話,一看奏章,心頭火起,派人對傅縡說道:「你妖言惑眾,蠱惑人心,實乃不赦之罪。但朕念你平日忠心爲國,只要你能改過認錯,或可放你一條生路。」

傅縡回答:「臣的心就如同臣的面貌一樣。如果面貌可以改,心才可以改。」

這位忠臣,終難逃脫被殺的命運。

開皇八年,公元五八八年,北方突厥問題解決,隋文帝正式決定伐陳。

三月,他下了一道詔書,寫道:「天之所覆,無非朕臣,每關聽覽,有懷傷惻。可出師授律,應機誅診,在期一舉,永清吳越。」列舉陳後主窮奢極侈、淫聲樂飲、妄殺直言等二十條罪狀,並命人把詔書抄寫三十萬份,散發江南各地。陳朝百姓本來就怨恨陳後主,看到隋文帝的詔書,人心更加動搖。

十月,隋文帝命令他的兒子晉王楊廣、秦王楊俊,丞相清河公楊素等人,兵分八路,總共率領水路大軍五十一萬八千人,對陳朝發動全面進攻。

楊廣由六合出發,楊俊由襄陽順流而下,楊素由永安誓師。另外,荊州刺吏劉思仁由江陵進軍,蘄州刺吏王世績由蘄春出兵,廬州總管韓擒虎由廬江推進,吳州總管賀若弼及青州總管燕榮也分別由廬江與東海前來會師。

從巴蜀到東海之濱，戰線綿延數千里，旌旗遮蔽天空，戰船阻絕江流，陳朝邊將光是看見這樣的陣仗，就嚇得手足無措，更別說抵抗了。

前線飛報緊急戰況，傳抵建康，陳後主還在和愛妃寵臣們醉生夢死，收到戰報，居然不當一回事，江總、孔範等人甚至說道：「什麼緊急戰報！不過是邊境守將，想要藉此邀功，故意說得那麼嚴重罷了。」他們粉飾太平，繼續飲酒作樂，無視即將到來的滅亡。

所以當開皇九年正月初一，吳州總管賀若弼從廣陵（今江蘇揚州）渡江，直指京口（今江蘇鎮江）之時，陳朝守軍竟然沒有發現。另一路廬州總管韓擒虎率領五百人，也趁著黑夜渡過長江，輕易拿下毫無防備的要塞采石磯。

兩路兵馬如一把剪刀，攻向陳朝首都，采石磯守將逃回健康，將此一變故告訴陳後主，隔了一天，陳後主才與眾卿商討抗敵之策，討論了幾天，沒有任何結果。初七，賀若弼攻陷京口，屯駐鍾山，韓擒虎與楊廣派來的杜彥屯兵於建康城附近的新林。

情勢對陳後主萬分危急，城裡還有十幾萬的軍隊，他只能哭喪著臉，將兵權交付他最信任的寵臣江總、孔範等人。

這比他自己指揮，好不到哪裡去，毫無士氣可言的陳軍，指揮者又是無能之輩，與賀若弼的軍隊一經交戰，瞬間潰散。

十二日，韓擒虎從朱雀門進入建康，沒有遭到任何抵抗，旋即兵臨皇宮所在的臺城。他們在城外喊了半天，沒人出來投降，也沒人有所回應，韓擒虎乾脆打開城門，逕自進入皇宮，他原本以爲，如此便可以一舉抓住陳後主，立下首功，想不到一個偌大的皇宮裡，竟然連個鬼影子也沒有，宮中官員、侍衛、奴婢，甚至連皇帝本人，都不見蹤影。

「……跑光了？」韓擒虎楞在那裡，不知該不該笑。

杜彥在一旁說道：「都打進皇宮了，如果沒抓到正主，可說不過去。再者，陳主雖然無能，如果被有心人利用，也是一個禍害！」

韓擒虎連忙下令搜查，差一點把宮苑掀翻過來，都沒找到陳後主的下落，最後只剩下後花園中一口枯井，士兵們中趴在井口呼叫，井中寂然無聲，有人比較聰明，大聲說道：「乾脆咱們扔些石頭下去，把這口井封死算了。」

這時井中才忽然幽幽地傳來聲響：「別……別扔！裡面有人……」

士兵們用粗繩繫了一個籮筐墜入井中，合力牽拉，覺得十分沉重。

「這皇帝到底有多胖啊？」

「皇帝龍體，果然不同凡響！」

等到拉上來一看，才發現陳後主、張麗華、孔貴嬪三人，緊緊地抱在一起坐在籮筐中，士兵們見狀，轟然大笑。

幾天後，總帥晉王楊廣領兵進入建康。進城之前，他就已經被金陵的繁華深深吸引，進城之後，城中的雕欄玉砌，更令他心醉神迷。

其實他所看見的，只是尚未完全從侯景之亂恢復的建康城，但這已經足以讓長年生長在北方的他，大開眼界，幻想著有那麼一天，他也能夠倒臥在這片奢華之中，享受人生。

在高熲的授意下，楊廣展開一連串收買人心的動作，他命人將陳後主收押，送回長安聽候發落，處死了一些危害百姓的官員，並讓高熲和元帥府記室裴矩負責，收集圖書典籍與各種南朝的戶籍資料，對於府庫中收藏的金銀財寶，分毫不取。這些作爲，果然使楊廣受到好評，也讓隋朝政權在江南地區的統治基礎，得以迅速穩固。

在陳朝境內其他地區，還有一些零星的抵抗，都在一兩個月內平定，陳朝疆域，三十州、一百郡的領土，五十萬戶、兩百萬的人口，全部歸於隋朝，自東晉遷都江東，天下分崩離析了兩百七十三年，至此重新回到統一的局面。

勵精圖治

朝廷裡的文武百官，得知平定陳朝，海內一統的消息，同聲向隋文帝慶賀，許多大臣都異口同聲地說道：「陛下聖德，海內歸於一統，應仿效前人事，親至泰山封禪，以召告上天。」

隋文帝並沒有被勝利的喜悅沖昏頭，他說道：「朕治理天下，無時無刻不戰戰兢兢，怎麼可以因爲滅了一個小國，就妄自尊大，以爲天下太平呢？」他不但嘴上這麼說，還正式下詔重申他的想法，並且在詔書中聲明：「從今以後，一律禁止言及封禪之事，違背者嚴懲。」

不過他的喜悅之情仍是難以掩飾的，平陳之後，晉王楊廣回長安接受文武百官的致賀，隋文帝替他舉辦了盛大的慶典，並且在慶典中宣佈，陳朝地區的百姓，可以十年不必納稅。

這對統一的隋朝來說，非但沒有什麼損失，且能達到收買人心，鞏固統治權的功效。隋文帝的改革政策持續進行著，替隋朝累積了雄厚的實力與豐沛的財富，正如他所說的，消滅陳國，不過是消滅了一個小國家而已。

隋朝之所以能在短短幾年之內，累積如此厚實的國力，與隋文帝的勵精圖治，有著密不可分的關係。

從他還沒有當上皇帝以前，就開始著手一連串的整頓與改革，即位以後，持續推動他的政策，主要的目的，無非是希望能加強自身統治權的穩固，不過這些政策相當成功，讓隋朝迅速強大起來。

在政治方面，原本北周的官僚體制仿效《周官》的形式，制訂了許多不合時宜的名目與官職，吏治十分混亂，隋文帝恢復漢魏時期的體制，在中央設立三師、三公、五省。三師與三公都是屬於榮譽職，地位很高，卻沒有實權，掌握朝政的是五省。

五省就是內侍省、秘書省、尚書省、內史省和門下省。內侍省管理宮中事務，秘書省掌管書籍曆法，這兩省對於政治的影響並非直接。因此實際上的政治運作是由尚書省、內史省和門下省負責的。

內史省是起草詔書的機構，門下省則負責審查，最後執行的機構則是尚書省，同時負責日常的政務。尚書省設置尚書令一人，左、右僕射各一人作爲助手。

尚書省下轄六部，是最後的執行者：吏部，掌管官吏任免、考核、升降和調動；度支，後來改成民部，掌管土地、戶籍和財政收支；禮部，掌管祭祀、禮儀和對外交往；兵部，掌管武官的選拔、兵籍、軍械；都官，後來改成刑部，掌管全國刑律、斷獄；工部，掌管各種工程、工匠、水利、交通等，六部的長官都稱爲尚書。

這就是後來被唐代所沿用的「三省六部制」的原型，而日本的「大化革新」，也將這套制度吸收過去，一直到現代，還有不少官名沿用自當時。

在地方制度上，隋文帝將原本較爲混亂的地方官制從州、郡、縣精簡爲州、縣兩級，精減了大量的官員，將一些郡縣合併，節省許多不必要的開銷。

爲了更有效地行使權力，控制地方，隋文帝下詔，九品以上的官員，一律由中央任免，每年均需由吏部考核，以決定獎懲、升遷，後來又實行三年任期制，刺史和縣令三年後要輪換到另一地做官，杜絕南北朝長期存在的地方官員擁兵自重、抵抗中央的現象。

在賦稅和土地制度方面，由於南北朝賦稅種類繁多，名目複雜，不論豪強地主與一般農民，總是想盡各種辦法逃避賦稅，爲了增加國家的財政收入，隋文帝採行兩項措施，即「大索貌閱」和「輸籍定樣」。

大索貌閱，就是根據相貌來檢查戶口，是不是隱瞞、謊報年齡；輸籍定樣則是在大索貌閱的基礎上確定戶口數，編制「定簿」，以此爲依據來收取賦稅。

這樣，既增加了收入，也防止地方豪強和官僚勾結，營私舞弊。此外，將依附豪強的部曲佃客解放出來，也有利於增加國家的勞動力。

農民的賦稅包括租、調和力役幾種，隋朝對年齡有明確規定：三歲以下的叫做黃，四歲到十歲叫做小，十一到十七爲中，十八到六十稱做丁，六十以上則是老。

國家的賦役對象是丁，成年的夫婦每年向國家交粟三石，這是租；種桑養蠶的地方每年交絹一匹，相當於四丈，以及綿三兩、種麻的地區則改爲交納布一端，相當於五丈，以及麻三斤，這兩種都叫調。另外，成丁男子每年要服役一個月，叫力役。到了後來，隋文帝又規定，五十歲以上者的力役可以用布帛來代替，這叫庸。這項制度，也被唐朝所沿用，稱做租庸調法。

至於土地制度，隋朝繼承了北魏以來實行的均田制，而授與的田地則比北魏更多一倍：成年男子可以分到露田八十畝，永業田二十畝，女子分露田四十畝，奴婢和一般人的占田數相等，官員從一品到九品，可獲得一到五頃數量不等的職分田，以此作爲俸祿，離職以後歸還國家。小老百姓安安穩穩地耕種著屬於他們自己的土地，只要繳納一定比例的賦稅，他們就能衣食無缺，均田制的成功，乃是隋朝國富民強的最者要原因。

《開皇律》是隋文帝對於法律進行改革的主要成績。

北周的法律混亂而殘酷，隋文帝輔政時期就曾經改革過，但不算徹底。隋朝建立後，他命高熲、鄭譯、楊素、常明、韓濬、李諤、柳雄亮等人，制訂新律法，開皇三年經蘇威、牛弘修訂完成，即爲《開皇律》，條目較爲精簡，並且廢除了一些殘酷的刑罰。流傳至今最古老且最完整的《唐律疏議》，是唐代的律法，便是從《開皇律》中繼承過來的，隋代律法規定，任何人受到冤屈上告，如果縣官不理，可以越級向州官申訴，直到朝廷；死刑犯人，必須由大理寺複審，再由皇帝親自裁定，總之「以輕代重，以死化生」，是中國古代較爲進步的法律。

此外，隋文帝還統一了幣制，廢除其他比較混亂的古幣以及私人鑄造的錢幣，改鑄五銖錢，並且重新統一全國度量衡，讓全國經濟得以更上軌道。

平陳之後，隋文帝爲了避免南方殘餘勢力反抗，也爲了制止北周舊勢力復燃，規定民間不得藏有兵器，並且禁止江南民間擁有三丈以上的大船。

此後，他又對國家兵制進一步改革，將北周時期兵農分離的府兵制，擴大轉化成兵農合一的制度，將軍人的戶籍，編進一般州縣，並且授與田地，平日耕種生活與一般百姓無異，有事則由設置於各地的軍府徵調。

對於人才選拔，隋文帝更做了劃時代的變革，他將曹魏以來，即做爲官吏選拔標準的「九品官人法」廢除，命令各州每年提報賢才二人，做爲朝廷的候補官吏。開皇十八年，又下詔：「京官五品以上，總管、刺史，以志行修謹，清平干濟二科舉人。」這是科舉制度的萌芽，往後一千三百多年的官吏選拔制度，就是從這時候開始顯現它的雛形。

由此可見，開皇年間的各項改革措施，不但全面，而且影響深遠。

隋文帝本身的才學雖然不高，卻十分懂得採納各方意見，任用高熲、楊素等人，都十分有能力。再加上他在位期間，大致上沒有太多軍事行動，也沒有太大的災荒，國家財政支出降低，他本身又能以身作則，吃穿用度務求節省，甚至有些小氣，又能日以繼夜，勤勞地處理政事，所以能在幾十年間，替他建立的朝代，累積大量的財富。

開皇五年起，隋文帝採納工部尚書長孫平的建議，在全國各地，設置義倉，命令各州軍民百姓，在收穫期間，依照貧富比例，繳納若干糧食，存入當地義倉，遇到災荒時節，便可以義倉儲存的糧食，賑濟災民。結果到了開皇十二年，有關部門便向隋文帝報告，說各地的庫存都已經滿了。

隋文帝感到十分訝異，問道：「朕自繼位以來，輕傜薄賦，底下人建立功績，也經常大加賞賜，怎麼會這麼快就滿了呢？該不會有人從中獲取什麼不當利益吧！」

官員答道：「該用的地方不曾少用，不過每年繳納的數量總是超出用度許多，所以庫存皆滿。」

隋文帝揮了揮手，道：「你們下去研究研究，想出個辦法，少收點稅，不然天下人豈不是以爲朕是個橫徵暴斂之徒嗎？」

一再地節稅，到了開皇十六年，規定各地納糧標準：上戶不過一石，中戶不過七斗，下戶不過四斗。

百姓富裕，政府也就財政充足，這大概是歷史上那些拚命搜刮百姓的政府，所不曾想過的道理吧！隋文帝前後在位二十三年，這二十三年間，他創造了有史以來最爲富有的政府，根據唐朝學者的估計，隋文帝末年，光是各地義倉所儲存的糧食，就足以支持政府五六十年的用度，如此富有的朝代，在中國歷史上，非但空前，也屬絕後！

太子問題

開皇二十年，隋文帝已經六十歲了。在他之前的北朝皇帝，很少有活過四十歲的，就連他一輩子最佩服的一代雄主北周武帝，也只活到三十六歲，這時候的他，已經不得不開始思考，究竟讓誰來繼承這個龐大而富裕的帝國。

本來這不是個問題。長子楊勇，早在隋文帝登基之初，就已冊立爲太子，那時候的楊勇，在隋文帝眼中，性情溫和寬厚，聰明好學，一表人才，是個絕佳的繼承人，所以他常讓楊勇和大臣們一同討論國家大事，藉以鍛鍊這位年輕的皇儲，並爲將來儲備政治資本。

開皇六年春天，山東（太行山以東，今日的黃淮平原）地區爆發嚴重的流民問題，同一時間，北方的突厥又不斷南下騷擾，隋文帝想出一個辦法，打算把山東百姓，遷往北方，如此不但流民問題解決，邊疆的局面，亦可轉危爲安。

太子楊勇第一個起來反對，他說道：「安土重遷，乃人之常情，百姓會逃亡成爲流民，那是因爲他們實在生活不下去了！北方突厥雖然連年入侵，但是只要加強防備，就不會有問題。還是請陛下收回成命，讓百姓安居樂業，別讓他們受到遷徙的痛苦吧！」

聽見這樣的話，隋文帝不但不生氣，反而覺得太子能夠如此寬厚，的確是仁德天子該有的態度，於是接納他的意見，還對大臣們盛讚太子，說道：「前代帝王，多半因爲諸子爭立，鬧得很不愉快，不斷發生廢立太子的事。朕就不會有這種問題！朕沒有別的寵妃，就只有皇后一人，五個兒子，都是由皇后所生，他們都是親兄弟，絕對不會相互爭奪，造成國家不安的。將來太子繼承朕的地位，其他的幾個兄弟，必能盡心輔佐，使我朝長治久安！」

這種想法太過樂觀了，即使是親兄弟，爲了皇帝的寶座，一樣會不擇手段的。而且他的兒子們之所以會起來爭奪皇位，與他自己的決定，也很有關係。

一個本來不是問題的事，在隋文帝的晚年，演變成一樁極爲嚴重的問題。

開皇二十年，隋文帝將太子楊勇廢黜，不久之後，改立次子晉王楊廣爲太子，這項決定，以後人的眼光來看，普遍認爲是隋文帝一生的最大錯誤，但在當時，這樣的決定是有原因的。

他的五個兒子，長子楊勇、次子楊廣、三子秦王楊俊、四子蜀王楊秀、五子漢王楊諒，都算很有才幹，其中楊勇與楊廣最爲出色，不過這兩個人比較起來，楊廣的文武全才，似乎又更勝兄長一籌。

隋文帝常想：「如果把皇位傳給勇兒，他可做個守成之君；如果傳給廣兒，他必定能將國家治理得更加強大，讓萬邦來朝，四方賓服！」

自從隱約知道父親的想法之後，楊廣便開始積極地表現自己，同時對太子的地位，起了覬覦之心。

楊廣那時候擔任揚州總管，統轄南朝舊地，採行許多政策，十分獲得民眾支持，也因此當南朝的舊勢力死灰復燃的時候，楊廣能夠輕鬆地將這把火撲滅。後來北方突厥南下入侵，隋文帝也讓楊廣前去平定，楊廣的表現十分稱職，一口氣將突厥擊潰，立下極高的汗馬功勞。

這些功勞，都是其他皇子所沒有的，因此楊廣的聲譽，總是超過了他的兄長。

有一次，他與諸皇子一同至城郊觀賞圍獵，天上忽然下起傾盆大雨，其他的皇子都披上油布衣擋雨，當侍衛送上雨衣，請楊廣披上的時候，楊廣卻搖頭說道：「底下圍獵的將士都沒穿雨衣，淋得全身濕透了，我又怎麼好獨善其身呢？」

他的話立即傳遍全軍，眾將士爲之同聲歡呼，楊廣更獲得愛戴。

「哼！」最小的弟弟漢王楊諒低聲咕噥著道：「裝模作樣！」他悄悄對長兄楊勇說道：「太子，您也該向二哥多學學呀，不懂得收買人心，您的地位總有一天會被他給搶了去。」

偏偏楊勇就是學不會。

他是個直腸子，想到什麼就做什麼，從不懂得隱藏自己喜好聲色犬馬的個性。有人從蜀地進獻一副鎧甲，花紋雕刻得十分優美，價值不斐，楊勇非常喜歡，將它放在最顯眼的地方，不時拿出來把玩，隋文帝來到太子東宮，看見這富華麗的鎧甲，很不高興，把楊勇叫來，對他說道：「自古以來，從未聽過奢侈能夠長治久安的，此乃不變的眞理！你是太子，更應該特別注意節儉，如果不能順天應人，怎麼能夠繼承帝業？」

楊勇那時誠心表示悔過，低著頭痛哭流涕，可是過不了幾天，他又把這件事給忘了，依然故我。

有一年冬至，天上飄著大雪，長安城裡，到處覆蓋著銀白的雪花，楊勇站在東宮門口，欣賞殿外的雪景，忽然有人來報：「文武百官前來朝見！」

「朝見？」楊勇嚇了一跳，以往從來沒有百官朝見太子的先例，他一時之間也慌了手腳，連忙命東宮樂師奏樂歡迎，同時更換衣服，接受文武百官的晉見，百官向他同聲祝賀，他也甘之如飴地回禮。

這件事被隋文帝知道了，讓他很不高興，找來負責宗廟禮儀的太常寺少卿辛亶，問道：「冬至時節，文武百官前去東宮朝見，這算什麼？是在向將來的皇帝表示忠心嗎？」

辛亶回答道：「文武百官前去東宮，那叫賀見，不是朝見。」

「不管是賀見還是朝見……」隋文帝說道：「朝中這麼多官員一下子都跑去東宮，這也就算了，太子還更衣奏樂，大張旗鼓地接受歡呼，這樣，總和國家禮儀有所不合吧？」

辛亶答不出來。

爲此，隋文帝特別下詔：「禮有等級之分，有君臣之別，太子雖是皇儲，卻還是臣子，如果將來再發生太子接受百官朝賀的事情，一律嚴懲！」

這時候，隋文帝對於楊勇的寵愛已經大打折扣了。

不久之後，宮中又發生一件大事，隋文帝下令從皇城當中，選拔優秀衛士，用以充實皇宮警衛，命令才剛下達，禮部尚書高熲便上奏道：「如果陛下將強壯的警衛都選走了，那麼東宮的防衛，豈不是削弱了嗎？」

隋文帝看見奏章，臉色鐵青，把高熲找來，大罵一頓，道：「朕御宇天下，經常要到各地走動，太子年紀輕，又長年深居東宮，防衛需要這麼強大做什麼？」他看著高熲，想起當初高熲替他出謀策劃，讓他順利登基的往事，語氣又和緩了下來：「朕知道你心裡護著太子，你和他畢竟是兒女親家，但是，你也不能就因爲這點，學起那些結黨營私的人，各立黨派，這是國家的亂源你知不知道！」

他饒了高熲，心裡卻對太子更加厭惡。

楊勇地位的致命傷，來自於他的母親獨孤皇后。獨孤皇后替楊勇挑選了一位端莊賢慧的太子妃元氏，楊勇卻不喜歡，他喜歡的是知道如何逗他開心的女子，而不是像元氏那般文靜，連句玩笑話都說不出口。他一共有十個兒子，沒有一個是太子妃所生，其中大多是他最寵愛的昭訓（妃子的等級）雲氏所生，其他的寵姬愛妃，也不在少數。

這一點讓獨孤皇后難以忍受。她是中國古代女權主義的一位代表，在精明幹練，協助隋文帝處理政事之餘，她也非常反對男人三妻四妾，隋文帝曾經多次因爲臨幸宮女的事，與獨孤皇后發生衝突，獨孤皇后卻絲毫不肯讓步，弄得隋文帝都有點怕她，不敢納妾。所以當初隋文帝自吹自擂地說他五個兒子都是一母所生的時候，大概眞實的心情也不大好受才對。

面對這樣一位母親，楊勇卻還不知道收斂，的確是和自己的地位過不去。獨孤皇后告誡楊勇：「太子妃是個賢慧的女子，你應多與她親近，不要對其他的女子太過寵愛！」

楊勇沒多說話，回到東宮。

過了幾天，竟忽然傳出元妃暴斃的消息。這使得獨孤皇后萬分懷疑，總覺得這一定是楊勇和雲氏串通起來，謀害太子妃，她派了人前去東宮，探聽楊勇的情況，得到的回報總是：「太子對雲氏更加寵愛啦！東宮的內政，現在都是由雲氏所掌握的呢。」

獨孤皇后既驚恐又憤怒，她很氣自己，爲什麼生得出這樣殘忍又無德的兒子，從此經常在隋文帝面前，數落太子楊勇的不是，讓隋文帝對楊勇的厭惡，也是與日俱增。

相較之下，晉王楊廣就機靈得多。他和楊勇正好相反，雖說驕奢個性有過之而無不及，卻善於僞裝，知道父母都很節儉，他也裝得很簡樸，隋文帝與獨孤皇后有時前往晉王府探視，楊廣總會先將錦繡屏障撤下，換上素色的簾幕；讓美麗的姬妾躲藏起來，留下老醜的隨侍在側，甚至連桌案上的灰塵都不抹去。當父母前來之時，自己和正妻蕭氏一同到門口親自迎接，處處表現出與自己的正室相處得極爲恩愛的樣子。

這麼一來，正好對了隋文帝和獨孤皇后的胃口，隋文帝欣賞他的節儉而不好聲色，獨孤皇后喜歡他專情於正室。

「咱們的廣兒，可眞是賢德啊！」

「是啊，比起太子來，那眞是好多了。」

隋文帝曾經問過近臣韋鼎：「你覺得，朕的幾個兒子裡，誰最適合繼承？」

韋鼎的回答意味深長：「當然是以陛下的喜好來決定，這等大事，非臣所敢過問。」

隋文帝笑了起來：「你這傢伙，說話不老實，就是不肯明言！」

情勢對楊廣一片大好，機不可失，楊廣趁著一次回京述職的機會，對父母大獻殷勤，辭別的時候，哭得一把鼻涕一把眼淚，獨孤皇后見兒子孝心如此，也感動得掉下淚來。

楊廣順勢哭道：「兒臣性子魯鈍，只知道敬愛兄長，卻不知道做了什麼事，得罪太子，讓太子總想著要害兒臣，說不定哪一天，一杯鴆酒就要了兒臣的性命！母后啊，兒臣雖鎮守一方，卻是膽戰心驚，不知何時會遭到陷害，這還沒什麼，只累得母后白髮送黑髮，也讓兒臣失卻了盡孝盡忠的機會……」

獨孤皇后本來就對楊勇印象不好，因此深信不疑，勃然大怒道：「我還活著的時候，太子就這樣對付你，哪天我死了，他還不知道要怎麼折磨你哪！有朝一日，這不孝子當上了皇帝，讓那狐媚子雲氏成了皇后，你們幾個兄弟，都要跪倒在她的面前，這種事眞讓人想起來就覺得痛苦。」

得到母親的信任，楊廣的太子之路已經成功了一半，他知道，父皇對母后的話，向來是言聽計從的。不過，廢立太子，終究是一樁大事，即使隋文帝有意如此，也得要愼重考慮。楊廣擔心父親考慮太久，活不到做出決斷的日子，於是和自己最親信的揚州總管司馬張衡、安州總管宇文述等人商量對策。

宇文述有辦法，他道：「能夠說動皇上的，除了皇后，大概就是越公楊素了，楊素平常又和他弟弟，大理寺少卿楊約最爲親近。我和楊約交情不錯，一定能替殿下帶來好消息的。」

楊廣大喜，拿出大筆金錢，交給宇文述，道：「這些錢，你盡量用，一切萬事拜託了，事成之後，另有重賞。」

宇文述到了長安，先是贈送許多金銀珍寶，又經常陪楊約賭博，故意輸給他很多錢，楊約覺得奇怪，似笑非笑地問道：「您在安州，可會經營啊？居然有這麼多錢可以拿來輸給我。」

「你別誤會，我當官是很清廉的。」宇文述笑道：「不瞞你說吧，這些錢財珍寶，是晉王吩咐我帶來贈送於你的。」

「晉王？晉王爲何如此厚愛？」

宇文述藉機將楊廣的意圖告訴他道：「你們兄弟倆功名蓋世，得罪的人也不在少數，就連太子也對你們很有意見，如果將來他繼承皇位，賢昆仲可能難逃一劫。」

「這該怎麼辦？」楊約有點擔心。

「別怕，現下太子失寵於皇上，假使越公能在皇上面前，替晉王多美言幾句，皇上必定會讓晉王當太子的。到時候，賢昆仲建下如此大功，晉王一旦成爲天子，難道還會虧待你們嗎？」

「此言甚是！」

楊約去和楊素商量，楊素也深表贊同，但他說道：「向皇上進言，不如向皇后進言。」便在入宮晉見皇后的時候，趁機試探：「晉王生性仁孝，平時又很節儉，與皇上眞是一個模子刻出來的。」

這個話題讓獨孤皇后滔滔不絕地嘮叨了起來：「是啊，廣兒的確孝順，他在揚州，每次迎接他父皇與我的使者，總會出城很遠很遠地迎接，還一直向使者詢問咱們的身體是否安好，聽見我們身體微恙，總是難過得要哭，晉王的蕭王妃也很好，每次派婢女過去，她都能好好對待。」說到這裡語氣一轉，怒道：「哪像那個不成材的太子，整天只知道和他的阿雲混在一起，飲酒作樂，又親近小人，還害死了我親自替他挑的太子妃！」

楊素本來還在擔心，不知道自己選邊站的決定究竟是否正確，聽了獨孤皇后這一番話，他放了一百二十個心，知道自己的榮華富貴跑不掉，便更加全心協助楊廣。

楊勇的消息也算靈通，畢竟他當太子已久，在宮中的眼線頗多，知道楊廣打算謀奪他的地位，也知道楊素的活動，十分害怕，卻又想不出什麼辦法，只好亡羊補牢，開始向父親展現自己的「勤儉」。他的作法是：在東宮後花園裡，開出幾分田地，蓋了幾間破茅房，謂之「庶人村」，楊勇穿上布衣草鞋，像個農夫似的在田裡種地，晚上就睡在破茅房裡。

可是這樣做法畢竟太過造作，連隋文帝都弄不清太子究竟在胡鬧些什麼，就讓楊素前去東宮，瞭解實際情況。

這可讓楊素逮到機會了，他在東宮門口，故意徘徊不進，讓楊勇在宮裡枯等多時，等楊勇不耐煩了，楊素才大剌剌地進入東宮。楊勇滿臉怒色，見了楊素，卻不敢發作。楊素不冷不熱地安慰楊勇幾句，說道：「太子甚得人心，這是咱們這些老臣都知道的，皇上最近只是對您有點不高興，但畢竟是父子之情，太子就別掛心太多了。」楊勇連忙拜謝，恭恭敬敬地送楊素出門。

在隋文帝面前，楊素又是另一張臉：「臣至東宮，只見太子滿臉怨氣，看樣子，他是對陛下不大滿意啊！臣以爲，陛下還是提早防備，以防東宮生變。」

隋文帝大怒，道：「這小子，朕早就覺得他不能繼承帝業了，皇后多次勸朕廢了他，朕給他機會，想要他慢慢改正，想不到他竟然頑劣至此！」他相信楊素的話，認爲太子將要對他有所不利，乃在仁壽宮周圍加強戒備，並從玄武門到聖德門的路上，增加警衛，以防止來自東宮的襲擊。

楊廣做得也眞徹底，連東宮近臣，都被他所收買，向隋文帝上表，說太子經常找人卜卦，算出來的結果是：「開皇十八年，皇上必死！」

「太子聞聽，手舞足蹈，欣喜異常，還說等了這麼久，終於可以讓他當皇帝了。」

「想不到，頑劣之餘，他的心腸竟然如此狠毒！」隋文帝流淚說道：「看來，要安定天下，只有把這個忤逆子廢掉了。」

開皇二十年，公元六〇〇年冬天，隋文帝正式下詔，並由大臣薛道衡當眾宣讀：「太子之位，實爲國本，苟非其人，不可虛立，皇太子勇，仁孝無聞，親昵小人，委任奸佞，可廢爲庶人。」

楊勇聽完，淚流滿面，在衛士的護送之下，蹣跚地離開大殿，一旁大臣低著頭，不敢觸犯盛怒的龍顏。幾天之後，晉王楊廣被冊立爲太子，楊廣的計謀，終於得逞。

事情發生之後，許多人爲楊勇打抱不平，文林郎楊孝政、貝州長史裴肅等人，均曾上書隋文帝，指出楊勇只是因爲被小人所誤，不應斷然廢棄，應當於以教誨。隋文帝正在氣頭上，這些意見哪會採納？

反對最力的，乃是蜀王楊秀，他倒不是爲了楊勇不平，只是對楊廣不服。一聽說楊廣繼任太子，就對隋文帝的使者說道：「晉王有哪裡比得過其他兄弟？憑什麼當太子！」

回到長安，使者把楊秀的話告訴楊廣，楊廣便與楊素商量，對付楊秀。他們做了一個木偶，在上面刻字，寫著：「請西嶽慈父聖母神兵，收楊堅、楊諒神魂。」埋在華山之下，故意讓人挖出來，說這是楊秀詛咒父親和弟弟；又假造檄文，偷偷放在蜀王的文書之中，其中有這樣的文字：「逆臣賊子，專弄威柄，皇帝虛位，一無所知，當指期問罪。」

「罪證確鑿」，隋文帝大怒，他說道：「從前秦王奢侈浪費，朕以一個父親，教訓他不得如此；今日蜀王如此悖逆，朕要以皇帝的身分，將他繩之以法！」他越說越火，怒道：「一定要把這個不孝子給殺了，以謝天下！」

仁壽二年，公元六〇二年，隋文帝召楊秀回京師，沒等他解釋，便將他的兵權褫奪，並且廢爲庶人，他畢竟不忍心將親生兒子處死，就把楊秀囚禁起來，不許他與妻兒見面。

楊廣登上至尊寶座的絆腳石，一一剷除，地位似乎就此穩固了。

大興與洛陽

仁壽四年，公元六〇四年七月，隋文帝病逝，享年六十四歲，太子楊廣繼位，改元大業，八月，并州總管漢王楊諒舉兵反對，跟隨者多達十九州。

楊諒是隋文帝的小兒子，很受隋文帝寵愛，開皇十七年，公元五九七年任命他爲并州總管時，賦予他極大的權力：「太行山以東，黃河以北直到大海的五十二州，都隸屬於并州總管範圍，只要能安定百姓，拱衛江山，則可便宜行事，不必奉中央號令！」這讓楊諒的權力，幾乎成爲河北地區的土皇帝。

楊諒向來就和楊廣不合，楊勇太子地位遭到褫奪，改立楊廣爲太子的時候，楊諒便已開始圖謀，這時隋文帝死去，與他勢同水火的二哥成了皇帝，哪是他能接受的事？這一點楊廣清楚得很，早已有所準備，派他最親信的楊素統籌計畫，對付這場叛亂。

曾經有人向楊諒建議：「漢王直屬的部下，多屬於關西，他們的家屬，也大多待在長安，如果要啓用您的部下，則必須迅速進兵，以迅雷不及掩耳之勢，長驅直入，佔據京師；如果漢王打算割據舊齊之地，那麼還是任用關東士族，比較妥當。」

楊諒無法做出決斷，他似乎比較傾向割據關東的作法，覺得強攻長安，太過冒險，卻又不願意啓用與他沒有關連的關東士族，這一猶豫，就讓敵人取得先機，楊素僅僅率領輕騎兵五千人，便迅速佔領軍事要地蒲州（今山西永濟），沒過多久，便將這場叛亂平定。

楊廣沒有處死自己的弟弟，只將他廢爲庶人，然而與漢王楊諒之亂有關的人，並沒有逃過他的追究，遭到處死或者流放者，多達二十萬戶。

這些政敵，終於完全被剷除，楊廣平平安安地，坐上皇帝的寶座，他就是歷史上的隋煬帝。

「煬」這個字，是火勢猛烈，足以融化金屬的意思，做爲帝王諡號，那是絕無僅有的，似乎對身爲皇帝的楊廣，作了一個十分貼切的評述。

傳統的史學論述，總把隋煬帝形容成一個大暴君，驕奢淫逸，縱慾放蕩，爲了自身的享樂，不顧百姓死活，把強盛富裕的隋朝，在短短十三年的時間裡，迅速燃燒殆盡。

乍看之下似乎眞是如此。

關於隋煬帝的繼位，有個十分驚悚的傳說，當他成爲太子以後，逐一消除了反對勢力，自以爲地位穩固，行爲漸漸放縱起來，尤其在仁壽二年獨孤皇后逝世之後，這種現象更爲明顯，這使得晚年性情變得多疑的隋文帝，開始後悔自己廢立太子的決定。

仁壽四年正月，隋文帝已經六十四歲，在當時，已經算十分年老了，身體狀況也大不如前，他把政事交給楊廣處理，前往位於岐州之北九重山（今陝西鳳翔縣南）的離宮仁壽宮，欣賞湖光山色，抵達仁壽宮不久，原本虛弱的身子忽然病倒了，而且病情十分嚴重，眼看著就快要撐不下去了。

不久，一隊人馬行色匆匆地來到仁壽宮，太子楊廣、丞相楊素等人均在其中，他們奉隋文帝召喚而來，顯然是爲了等待隋文帝交代後事。

當晚，楊廣與一班親信分別居住在仁壽宮各殿之間，彼此聯絡不甚方便，他的心裡七上八下，眼看著謀劃多時的寶座就要到手，興奮得睡不著覺，偏偏可以和他討論這種事的楊素，又不在身邊，就寫了一封信，詢問楊素善後大計。

楊素的回信，被負責傳遞消息的宮人弄錯了，居然送進仁壽宮。

信中內容，都是在說一些隋文帝死了之後應該如何的事，彷彿巴不得他早點駕崩，病榻上的隋文帝看了信，心中五味雜陳，「楊廣向來以孝心待朕，楊素在朕的跟前，也總是一副忠心耿耿的模樣……」他的眼淚低落在信箴上，嘆道：「這難道是忠臣孝子所應該做的事嗎？」他知道自己去日無多，但是就這樣明目張膽地在他身旁討論，卻讓他悲憤莫名。

這時，隋文帝的寵妃宣華夫人，忽然神色慌張地奔入宮中。

宣華夫人是陳宣帝的女兒，陳後主的妹妹，生得十分秀麗端莊，隋軍平陳之後，與宮女一同被俘虜至隋宮，後來被選為嬪妃。獨孤皇后在世時，不喜歡男人三妻四妾，但是她一死，隋文帝便開始縱情於年輕時代得不到的溫柔，宣華夫人成為他最寵愛的妃子之一，另外還有江南美女蔡氏，也很受寵，拜為容華夫人。

宣華夫人進殿之時，衣衫不整，神色慌張，花容失色，嬌喘連連，還不小心撞倒了殿中的花盆。隋文帝看了，大為疑惑，問道：「何事驚慌至此？」

宣華夫人先是不敢答話，禁不住隋文帝一再追問，這才哭著說道：「臣妾方才，正要回宮，不料中途遇見太子，將臣妾攔住，說了些不三不四的言語，還要臣妾跟從他……臣妾心中恐懼，拚命掙脫，奔回宮中，所以才如此驚慌。」

隋文帝聽完，目瞪口呆，半天說不出一句話，口中「呵……呵」地喘氣，宣華夫人嚇得趕緊扶住隋文帝，說道：「陛下息怒，臣妾賤軀，不值陛下如此，若傷了龍體，則臣妾死罪！」

「想不到啊，眞想不到！」隋文帝好不容易轉過一口氣，搥著床沿怒吼道：「才發現他是個不孝子，他竟然又犯下這等禽獸不如之事……這樣的畜生，怎能託付大事！這……這都是獨孤皇后害的！」他高聲叫道：「來人哪，去把柳述、元巖二人找來！」

柳述是兵部尙書，元巖是黃門侍郎，兩人都隨著文帝前來仁壽宮，半夜奉召，急忙整理衣冠，進入內寢奉旨。

「給朕擬一份詔書，宣我兒前來晉見！」

柳述說道：「太子如今就在宮中……」

隋文帝一擺手：「不是楊廣，是楊勇！」

柳述、元巖連忙出殿，準備起草詔書。

這宮中的變故，楊廣、楊素等人早已得知，他們帶著宿衛，守在宮門外，見柳、元一出，隨即將他們逮捕，說他們兩人圖謀不軌，打入大理獄中聽候發落，並且將仁壽宮團團包圍，出入都要盤查。

皇宮之外，金戈鐵甲，皇宮裡面，老皇帝還在大叫大嚷：「快喚我兒楊勇前來！」

楊廣很不是味道，低聲問楊素：「這下子該當如何？」

楊素在楊廣耳邊低語幾句，只見楊廣點了點頭，將他的心腹，右庶子、給事黃門侍郎張衡找來，囑咐他道：「陛下年邁病重，神智不清，以致胡言亂語，你進宮裡去看看，皇上是否還活著！」

張衡進入宮中，沒過多久，皇帝就不再叫嚷了，又過一會，張衡走出來，手上的血漬還沒抹乾淨，嘆氣說道：「皇上晏駕了！」

太子楊廣，立即宣布繼位，並且矯立遺詔，賜廢太子楊勇死。

當時，有不少人看見這樣的場面，於是議論紛紛，都說楊廣弒父奪位，然而畢竟他已經成了皇帝，所以也沒有人敢太過大肆張揚，就讓這樁宮廷之變，成爲永遠的秘密。

這項傳說，在較早的史料當中，並沒有確切的記載，反而到了幾百年後的宋朝，司馬光編撰《資治通鑑》的時候，將它寫成歷史定論。這枝大筆一揮，讓隋煬帝除了暴君的惡名之外，更背負了逆倫的罪行。

中國的歷史論述，從孔子作春秋以來，就有褒貶人物的習慣，到後來，只要歷史人物被評定爲好人，那麼他從言行舉止，到品行人格，無一不是完美無缺；只要被評定爲壞人，那麼他就必須壞到骨子裡，從出生就帶著災星，到死都一無是處。

這種不是黑、就是白的人物分析，把隋煬帝一生所犯的過錯無限膨脹，讓他成為「暴虐無道」的代名詞。

其實，隋煬帝並非是個只會胡鬧的昏君，他繼承的帝國，是中國歷史上罕見的富裕朝代，自然可以讓他有一番大大的作為。在他之前，與他情況類似的，有漢武帝，在他之後，則有清高宗乾隆皇帝。

漢武帝十六歲登基，距離漢朝創建，已歷經六十餘年，文景時代的休養生息，讓漢朝累積充足的國力，所以漢武帝可以四方經略，連年對外用兵。更重要的，是他罷黜百家，獨尊儒術，討好讀書人的心，讓掌管歷史記載與歷史評述的士人階級，可以在漢武帝把國家搞得民窮財盡之後，仍替漢武帝下了一個「雄才大略」的四字考語。

乾隆皇帝的評價沒有那麼高，不過他的運氣好，二十郎當歲繼位，當了六十年太平皇帝，到處遊山玩水，在古蹟上題字，還欺負周邊弱小民族，號稱十全武功，把國家弄窮了，索性以不敢超越祖父康熙皇帝御宇為由，宣布退位，活了八十多歲，正是清朝最強盛的年代，所以評價他，最多只是「好大喜功」。

隋煬帝即位的時候，已經四十多歲了，他「雄才大略」、「好大喜功」的個性兼而有之，頗能延續父親治國的路線，繼續進行規模宏大的建設。

隋文帝在世時，雖以克勤克儉聞名，卻也曾大興土木，建造宮城。他把國都定在關中長安，作爲隋朝永世興盛的根基，可是，從西漢開始，長安已歷經八百多年的經營，並遭受無數次的破壞，到了隋朝，不但城池規模狹小，地下水也皆已鹽鹼化，不宜人居。於是隋文帝下詔，在長安舊城東南二十一里之處，營造新都。

全部工程由高熲掛名負責，實際規劃者，則是新都副監宇文愷。

宇文愷雖然與北周皇室同宗，關係卻遠，沒有在隋文帝即位之初，誅殺北周皇室的名單之列，他曾替隋朝修建美輪美奐氣象莊嚴的宗廟，因此聞名當世。新都城從開皇二年六月開始動工，到了開皇三年三月，即宣告完成。

短短九個月間，宇文愷建造出一個前所未見的巨大城池，全城面積約有七十平方公里，格局方正，分爲宮城、皇城與外城三重。

皇宮位居城中正北方，外面築起一道城牆，是爲宮城，宮城外爲中央官署衙門集中之地，接著再加築一道城牆，東西五里，南北三里，名曰皇城。皇城以外，還有外城，外城東西十八里（約九千公尺），南北十五里（約七千五百公尺），皇城到外城之間，才是官吏和百姓居住的地方。

都城內以寬達一百五十公尺，貫穿南北朱雀街爲中軸，由十一條南北大街和十四條東西大街縱橫交織，將全城劃分爲棋盤狀的一百零八個坊和兩個市，坊是居住區，市是工業商業區，新都城把皇宮、行政區、住宅區、工商業區嚴格劃分，規劃得整整齊齊，井然有序，是當時世界上最大的城市。

這座新都城，叫做大興城，由於距離長安城不遠，隋朝遷都於此，一般還是習慣稱它爲長安城，直到了唐代，乃正式將其定名爲長安。

隋文帝定都長安，主要是爲了政治與軍事因素，向東可掌握財政富裕的山東地區，向西可以控制河西走廊，向南可以遙望荊州襄陽，向北可以節制河套，防禦北方遊牧民族。

不過，不容否認的是，長年的戰亂，已使得關中平原的生產力大爲降低，國家財政，必須依靠山東平原與江南地區，才得以維持。

隋煬帝很清楚這一點，開皇十四年，關中饑荒，連皇帝都餓得沒飯吃，隋文帝只好帶著百姓，暫時遷往洛陽就食。隋煬帝對那時候的痛苦記憶猶新，不願重蹈覆轍，於是他一即位，立即下詔，營建洛陽東都。

洛陽的地理位置適中，交通運輸便利，東控黃淮平原，西望關隴地區，東漢帝國便以此地爲首都。漢末董卓曾將洛陽徹底破壞，西晉末年又遭損毀，北魏時期曾經建都，到了北齊、北周混戰，又被破壞。

他一聲令下，距離這堆廢墟不遠之處，又將出現一座媲美大興的巍峨城池。

修建工程由楊素統籌，實際的設計督造仍然由宇文愷執行，這時他的身分是將作大匠。有了上次修建大興城的經驗，宇文愷指揮這樣龐大的工程，駕輕就熟，隋煬帝比先皇更支持他，給他更高的權限，還親自前來洛陽主持動土典禮，因此他向隋煬帝保證，絕對盡心竭力，完成使命。

洛水流域成了一片廣大的工地，從各地徵調來的民伕陸續抵達，往後每天都會有更多的人工，據說每天在此工作的人數，高達兩百萬人，由於宇文愷將東都城池設置在洛水之上，工程難度較高，因此花費的時間比建造大興城久了一些，不過，仍然只花了一年，到隋煬帝大業二年春天，東都營造即告完工。

隋煬帝滿意地巡視這座氣派非凡的城池，這裡是東都，規模不能大過京師，但也已經很嚇人了，整座城池大致呈方形，座北朝南，北依邙山，南對伊、闕山，南牆正門為定鼎門，寬達一百五十公尺的大街，直通皇城端門，洛水自西穿城而過，將城池分為南北二區，河上建有四座橋樑，以溝通城南城北。城內還引伊水、瀍水入，並開鑿幾道漕渠，不論水運以及居民飲用水，都很方便。

主要部分和大興城相同，分為宮城、皇城與外郭城，限於地形，宮城不在城市中軸線上，而布置在西北角落的高坡上，俯瞰著底下的街坊。縱橫交錯的街道，將外郭城劃分成大大小小不同的街坊，洛水之北有三十六坊，以南有九十六坊，南部里坊較規整，各坊面積相近，坊內設十字街道，四面闢門。

城內有三處集中的市，東市稱豐都市，後來改稱南市，並於洛水之北增設北市、西南設置西市，比長安多設一處，三市沿著河道興建，貨船可直接開進市中心，位置不強求對稱，而是著眼於運送方便。宇文愷有鑑於長安修建了過度寬廣的街道，反而讓城市看起來十分空曠，所以規劃洛陽城的時候，刻意讓街道與里坊的格局較爲窄小，如此反而更能凝聚人氣。

隋煬帝在一行人的簇擁之下，乘車巡行整座城池，全新的宮殿還聞得到原木的氣息，高聳的瓊樓與遠方峻峭的山勢融合爲一，更襯托出整座城池的華麗。

「這兒的景色，和江南好像！」隋煬帝道：「朕當年南下金陵的時候，記得他們的城，也是這麼建的。」

「陛下英明！」宇文愷道：「臣也曾經南下考察，覺得皇城宮城不見得要修築在正中央，順著地形，更顯莊嚴！」

「嗯。」隋煬帝滿意地點著頭：「你做得很好！」

兩座都城，反映出兩個皇帝不同的個性：大興城方方正正，端莊肅穆；洛陽城依山傍水，華麗氣派。東都的功用也與長安有所不同，以促進工商業發展爲目的，於是隋煬帝巡視之後，又下詔將關東江南各地富商大賈豪族一萬六千多戶，遷移到洛陽，並在洛陽附近的鞏縣設置洛倉，儲存糧食，如此一來，新建的洛陽城，在很短的時間內，就成爲人口聚集、工商繁榮的大都市。

長安的氣氛不合隋煬帝的個性，雖說大興城巍峨的氣勢也十分震懾人心，但那井然有序、一絲不苟的建築與街道，總讓隋煬帝覺得心煩，他需要更浪漫的氣息來刺激他的創造力，所以他登基以後，很少待在長安。

洛陽的顯仁宮，是他經常駐足的場所之一，顯仁宮旁邊有座大花園，叫做西苑，西苑裡有個大型人工湖，廣達十餘里，稱爲積翠池，池中有小島假山，名喚蓬萊、方丈、瀛洲，山上有亭台樓閣，迂迴曲折，美不勝收，隋煬帝經常帶著蕭皇后與嬪妃宮女在此玩樂，他們駕著船，在湖中嬉戲。

隋煬帝文采斐然，信手拈來就是一闕意境高遠的詩詞，在宮廷樂師的絲竹伴奏聲中，美景當前，佳人抱滿懷，君臨天下的他，益發不可一世。

「太平盛世，便該如此啊！」他志得意滿地說道。

大業五年，公元六〇九年，乃是富強盛世的頂峰，全國戶口，從平陳之後的四百六十餘萬戶，增加至八百九十萬戶，四千六百萬人口；可耕地也從開皇年間的一千多萬頃，增加至五千五百八十五萬頃，全國版圖共有一百九十郡，一千二百縣，國土東西九千多里，南北一萬四千餘里，財貨流通，物資充盈，歷史上的太平盛世，也不過如此！

這一切都是那麼的容易，在隋煬帝心中，還有更爲宏大、更爲壯闊的建設與擴張，等著他去實行。

然而就是因爲他的格局太過龐大，才讓他的帝國迅速土崩瓦解，這卻是他不曾預料到的。

巡遊四方

隋煬帝心目中的大計劃，就是開鑿運河。

中國的地形，大致而言西高東低，絕大部分的河流，都是由西向東入海，黃河、淮河與長江，構成早期內陸水運的主要通道，可是，這幾條河流之間，卻缺乏一條可以聯繫的管道。自從南北朝以來，南方的重要性逐漸提高，長江流域的經濟力與生產力，已經可以和北方分庭抗禮，隋朝的中央政府設置在北方，為了統合全國的經濟，加強南方與北方的聯繫，開鑿大運河，的確有其必要性。

隋文帝年間，為了避免長安的糧食匱乏，曾經修造一條東西向的廣通渠，連接大興城和潼關，以便將關東物資運入關中。然而南北向的運河仍然缺乏，隋煬帝年輕時擔任揚州總管，知道江南物資充足豐饒，想要鞏固隋朝的經濟力量，則必須依賴江南支持。

除此之外，開鑿運河還有其他的原因。

當時民間傳說，南方的睢陽有王氣興起，為了樹立自己絕對至尊的地位，挖斷王氣，所以隋煬帝徵調民伕，開鑿運河，其實這種說法，只是將隋煬帝妖魔化的眾多理論之一，任何一個統一的政府，為了加強對偏遠地區的控制，都會想辦法在交通上取得較高的便利性，以當時的情況而言，開運河絕對是最為便捷的辦法。

較令人詬病的動機，則是為了隋煬帝個人享樂，而且，這似乎是開鑿運河最直接、最主要的原因。

東都、西苑，雖能滿足隋煬帝一時的虛榮心，畢竟還是美中不足，到了冬天，北方嚴寒的天氣，讓積翠池湖面結冰，隋煬帝最喜歡的江南景色，就此消失，西苑的官員爲了討好他，特地派人將湖面上的冰敲掉，又用彩綾剪成花瓣樹葉，將西苑裝飾得四季如春。如此稍稍令隋煬帝高興了一下，但他轉念一想，這樣做，畢竟只是自欺欺人，儘管再像江南，仍然不是江南。

「江南也是朕的天下，難道朕不能下江南嗎？」他心裡想著。

自古以來，大一統時代的君王，爲了彰顯自己的偉大，總會大張旗鼓地巡行天下，並在各地留下自己的足跡，隋煬帝身爲他們的一員，自然不能落於人後，他一定要擺出比任何一個皇帝更宏大的排場才行。

在修建東都的同時，開鑿運河的工程便已經開始了，首先開鑿的是通濟渠，大業元年三月起，隋煬帝徵發河南、淮北諸郡男女百萬人開鑿，利用原本已有的河道，或者是已經乾涸的河床，加以拓寬，以西苑爲起點，引穀水、洛水，循著東漢時代的陽渠故道，東流入黃河，再利用黃河的一段河道直達板渚（今河南汜水縣東）；從板渚再引黃河水南流入汴河，再從大梁（今河南省開封市）將河水引入古代鴻溝河床的睢水，最後導入泗水流進淮河。

淮河以南連接長江的部分，則徵調淮南民伕十餘萬人，拓寬了春秋時代吳王夫差所修築的邗溝，北起山陽（今江蘇省淮安縣），南至江都（今江蘇揚州）南端的瓜州渡口。

運河河面寬達四十步，兩岸築有大道，並且種植柳樹以穩固河床，從長安至江都，修建離宮四十餘所，只要興致一來，隨時可以駐足賞玩；沿著運河還建立了許多糧倉，作爲轉運或儲存糧食之用，物資絕對不會匱乏。這些建設，都是爲了隋煬帝自身的享樂之用，皇帝的排場絕不能省，他要用前人所難以想像的奢華辦法，御駕親臨他最喜愛的江都。

大業元年三月，東都和運河都還沒有興建完成，皇帝的船隊，便已經從西苑出發。他之所以要求運河河面一定得夠寬，那是爲了要放得下他的移動皇宮：那是一艘精雕細琢的龍舟，船高有四十五尺，寬五十尺，長二百尺，整艘船剛好把運河塞滿！船艙上下分爲四層，有正殿、內殿和東西朝堂，還有侍臣們的住處，總共一百六十個房間，裡面用金銀珠寶裝飾得富麗堂皇。這艘船必須由一千零八十名身穿錦衣彩袍的挽船工人，分別站在運河兩側，以青絲編織成的繩索，拉著它緩緩前進。

皇后登坐的船，比龍舟稍小，裝飾一樣華麗，名爲翔螭，由九百名挽船工拉動；嬪妃乘坐的船更小一些，名叫浮景，一共有九艘，每艘由兩百名挽船工拉動；貴人、美人們也各自有她們自己所屬船隻，號稱彩舟，由一百人牽引，共有三十六艘。這只是皇帝與后妃的船隻而已，其他隨行人員如王貴族、僧尼道士、太監婢女、各國使節與宮廷衛士，各有船隻，整個船隊共有一千多艘船，每艘船首尾相連，綿延長達二百多里，光是挽船工便有八萬多人，沿岸又有二十萬騎兵護送，場面之盛大，亙古未曾得見。

船隊的行進速度極爲緩慢，隋煬帝只想悠閒地欣賞美景，並不急著前往江都。運河沿途的四十多座離宮，已經夠他遊樂賞玩的了，洛陽城送行的百姓們，大概一輩子也不會忘記這樣的場面吧，皇帝的龍舟出發已經過了五十幾天，隨從的船隻，竟然還在西苑排隊出航。

爲了維持這樣的排場，運河流經的州郡，必須負起供養的責任。雖說隋煬帝沒有因爲巡遊增加半分賦稅，可是地方官員爲了討好皇帝，總是想盡辦法從轄區內壓榨出最多的財貨上貢。隋煬帝也曾親眼目睹運河兩岸，堆滿了食物，有些已經腐爛發臭，便問左右那是怎麼回事，左右答道：「龍舟經過沿途五百里內的州郡都要貢獻食物，結果貢獻得太多，吃不了，只好倒掉啦！」

「吃不了那麼多，可以叫地方官少進貢一些啊，這樣豈不是太浪費了？」隋煬帝有點生氣。

「皇上，這您就沒想到了。」左右官員以笑容安撫皇帝的情緒，說道：「地方官員貢獻得多，表示百姓富裕啊，如果不是因爲百姓生活富裕，地方官又那能弄來這麼些山珍海味來呢？這都是天下百姓的一番心意啊，拒絕不得的。」

「是嗎？」隋煬帝轉念一想，也覺得有道理，「照這麼說來，這些倒在路旁的飯菜，也是太平盛世的象徵囉？」他淡淡地說著。

左右官員不敢接話，他們知道皇帝口才便給，有可能是在拿反話挖苦人，但是偷偷看隋煬帝的表情，並不像是在生氣，這才漸漸放心。

隋煬帝本來就不像父親那般節省，他總覺得父皇許多作爲，未免太過小家子氣，既然這樣大擺排場，乃是天下富足的表現，那麼他就樂得繼續鋪張浪費下去。

巡遊期間，龍舟就是他的皇宮，龍舟前進到何處、運河修建到何處，皇帝聽政的場所便在何處。即便如此，僅僅只花了五個月，到大業元年八月間，船隊便已經抵達江都，也就是說，短短一百多天的時間裡，通濟渠與邗溝合計兩千多里的河道，便已開鑿疏通完成，雖說多半都是利用舊有的河道拓寬，但是效率之高，也足以令人咋舌。

他在江都待了半年，到了大業二年春天，準備返回洛陽。

如果他坐著龍舟尋原路返回，也許可以省下一筆花費，可是他不願意，他想改採陸路方式，便招來吏部尚書牛弘、太府少卿何稠等人，議定皇帝陸路出巡的服儀制度，牛弘負責制訂，何稠負責籌備，一路上所需要的車輦旌旗、鹵簿儀仗，均需要大量物資，方可齊備，這下子又苦了老百姓。天下州縣，無所不用其極地採辦所需材料，舉凡骨角、象牙、皮革、毛羽、木材、金屬，皆必須在極短時間內採辦完成。

民間家裡平常不會有這些東西，官府一聲令下，他們只好四處搜捕，舉凡天上地下、山嶺河川，珍禽異獸幾乎都被搜捕殆盡，一些有錢人沒有能力自行上山打獵，爲了向官府交差，只好出重金向獵戶購買，據說一隻野雞尾巴上的羽毛，竟然需要花費十匹絹布的代價。

更誇張的傳說也煞有其事：烏程地方有棵百尺高的大樹，樹頂有鶴築巢，百姓爲了取得鶴的羽毛，竟然打算鋸斷樹幹，樹上的鶴受到驚嚇，爲了保護自己的巢，竟然自己將身上的羽毛拔下來丟在地上。

「這是祥瑞啊！」當地的人們傳說著：「就連鶴都知道天意，竟然向天子進獻羽毛。」

這些傳說，也許只是一些不堪其擾的百姓，編造出來諷刺皇帝的，不過隋煬帝聽了倒不覺得有什麼奇怪，在他認爲，普天之下莫非王土，率土之濱莫非王臣，他沒有增加稅收，對百姓廣施仁政，百姓們爲他效力，這也是天經地義的事。

利用這些辛苦蒐羅來的材料，再調集了十幾萬的工匠，晝夜開工，很快地便完成了三萬六千人的儀仗、車輿，華麗無比，前後開銷，數以億萬，大大滿足了隋煬帝的喜好，便在這金碧輝煌的車隊護衛之下，浩浩蕩蕩地啓程，於當年四月，返回洛陽。

他在洛陽待了一年，到大業三年三月，才返回京城長安。他似乎真的很不喜歡這個地方，才回來不到一個月，又開始計畫出巡。

這一次，隋煬帝想巡遊北方，就下令徵調河北地區十幾個郡裡的幾十萬男丁，鑿通太行山，修建一條馳道，通達并州（今山西太原），並與榆林（今內蒙古托克托西南）的馳道相連接，一路可以通達薊州（今北京市），長達三千里，寬約百步，兩旁相隔一定的距離，便會種樹，以穩固路基。

於是大業三年四月，隋煬帝率領著甲士五十萬，從長安出發，經過雁門、馬邑（今山西朔縣），於六月間抵達榆林。這次出巡，除了遊玩，更有著軍事上的目的，他希望藉由耀武揚威，展現國力，來馴服北方的遊牧民族與邊疆國家，讓他們從此不敢進犯中國。

成效十分顯著，東突厥的首領啓民可汗，早已率領著所屬小國的酋長數十人，先行前往榆林，恭恭敬敬地等候，他們雖然各自抱著不同的想法，大體上卻都還是效忠隋朝的，這應該感謝隋文帝，他的分化政策，讓突厥始終分裂爲東西兩邊，沒有機會強大起來，也讓隋煬帝可以在突厥可汗面前炫耀財富。

隋煬帝命人在榆林城東邊搭起一座大帳，帳內飾以錦繡彩緞，雍容華貴，並且可以容納數千人，啓民可汗以及屬下，把所有的隨從衛士三千五百多人都帶進帳中，空間竟仍然十分充裕。

「華夏上國，果眞不同凡響！」啓民可汗與底下的一些小國酋長議論紛紛，「如果我們向中華上國表示順從，想必會有許多賞賜吧！」

隋煬帝身著龍袍，大剌剌地在一群光鮮甲士的護衛之下，進入帳中，文武官員排列整齊，高呼萬歲，場面隆重而肅穆，啓民可汗也跟著高喊萬歲，原本心中那一絲探聽虛實的想法，變成由衷的敬佩與羨慕。

「這樣才是天子啊！」啓民可汗心想：「想我堂堂突厥大國，雖然雄據北方，牧場綿延數千里，歸順的部落不下數百，可是哪裡擺得出這樣盛大的場面？看來還是得多向中原人學習。」

當晚，隋煬帝就在帳中設宴款待啓民可汗，山珍海味，珍饌佳釀，自然不在話下，隋煬帝又大加賞賜，自啓民可汗以下，人人皆得到了豐富的獎賞，總共約合綢緞二十萬匹，啓民可汗雖然也有回禮，但不管怎麼回，還不就只是一些牛羊馬匹，根本無法與隋煬帝的賞賜相比。

啓民可汗當下便上奏道：「臣雖是突厥可汗，但也是陛下的臣子，求陛下降旨，准許臣等回國之後，依照華夏上國服飾法度，永爲陛下屏障！」

這本來是讓北方遊牧民族同化於中原文化的好機會，不過隋煬帝有他的想法，他認爲普天之下，只有他一個皇帝，如果突厥在塞外也照著中國的制度，那就變成兩個皇帝，爲了避免分裂割據的舊時代重演，隋煬帝十分巧妙地回絕了啓民可汗的要求，他說道：「夷夏之間，風俗本來就不同，君子治理天下，並不強求移風易俗，只要你們忠心順從，又何必改變服飾制度呢？」他把啓民可汗嘉獎了一番，卻不讓突厥採行終於的制度。

只求羈縻，不求擴張，只要邊疆民族好好聽話，滿足華夏上國的虛榮心，那就會有數不完的賞賜，至於邊疆民族內部如何，華夏上國，並不干涉，這也是中國自古以來一貫的對外態度，除了少數的幾名統治者是特例，兩千多年的歷史發展，幾乎都是如此。

接見了啓民可汗之後，隋煬帝繼續北巡，從榆林出塞，至樓煩關。

此地已是漠南草原，氣候乾燥，物資缺乏，與隋煬帝最喜歡的江南，有著天壤之別，爲了讓他可以舒舒服服地巡遊，不受乾冷氣候所苦，工部尚書宇文愷設計出兩項巧奪天工的作品，名爲「觀風行殿」和「行城」。

觀風行殿，顧名思義，就是爲了讓隋煬帝可以巡察各地風俗，所建造的移動宮殿，行殿的規模當然比眞正的宮殿小，不過還是可以容納好幾百人，而且造型就像是長安洛陽的金鑾寶殿那般，金碧輝煌，氣派不凡。

行城就更爲驚世駭俗了，那是用來護衛觀風行殿用的，比照城池的制度，具體而微，仍然高達四丈二，南北設有城門，四角設有瞭望台，城中設置各項巧妙機關，可向四面八方發射弩箭，打擊企圖攻擊皇帝的敵人。

觀風行殿和行城最令人驚奇的，就是它們可以四處移動，裝卸也很方便，當隋煬帝的盛大隊伍來到塞外，竟然在一夜之間，憑空出現一座城池，而且城池還能移動，這把那些邊疆少數民族給嚇傻了，紛紛跪拜，口中高呼萬歲，以爲天神降臨。

這當然讓隋煬帝的虛榮心，得到更高的滿足。

這次巡遊，他下詔修築長城，以男丁百萬人全力趕工，西起榆林，東至紫河（今遼東渾河），似乎顯示他對北方的遊牧民族仍然不放心，儘管啓民可汗在這次巡遊過程中，給足了面子，不但幫隋煬帝開道，還親自到隋煬帝的帳前，替他除去雜草，以表示恭順，但隋煬帝仍然以最謹慎，卻最無用處的方法來防範北方疆域。

隋代的長城，就如同其他的建設那樣，迅速而有效率，他在大業三年六月下詔，到了大業四年三月，綿延數千里的長城便已竣工，此時他已回到長安，爲此他又再一次北巡，從五原郡出塞視察長城，直到大業五年年初，才從洛陽返回長安。

這一次來到長安，主要是爲了經略西域。

隋煬帝早就對西域很感興趣了，那是受到寵臣裴矩影響的緣故。

裴矩是個聰明人，深明官場之道，隋文帝年間，他曾隨同當時還是晉王的隋煬帝參與平陳之役，與隋煬帝建立良好的關係，陳朝滅亡後，嶺南地區的殘餘勢力相繼作亂，裴矩不畏艱難，撫平叛亂，並將地方治理得十分安寧，確保隋朝在南方的統治基礎，因而獲得隋文帝極高的評價：「朕有如此能臣，還有什麼好憂慮的呢？」

隋煬帝繼位，讓裴矩負責掌管張掖郡（在今甘肅永昌以西），當地往來通商的胡人極多，讓裴矩得以瞭解西域情勢，他知道，隋煬帝的個性與他父親不同，之所以讓他來此，是爲了給他一個機會，探聽西域虛實，以便將來揚威立萬。

於是，裴矩花了很多時間，更加詳細調查西域各國的風土民情、山川地理，並寫成《西域圖記》三卷，附有地圖，標明敦煌通往西方的三條通道：北路走伊吾（今新疆哈密）、中路尋高昌（今吐魯番）、南路從鄯善（今新疆若羌）。

隋煬帝果然很感興趣，將裴矩招來身邊，親自詢問西域情況。

裴矩投其所好，大肆宣揚西域各國的物產風饒，並有無數奇珍異寶，又道：「只可惜吐谷渾、突厥等國夾在中間，阻斷了他們朝貢之路。一些西域商人曾與臣密議，希望我朝前往招輔，只要滅了吐谷渾，他們就會內附。」

大業五年，公元六〇九年三月，隋煬帝西巡河右，並於四月間大獵於隴西，同時派遣觀王楊雄和許國公宇文述率兵攻打吐谷渾。

宇文述的這一路進軍十分順利，吐谷渾根本不是他們的對手，兩軍交鋒，隋軍斬殺敵將三千多人，並且迫使吐谷渾仙頭王領著男女十多萬人口投降，反倒是隋煬帝這一路以狩獵爲名出征的兵馬，由於山路艱險，迷失道路，士卒凍死了一大半，費盡千辛萬苦，好不容易才抵達張掖。

爲此，隋煬帝有些悻悻然，不過當他看見高昌王與伊吾王領著西域二十七國使節，焚香奏樂，誠惶誠恐地恭迎聖駕之時，心中那絲不悅，瞬間拋到九霄雲外，他在觀風行殿宴請各國使臣，歌舞喧天，武威、張掖的居民，都盛裝前來觀看，會中，伊吾王吐屯設獻地數千里，隋煬帝乃在西域設置河源（今青海湖以南）、西海（今青海湖以西）、且末（今新疆且末以南）、鄯善（今新疆若羌）四郡，以流放邊疆的犯人當作戍卒，並在當地屯田，讓隋朝的版圖更爲擴張。

第二年，也就是大業六年，正月十五那天，各國使節齊聚洛陽，他們一同向隋煬帝回贈敬意，同時祝賀新年的到來。

客人上門，隋煬帝當然不能失了面子，同樣大擺排場，在洛陽天津街開設百戲場，表演天下技藝，戲場周圍五千步，奏樂者多達一萬多人，好幾里外都能聽見樂聲，耀眼的燈光，即使夜晚也如同白晝。

那時正值冬天，城裡的樹木葉子都掉光了，爲了點綴市容，隋煬帝命人把城內城外的樹枝，都纏上絹布，風一吹便搖曳生姿，煞是好看；城中商人都必須換上華麗服裝，迎接西域來的貴客，就連賣菜的都得用上好的席子鋪在地上；西域人如果走近飯館，老闆便會請他入座，讓他吃得酒足飯飽，並且不收分文。如果客人覺得奇怪，老闆便會說道：「我中華上國，物產豐饒，吃飯喝酒這等小事，哪裡需要收錢呢？」

隋朝真的很富足，這倒不算粉飾太平，國家財政的收入以及先前的積蓄，足以讓隋煬帝擺派頭，然而過度的擾民，卻成為隋朝迅速步向衰亡的主因。

大業六年，盛世的頂峰，卻也是危機的開始。

天下倒懸

隋煬帝從即位的那天起，便鮮少有留在皇宮裡的日子，絕大部分的時間，不是出遊，便是巡視，剩下的時間，就是在大興土木。皇帝出巡，本身就已經是一件極其擾民之事，像他這樣愛擺場面的出巡，更是騷擾百姓到無以復加；大興土木，徵調的是民伕，也就是日出而作，日入而息的農民，他們只求安穩度日，隋煬帝卻讓他們沒有幾天安穩日子好過。

為了營建東都，必須從南方運送大木，每一根大木，都得要十幾個民伕，才能拉動，他們拖著這些木頭，艱困地一步步前進，跨越大半個中國，才能到達北方，沿途不知道累死多少人。

修建長城，從大業三年盛夏，到第二年春天完工，跨過一個冬天，北方的冬天，足以讓空氣凍結，呼嘯的北風切割民伕的皮膚，讓他們的手腳凍裂，他們還是得沒日沒夜的趕工，巍峨的長城，是用百姓的血肉堆砌出來的。

開鑿運河，動輒徵調民伕百萬，前前後後更調動了三百六十多萬人，男丁不夠，便徵調婦女，運河還沒開完，死亡便已超過一百五十萬人，如果統計數字正確，那眞是一項可怕的暴政，可是隋煬帝沒有看見數字背後的警訊，反而覺得其中有詐：「天下百姓，足有四五千萬，雖說朕讓丁男年紀，延後到二十二歲，這是朕愛惜民力，讓百姓少服幾年勞役，但也不至於員額不足，需要調動婦女吧？」

他把民部侍郎裴蘊叫來詢問，裴蘊建議他下詔清查全國戶口：「必是有一些刁民，爲了逃避賦稅，依附於大家族之下！」清查的結果，居然查出脫漏的戶口六十四萬，丁男二十四萬三千。這個數字比工役之中死亡的人數少得多，隋煬帝確認爲裴蘊做得很好，認爲他是個能臣，對他信任有加，從此更醉心於巡遊逸樂當中。

其實，在古代，以隋朝這樣強大的中央集權國家，正逢太平盛世，運河、宮殿、長城這樣的建設，都可以當作盛世的象徵，一種安定人心的圖騰，即使興建過程中造成極大的死傷，造成許多人流離失所，但那對中央政府而言，不過是一個數字，也不過是農村勞動力量的削弱。

對天下絕大部分以務農爲生的百姓而言，只要還能活得下去，還能有飯吃，他們寧可將這股怨氣化爲對土地的熱愛，化爲辛勤耕作的力量，期待來年的收穫，可以讓剩下的家人，獲得溫飽。

問題出在隋煬帝不知道收手，他文武全才，卻剛愎自用，當了皇帝，只喜歡聽好聽的，不願意接納諫言。他底下的那群親信大臣，楊素、宇文述、宇文愷、裴矩……為了確保自己的地位，都很懂得揣摩上意，知道皇帝的個性，就只讓皇帝知道天下的富足安樂，鼓勵他到處巡視，並在他巡視的地方，布置出最華麗最繁榮的景象，讓皇帝真的以為，天下的繁榮，就如他親眼所見的那般牢不可破，身為這般繁華帝國的至尊，排場當然不能輸人，所以鋪張浪費與日俱增。

這些臣子，說他們是忠心耿耿，倒也未必；說他們是奸佞小人，他們也只不過是為了生存！偏偏隋煬帝連他們的心也抓不住。

在他不斷巡遊的過程裡，仍能注意到政治的改革，這絕非一個平庸的君主所能辦到，改革的內容，主要延續隋文帝的政治作為。首先，他將中央政府中的尚食、尚衣、尚藥等部門，從門下省中獨立出來，另設殿內省，如此一來，門下省的職權更為明確，成為專司各項議案的審核機構，與尚書、中書省並列為三省六部制度的核心。

其次，他縮小封爵，提出用人唯才唯德的原則，大業二年，隋煬帝創置「進士科」，奠定科舉取士的基礎，第二年更明令廢除門閥，選人著重才藝，並且下詔文武有職事者，「分孝悌有聞、德行敦厚、節義可稱、操履清潔、強毅正直等十科舉人。」後世「科舉」這名稱，即發源於此，這固然是延續隋文帝廢除九品官人法的本意，同時也是為了打擊門閥貴族。

後來，他更進一步將伯爵、子爵與男爵三等爵位廢除，只留下王、公、侯三等爵位，那些憑著祖先地位而徒享高名的貴族子弟，地位一律剝奪，世家大族依靠門第而獲取地位的途徑，也被這項規定所阻斷，沒有才能沒有品德的高門子弟，只能眼看家道中落。

這些作法，無非是爲了扭轉魏晉南北朝以來世族門閥掌控朝政的現象，以維繫帝國的統治力，可是隋煬帝忽略了一點，幫他辦事的親信大臣，十之八九都是貴族出身，這些人藉由他的寵信，得到高官厚祿，無非是希望可以光大自己的家族，替子孫留一條光明的路，如今這條路被封閉起來，教他們如何繼續對皇帝效忠呢？

其餘那些沒有得到寵信的大家族，他們在社會上具有一定的影響力，原本可以憑藉著這樣的影響力，期待有朝一日的崛起，這時候也被隋煬帝重重打擊，讓他們的期待破滅，他們當然會反對隋煬帝。

於是，積存在民間的怨氣，被大家族們善加利用，很快地，各地反對朝廷的聲浪，一發不可收拾。

從大業六年起，便有尉文通起兵於雁門（今山西省代縣），王萬昌起兵於珠崖（今海南瓊山縣），他們煽動心懷怨恨的農民，爲了自身的利益而反抗朝廷，很快便遭到鎮壓，沒有釀成立即的危機與的災害，也沒有讓隋煬帝產生警覺。

這年三月，他的龍舟船隊再一次浩浩蕩蕩地出發，以巡遊江都爲目標，實際上是親自督辦江南糧草，運往北方。

督辦糧草的目的，則是爲了討伐高麗。

如果說之前的大興土木，四方巡遊，在民間點燃了反抗的火苗，那麼，征伐高麗，就是在火上加油，讓民間承受的負擔、累積的痛苦，完全爆發出來。

高麗位於今日朝鮮半島北部以及遼東半島的大部分，歷史悠久，民風強悍，據說在西周時代，便已建國。隋文帝時，高麗王高元侵犯遼西，隋朝曾以漢王楊諒爲統帥，發兵三十萬征討，大軍還沒有抵達，就因爲軍中爆發疾病，同時遭遇颱風，折損了十之八九，班師回朝。高元也怕了，上表向隋文帝請罪稱臣，隋文帝輸了裡子，贏了面子，下詔罷兵，兩國之間沒有再爆發衝突。

在隋煬帝北巡的時候，曾在啓民可汗的大帳裡，遇見高麗的使者。

對這個態度有些高傲的使者，隋煬帝有些好奇，向左右詢問，裴矩答道：「高麗本是西周箕子的封地，漢、晉都設爲郡縣，後來背叛我天朝上國，成爲番邦。先帝早就想征服他們了，只不過楊諒無能，師出無功！如今陛下聖明，應當招納此地，不要讓衣冠古國，永遠淪爲化外之地。」

隋煬帝聽了，對高麗使者說道：「啓民可汗以誠心侍奉，所以朕親自來此慰問。你回去告訴你的主子，教他早日來朝，朕將待他一如啓民。如果不來，朕必定率領啓民的兵馬，踏平高麗。」

這番話，使者回去轉告，高元聽了，並未做出任何回應，於是，隋煬帝感到奇恥大辱，才決定討伐高麗。

他絕對比隋文帝更愛面子，不能接受當年那種自欺欺人的勝利，如果要打，就一定要打贏。為了打贏，他下詔徵調天下富有之家，購買馬匹十萬，並且收集民間器械甲冑，上繳朝廷，如果有品質不良者，一律處斬，並讓河南、淮南、江南各地工匠，負責修造戎車五萬輛，載運各種器械衣甲，由士兵自己拉著，往北方的前線移動。

征伐高麗的前線指揮所設在涿郡（今北京市），在那裡，隋煬帝命人修造臨朔宮，做為皇帝行宮，朝中九品以上的文武官員，全都齊集涿郡，在當地安置府邸。

隋煬帝本人在大業七年春天，從江都沿著邗溝、通濟渠、永濟渠抵達涿郡，原本他似乎打算繼續在江南巡遊，所以命人從江都至會稽之間，修建了一條江南河，不過攻打高麗的事顯然更吸引他的注意，所以江南河修好了，他卻沒有巡視會稽。

戰略計畫空前盛大，採取水陸並進的方式大舉進攻，幽州總管元弘嗣，負責督造戰船三百艘，限期內完成，官員與民伕站在水裡工作，日夜趕工，沒有時間休息，據說有不少人，因為在水中泡得太久，腰部以下，潰爛生蛆，又有將近一半的工匠，死在這次的工程之中。

全國各地的丁男，收到徵召的命令，徒步從家鄉北上，前往涿郡，沿途累死餓死與凍死的，不計其數，動員了一年多，到了大業八年正月，號稱兩百萬大軍，實際人數一百一十三萬三千八百人的軍隊，整編完成。

這只是實戰部隊的數字，運輸輜重的隊伍，比作戰的軍隊更多一倍，隋煬帝自己擔任水陸軍大元帥，陸軍分為左十二路軍，右十二路軍，再加上隋煬帝的本陣六軍，合計三十軍，以高麗首都平壤為目標，鋪天蓋地殺去；海軍由右翊衛大將軍來護兒統帥，自東萊（今山東掖縣）假海道前進，船隊長達數百里。

自古以來，從未有過如此盛大的軍事行動。

「高麗的百姓，連我朝一郡之民都比不上，朕以如此盛大的軍威討伐，怎麼可能打不過呢？」

隋煬帝信心十足，以為這樣壯盛的軍容，根本不用作戰，就可以把高麗嚇倒，所以他身為大元帥，事必躬親，各軍指揮作戰的權力，他都一把抓住，規定各路將領，任何進退都必先奏報，不得專擅。

他對自己的能力太有自信了，三百多萬人的大軍，本身的營運就是一項極為複雜的問題，前線作戰，後勤補給，必須要靈活的配合調度，這絕非一人之力，便能做到，可是他把所有的指揮權都抓在手裡，要求前線指揮官不管遇見任何情況，都必須回報，得到皇帝的指示，才能決定軍隊的進退，這一來一往之間，曠日廢時，瞬息萬變的戰況，往往因此難以掌握，盛大的軍容，成為隋軍的一大累贅。

來護兒的水軍進展較快，率先抵達高麗境內，並與高麗軍隊發生激戰，將其擊敗，推進至平壤城下。高麗守軍展開焦土策略，打開城門，讓隋軍進入城中，來護兒滿心以爲自己搶得頭功，放任部下燒殺搶掠，軍隊陣形大亂。

這時，平壤守軍突然將城門關上，伏兵從四方湧出，刀劍飛矢，對著隋軍猛攻，將進入城中的四萬多名甲士，殺得只剩下幾千人，倉皇之間，來護兒領著殘部，倉皇逃出平壤，一路退向海岸，逃回船上，不等陸路軍隊前來會師，就急忙從海上撤退。

陸路方面，戰況也不順利，卻是被自己給拖垮的。多路大軍進發，準備在鴨綠江西邊會師，大軍出發之前，就一口氣發給人馬一百天份的糧草，除此之外，尚有排甲、刀槍、戎具等輜重，每名士兵都必須背負著三石以上的重量，長途跋涉，艱苦異常。

官兵抱怨連連，但是隋煬帝下達的命令是：「遺棄米粟輜重者斬！」官兵們沒有辦法，只好趁著夜間紮營後，偷偷在帳幕下挖了大坑，把糧食埋在裡面，以減輕負荷，結果，目的地還沒有抵達，軍中糧食便已經消耗殆盡。

隋煬帝自己也沒也閒著，他親自領軍，進攻高麗的遼東城，接連打了好幾天，都沒有打下來。隋煬帝沒有鼓舞士氣，反而把將領們叫來跟前大罵：「當初朕決定御駕親征，你們都反對，朕就知道你們怕死，不願意讓朕看見你們作戰不力！現在朕已經親臨前線，你們還倚仗著自己的家世門第，不願盡力，難道以爲朕不敢殺你們嗎？」

連日來心力交瘁的將領，竟然從皇帝口中，聽見這樣的恐嚇，他們除了失望，只剩下憤怒與恐懼，哪還有心奮勇作戰？

隋軍被高麗軍阻擋在鴨綠江畔，在宇文愷督造下，工程兵在箭雨之中，拚命地搭建浮橋，好不容易搭好三座橋，士兵已經死傷過半，鮮血染紅江面，連左屯衛大將軍麥鐵杖、虎賁郎將錢士雄等將領，都在這場混戰中身亡。

右翊衛大將軍于仲文進軍最爲迅速，從樂浪道入侵高麗領地，聲勢浩大。高麗王派遣大臣乙支文德前往于仲文軍中詐降，于仲文見他神色有異，想要將他扣留，卻被軍中的撫慰使劉士龍制止了：「兩國交戰，不斬來使，高麗有意請降，將軍便應坦然接納，以彰顯陛下盛德。」

劉士龍根本就是隋煬帝派來監視的，于仲文不敢得罪他，只好照他的話作，放乙支文德回去。等到發現乙支文德眞的是敵人派來探聽虛實的間諜，爲時已晚，連忙領兵追趕。

乙支文德在隋軍陣營中走了一遭，發現營中士兵缺乏糧草，面黃肌瘦，知道他們不能長久作戰，將這項重要情報上奏高麗王，決定採取誘敵深入的辦法，且戰且走，幾天之內，就將隋軍三十多萬人，引到平壤城外三十里處，這時候，預先埋伏的高麗士兵從四面包抄，發動大舉突襲，餓得頭昏眼花的隋兵，根本不是對手，一宣布撤退，就成爲四下逃竄的難民，于仲文與幾路將領倉皇突圍，走了四百五十里，逃回鴨綠江邊，回到遼東城，清點的結果，竟然只剩下兩千七百多人，無數的器械輜重，也都在混戰中丟棄。

最愛面子的隋煬帝，竟然敗得這麼慘，盛怒之下，下令逮捕敗軍之將于仲文，捉拿負責籌辦糧草的宇文述，把他們兩人廢爲庶民，並且將延誤戰機的劉士龍斬首，以謝天下。

即使如此，敗仗終究是事實，理應負起最大責任的隋煬帝，只好灰頭土臉地，下令班師回朝。

楊玄感之變

這場損失慘重的戰爭，沒有帶給隋煬帝任何教訓，一回到洛陽，他便開始籌畫下一次的討伐。

此時，山東、河北地區已經爆發大規模的民間反抗，然而在洛陽，盛怒的龍顏無人膽敢觸碰，朝中大臣無人願意冒死進諫，因爲他們知道，就算進諫，皇帝也聽不進去，徒然火上加油，白白送命而已，只好三緘其口。

大業九年，公元六一三年三月，隋煬帝二度征遼，由於百姓不願意前往戰場送死，紛紛逃避兵役，朝廷只好以重金募集士兵，並且重修遼東古城，用來儲備軍糧。

值此用人之際，隋煬帝下詔重新啓用宇文述，並對他好言安慰：「朕都弄明白了，當初軍糧不繼，是因爲軍吏計算失當，並不是你的罪過！」

有了上次的教訓，隋煬帝特別命令，諸將領攻打遼東，便宜行事，遇有緊急戰況，可自行決定交戰，不需上報。隋煬帝仍是全軍總指揮，宇文述與上大將軍楊義臣攻平壤，左光祿大夫王仁恭出扶餘道，來護兒再度執掌水軍兵符，從東萊出發。

這次出兵，隋軍動用許多先進的攻城器械，王仁恭與數萬高麗軍在小遼水畔的新城激戰，飛樓、雲梯齊發，衝車、地道並進，晝夜猛攻，高麗軍卻據城死守，打了二十多天仍無結果，雙方死傷慘重。

遼東城方面，也爆發激烈戰鬥，隋煬帝命人製造一百多萬個布袋，裡面塞滿泥土，堆積成一座坡道，與城牆一般高，號稱魚梁大道，讓戰士登城交戰，並以高過城牆的八輪雲梯車，推進城邊，俯射城內。

驍果（皇帝的衛隊）沈光，攀附在十五丈高的雲梯之上，與敵軍交戰，接連砍殺了數十名高麗兵，一不留神，失足墜落，還沒摔到地上，看見雲梯旁垂掛的繩索，伸手抓住，如同猿猴一般，又回到雲梯上，與敵軍繼續奮戰，隋煬帝欽佩萬分，拜為朝散大夫。

撇開慘烈的犧牲不談，此次征伐高麗，在戰略及戰術的運用上並沒有錯誤，如果能堅持下去，遼東城必定不保，隋煬帝也能爭回他的面子，沒想到，眼見勝利在望，後方竟然傳出禮部尚書楊玄感起兵叛變的消息，令前線官兵，大為動搖。

楊玄感是老臣楊素之子，氣宇軒昂，才學出眾，善於騎射，曾出任郢州、宋州刺史，為官嚴正謹慎，甚得當時官場的稱譽。

不過他對隋煬帝的忠誠，卻是有限度的。

隋煬帝在楊素的幫助下登基，表面上對楊素禮敬有加，不斷升他的官，私底下確認為，楊素恃功而驕，經常自比為長輩，有失君臣禮節，隋煬帝也懷疑，楊素常與文武百官，數落皇帝的不是，因而對楊素猜忌日甚。大業二年，公元六〇六年，楊素病重，隋煬帝雖然派了太醫前往診視，卻也不斷詢問太醫：「楊素是不是快死了？」楊素知道以後，十分傷心，從此不再服藥，也不作調養，沒多久，便一命嗚呼。

「這個老東西，總算死了。」隋煬帝對左右說道：「就算他不死，朕也總有一天，要讓他全族誅滅！」

這句話不知如何傳入楊玄感耳中，讓他十分不安，他知道，皇帝生性多疑，如今雖沒對他如何，總有一天要拿他開刀，不如先下手為強，便和弟兄們密謀，廢黜煬帝，改立秦王楊浩，不過，都因為時機尚未成熟，因而作罷。

第二次攻打高麗，楊玄感受命在黎陽（今河南浚縣東）督運糧草。他目睹當時天下百姓怨聲載道，各地起事者風起雲湧，而皇帝本人又率主力遠在遼東，後方兵力空虛，於是便抓住此一良機，與虎賁郎將王仲伯、汲郡贊治趙懷義等人策劃起兵。

為了讓大軍再度陷於缺糧困境，他們故意遲滯漕運，不按時發運軍資，並暗中召來遼東的楊玄感胞弟楊玄縱、楊石和在長安的好友蒲山公李密。

大業九年六月初三，楊玄感詐稱來護兒謀反，領兵佔據黎陽，關閉城門，搜索壯丁充軍，並向附近各郡發送檄文，以討伐來護兒爲名，要求各郡派兵，在黎陽會合。

楊玄感在黎陽選精壯運夫五千多人，船夫三千多人，誓師反隋，他慷慨激昂地說道：「當今皇帝，昏庸無道，不顧百姓生死，惹得天下大亂，去年征高麗，已經死傷數十萬，他仍一意孤行！如今我起兵，乃是爲了解天下之倒懸！」

飽受苦難的百姓，聽了這樣的宣言，歡欣鼓舞，高喊萬歲，沒過多久，追隨者增加至十多萬。

這時李密趕來黎陽，楊玄感向他請教用兵方略，李密說道：「如今閣下有三條路可走：皇帝親征，遠在遼水之外，北有強虜，南有大海，如果閣下出其不意，長驅薊城，斷絕皇帝歸路，不出十天，征東大軍便會潰敗，此乃上策；率軍西進，經城勿攻，直搗關中，佔據長安，然後安撫百姓，據險而守，即使皇帝回來，也已失掉根本，閣下可以徐圖後舉，此爲中策。」

「那下策呢？」

李密若有所思：「從黎陽出兵，日夜兼程，襲取東都，以此號令四方，這便是下策了。」

「怎說這是下策？」

「洛陽離得近，早有防備，閣下若於百日之內，不能攻克，到時候各地援軍趕來，皇帝大軍亦已班師，只怕閣下處境不妙！」

楊玄感笑道：「你說的下策，才是上策啊！文武百官都和皇帝打高麗去了，他們的家屬都在東都，只要取下洛陽，抓獲百官家屬為人質，必能使官員心神不寧，撼動人心！」於是焚燒屯駐黎陽的龍舟，率兵向洛陽進發。

朝廷留守東都的越王楊侗和民部尚書樊子蓋接到消息，立即加強防禦，修武縣（今河南武陟）民也幫助朝廷據守臨清關（今河南新鄉東北），使楊玄感無法越雷池，只好從汲郡（今河南淇縣東）南渡黃河，繼續挺進，到達偃師（今河南偃師東），命楊積善率兵三千人從南邊沿洛水西進，楊玄挺自白司馬阪（今洛陽北邙山北麓）越過邙山，發起進攻，楊玄感親率三千人馬緊隨其後。

東都方面，河南令達奚善意率精兵五千人抵禦楊積善，將作監裴弘策率八千人迎戰楊玄挺。當時，楊玄感所部多為臨時徵召而來的民伕，沒有弓箭鎧甲，只有簡單的刀械迎敵，但士氣高昂；隋軍雖然裝備精良，卻士氣低落，達奚善意不戰而潰，裴弘策五戰五敗，只剩下十餘騎逃回城中。

六月十四日，楊玄挺包圍東都，楊玄感進軍至洛陽北門，向眾人宣誓說道：「我身為上柱國，家財萬貫，別無所求！今日不顧生死起兵，只為天下解倒懸之急，救天下蒼生於水火而已。」

聽了這番話，人人皆感振奮，每天都有數千人前來投降，當中甚至有不少達官貴人子弟，楊玄感收編降眾，招募百姓，又得五萬多生力軍，乃分兵五千人佔據慈硐道（今洛陽西方），五千人把守伊闕道（今洛陽南方），派開國元勳韓擒虎之子韓世蕚率三千人包圍滎陽，顧覺率領五千人攻取虎牢（今河南滎陽西北）。

這時，留守長安的代王楊侑派遣刑部尚書衛玄率領四萬人，前來增援。楊玄感與衛玄交戰，智計連連，先以詐敗之計，誘使衛玄追擊，再以伏兵擊破衛玄前鋒，幾天後，兩軍再度交戰，楊玄感採哀兵策略，命人放話：「官軍已經生擒楊玄感！」讓衛玄部下信以爲眞，鬆懈鬥志，楊玄感趁機用騎兵衝殺敵陣，把官軍殺得大敗，衛玄只好收拾殘兵，孤注一擲，在邙山南與楊玄感決戰，一日之內雙方交戰十餘次，眼看衛玄難以支持，恰好楊玄挺被流箭射死，楊玄感才不得不暫時退卻，而衛玄無力再戰，也只好收拾殘兵，退回關中去了。

雖說進軍尚稱順利，經過這番周旋，楊玄感已經喪失寶貴的時間，而他親率主力攻打洛陽，又遭樊子蓋拒守，一時無法攻破。遠在遼東的隋煬帝獲報，慌忙撤軍，尚未抵達戰場的各路兵馬，也紛紛掉頭，直撲洛陽。

虎賁郎將陳棱進攻黎陽，宇文述與右侯衛將軍屈突通馳援東都，來護兒的水軍也停止進攻高麗，還師西進，包圍楊玄感。

楊玄感軍四面受敵，七月二十日，接受李子雄、李密的建議，解除對東都的包圍，率軍西進，準備奪取關中，徐圖霸王之業。

一路上，楊玄感發佈消息：「我已攻陷東都，如今要取關中！」藉此避開阻擋，可是到了弘農（今河南靈寶），當地百姓頻頻勸說他攻城：「弘農根本是空城一座，沒有軍隊防守，城中糧食豐富，奪取的話，豈不是大有助益？」

李密說道：「如今時間寶貴，就算城中糧草多，也不該在此耽擱！」

楊玄感禁不起誘惑，決定攻城。

原來這是弘谷太守楊智積的計謀，他在民間散佈假消息，說弘農無人把守，實際上加強戰備，抵擋進攻，拖延整整三天，當楊玄感意識到自己中計，已經來不及了，宇文述、來護兒、屈突通等各路兵馬追趕而至，楊玄感且戰且退，一日內三敗。

八月初一，楊玄感在皇天原（今河南靈寶縣西北）列陣與隋軍決戰，大敗，僅率十餘騎落荒而逃。到後來，只剩下楊積善陪在他身旁，徒步而行，楊玄感心情惡劣，對著弟弟大罵：「都是你害了我！」

楊積善氣憤不過，拔出佩刀，嘆道：「既然兄長如此說，我有何面目留在世間？」揮刀打算自刎。

楊玄感一把搶過刀子，垂淚說道：「你沒有錯，錯的是我，如今大勢已去，你還是把我殺了吧！」說完把刀子遞給楊積善。

兩人的屍體被追兵找到，成為戰利品，幾天後，楊玄感的屍身在洛陽城市口遭到肢解，示眾了三天，最後被焚燒。

這場蔓延甚廣的動亂，竟然在短短兩個月之內，就被平定，這表示，隋朝政府的統治力量雖已動搖，卻還能維持運作，天下各地都有叛軍，但他們尚未整合起來，情況也還沒達到無可救藥的地步。

奈何隋煬帝好強的個性，讓他依然活在自己的世界裡，「連楊玄感都能這麼快平定，其他的小毛賊，有什麼好擔心的？」他絲毫不把正在蔓延當中的各地動亂放在眼裡，執意進行第三次高麗戰爭，大業十年，天下已經大亂，濟陽人吳海流、東海人彭孝才、東陽人李三兒、東郡人呂明星，都率眾數萬，攻城掠地。孟讓、王薄更聚集十幾萬人，自稱知事郎，盤據長白山（今山東省章邱縣），其餘大大小小的起兵反叛，多達百股以上。

在這麼危急的情況下，隋煬帝竟然還要徵召天下之兵，討伐高麗，又讓天下人民沸騰起來。這一次，除了來護兒的水軍以外，各路兵馬幾乎都沒辦法到齊，而疲憊不堪的高麗，聽說隋朝又來打他們了，也不願再戰，因此當來護兒在遼東半島擊退高麗守軍之後，高麗王高元隨即派人前來請降，並且送還戰俘，表示善意。

這年十月，隋煬帝來到長安，祭告太廟，彷彿這種兩敗俱傷的勝利，已經讓他覺得可以面對祖先。

暴君的最後

三征高麗之後，國內的動亂情勢也有變化，各股民變勢力逐漸匯集，形成江淮地區的杜伏威、河北地區的竇建德以及河南地區的瓦崗軍三大勢力。

原本不把民間叛亂放在眼裡的隋煬帝，此時終於被迫正視這個問題，原來大業十二年正月，依照慣例，各郡太守必須齊聚京師，朝見天子，此時竟然有二十多個郡沒來，這才讓他意識到事態嚴重，連忙派兵鎮壓，結果，只把幾處較小的勢力消滅，逃散的民兵，反而被吸收盡三大勢力當中，讓他們更加茁壯。

這樣的挫折，令他很不能接受，可是隋朝的實力，早已在三次攻打高麗的過程中消耗殆盡，根本無力採取更大規模的鎮壓行動，到後來，隋朝中央能夠控制的地區，只剩下長安、洛陽、太原、幽州、揚州幾個孤立的據點。

「揚州？」隋煬帝聆聽臣下的會報之時，腦海中閃過江南的繁華，他的心悠悠飄向遠方，不願面對眼前的兵荒馬亂。「當年，東晉靠著揚州，不是也撐了一百多年嗎？」他心想：「朕就此南巡，開創東隋、南隋，也無不可啊。」

大業十三年，公元六一七年，隋煬帝三度巡視江都，此時天下已是群雄競起，風捲雲殘，帝國危如累卵，隨駕官員侍衛憂心忡忡，夜夜失眠，他們擔心遠在洛陽的家小，根本無心侍奉皇帝。

隋煬帝似乎已意識到自己窮途末路，索性躲進自己的世界，縱情聲色。他命人在江淮一帶廣選美女，送至江都宮，由郡丞趙元楷供應酒食，揮霍無度，美女抱滿懷，歌舞酒宴不斷，蕭皇后與寵妃們經常陪著他，喝得酩酊大醉，在行宮的亭台樓閣中漫步，末日情懷，湧上心頭，唯恐有朝一日局勢驟變，就再也沒機會享受這等歡樂。

他不打算返回北方，去面對那混亂的局面，只想永遠待在江南，當個安樂皇帝，經常用南方話對蕭皇后道：「外面大有人圖儂（吳語自指），然儂不失為長城公（陳後主叔寶降隋後受封的爵位），卿亦不失為沈后（陳叔寶之妻），可以共飲樂耳。」此時他已失卻了雄霸天下的壯志，只求安享天年，便已滿足。

又有一回，隋煬帝照著鏡子，突然對身邊蕭皇后笑道：「這麼好的頭頸，不知道誰會來砍掉？」

蕭皇后大驚失色道：「陛下怎麼說這種不祥的話？」

隋煬帝苦笑道：「這有什麼好感傷的？自古沒有不死之君，也沒有不滅之朝，此生榮華富貴已極，這時候就算死，也沒什麼好遺憾的。」他已抱定主意，打算固守半壁江山，隨即遣人南下，修造丹陽宮，準備遷都。

這下子讓那些隨從護衛更加心神不寧，如果皇帝定都江南，他們就得陪著皇帝留在此地，從此與家人永隔，因此軍心浮動，不少人甚至趁夜潛逃。

虎賁郎將司馬德戡找另一虎賁郎將元禮、直閤裴虔通商議道：「如今衛士人人思歸，我們若是上奏，就會因為督管不力而被處死；若是不奏，手下士卒逃散，我們還是難逃一死，這該如何是好？」

元禮和裴虔通也惴惴不安地問：「事到如今，該如何求條生路？」

司馬德戡小聲道：「大家都想逃，乾脆咱們帶著大家一起逃。」

「事已至此，別無他法！」二人皆表示贊同，於是立即行動，分頭聯絡，迅速得到廣大的迴響：虎牙郎將趙行樞、鷹揚郎將孟秉、直長許弘仁、城門郎唐奉義、醫正張愷、勳侍楊士覽等人都參與叛逃，後來，他們竟然在大庭廣眾之下，公開討論逃亡事宜，無所顧忌。

有個宮女偶然聽到，慌忙向蕭皇后稟報：「外面有人意圖作亂！」

蕭皇后驚道：「快去上奏陛下！」

宮女跑去稟告隋煬帝，隋煬帝反而大怒道：「這種事你管得著嗎？」竟怪她過問政事，將其處斬。

後來又有宮人向蕭皇后稟報混亂情況，蕭皇后長歎道：「局勢至此，已無可挽救，由它去吧！多說無益，徒令皇上憂心。」

自此以後，宮裡再無人提起外面的動亂情況。

公元六一八年，大業十四年年初，司馬德戡等人的計謀，被將作少監宇文智及得知，連忙前去告訴自己的兄長宇文化及，對他說道：「如今朝廷喪亂，群雄並起，同心反叛者難以計數，當乘機舉大事，成帝王之業。」

這宇文化及、宇文智及兄弟，乃是老臣宇文述之子，宇文述已於大業十二年冬在江都病逝，隋煬帝念其一生爲他效命，忠心耿耿，對其三子，無論賢愚，均十分寵信，賜以高官厚祿。

宇文化及時任右屯衛將軍，統領隨從侍衛，並承襲其父許國公爵位，聽了弟弟的話，嚇出一身冷汗，沉思良久，嘆道：「事已至此，也不容我不答應了。」他從小就是個浪蕩公子，吃喝嫖賭，無所不爲，搶皇位，從來沒有想過，這時弟弟把這種事情提出來，轉念思之，當當皇帝或許不錯，也沒詳細考慮，就允諾了這樁驚天動地的陰謀。

他們把司馬德戡等人找來，對他們曉以利害：「你們這時候逃走，不過成爲流寇，遲早滅亡，倒不如跟隨我們，成就大事，將來拜官封爵，一輩子榮華富貴享受不盡了。」

司馬德戡被宇文兄弟說服，於是議定計策，在禁衛軍中散佈流言說道：「陛下聽說衛士打算造反，命人釀了許多毒酒，打算藉著犒賞爲理由，把北方來的官兵全部殺死，自己和南方人留在此地。」

侍衛們信以爲眞，互相傳告，震恐萬分。

刻意讓謠言流傳幾天，三月十日，司馬德戡召集所有的侍衛，宣佈行動計畫，眾人紛紛表示：「我等願聽從將軍命令。」

那天傍晚，正好由元禮和裴虔通輪值，專門負責殿內情況；唐奉義把守城門，他和裴虔通等人商議好，各門均不上鎖。宇文化及等人又買通宮女魏氏，故意將幾百名駐守的侍從全部放出宮去。

到了深夜，司馬德戡召集數萬士兵，高舉火把與城外人馬相呼應，不消片刻，火光沖天，人聲鼎沸。

隋煬帝睡得迷迷糊糊，醒了過來，隱約瞧見殿外的火光，問道：「出了什麼事？」

裴虔通答道：「馬廄草坊失火，正在施救。」

隋煬帝信以爲眞，繼續歇息。

他的孫子燕王楊倓感到情況不對，準備入宮保衛皇帝，經過大門時卻被裴虔通截獲，關押起來。

不久，殿內宿衛輪班，裴虔通將各宮門衛士全數換過，司馬德戡隨即領著幾百名甲士從大門衝進內殿。

隋煬帝這才知道大事不好，從龍床上跳起來，披了一件外袍，倉皇逃入西閣躲藏，裴虔通、元禮抓住一個宮女，厲聲問道：「皇上在哪裡？」

宮女嚇得說不出話來，順手往西閣指了指，校尉令狐行達拔刀闖入

隋煬帝躲在窗後，顫聲問道：「難道你想殺朕？」

令狐行達答道：「臣萬萬不敢，只想請陛下移駕。」說著，半推半押地，將隋煬帝扶下閣樓。

隋煬帝看見人群之中，赫然有裴虔通在內，感慨地說道：「你與朕素來親近，想不到竟然連你也造反了。」

裴虔通道：「臣不敢反，只是將士們思鄉情切，望陛下返回京師。」

隋煬帝忙道：「朕也打算返回京都，只因運糧船遲遲未到，才耽擱至今，既然你們這麼說，那就與你們一同回去吧。」

司馬德戡、裴虔通迎接宇文化及入宮，尊爲丞相，宇文化及緊張得很，對參見之人，均低頭連聲道：「罪過，罪過！」

裴虔通對隋煬帝說：「百官悉在朝堂，陛下須親出慰勞。」逼著隋煬帝上馬，執韁持刀步出宮門。

皇帝的威嚴仍在，將士們看見他，紛紛鼓譟起來，有些人甚至拜倒在地，口中高呼萬歲。

宇文化及見情況不對勁，連忙壯著膽子道：「爲什麼把這老傢伙帶出來？還不快把他殺了！」

皇帝尊駕又被請回內殿，裴虔通和司馬德戡手持大刀立於兩側，隋煬帝見狀，歎息道：「朕有這麼大的罪過嗎，讓你們非要如此！」

郎將馬文舉大聲斥責道：「陛下違棄宗廟，巡遊無度，對外擅加征討，對內驕奢淫逸，使國內壯丁盡死於矢刃，女子弱質流離失所，四民百姓無家可歸，盜賊四起；還聽信奸臣小人之言，不聽忠臣進諫，且至今執迷不悟，還想遷都，逼迫我等隨員，離鄉背井，拋妻棄子。如此大惡，還敢說無罪？」

「你這番話，說得好像檄文一樣，難道你是瓦崗軍的嗎？」

馬文舉道：「臣乃陛下驍果軍將，與瓦崗軍毫無關係，卻也知道天下反軍，心中想些什麼。」

隋煬帝冷哼一聲：「朕實在有負於百姓。至於你們，享盡榮華富貴，朕可沒對不起你們哪！今日之事，是誰帶頭的？」

司馬德戡答道：「陛下所作所爲，普天同恨，帶頭者何止一人！」

他的話說得激昂，卻不敢下手，背負弒君之罪，爲了讓自己的行爲不被人們唾罵，宇文化及派封德彝前來，歷數隋煬帝之罪，說的和馬文舉大同小異。隋煬帝自知難逃一死，倒也沒失去天子氣度，指著封德彝道：「士大夫專講忠君愛國，你難道一點也不慚愧嗎？」說得封德彝滿臉通紅，羞慚地退下。

隋煬帝的幼子趙王楊杲，年方十二，聰明伶俐，素爲隋煬帝寵愛，經常將其帶在身邊，他看見父皇遭人羞辱，又悲又氣，淚流滿面，痛斥眾人。

這些叛軍，都是經過千挑百選的禁衛軍，在他們心中，對皇帝還存在著些許忠誠，看見這樣的情況，總覺得有些不忍，紛紛低下頭去。

裴虔通急了，怕軍心反正，不可收拾，一咬牙，手起刀落，便將楊杲劈成兩半，鮮血濺滿楊廣一身。

隋煬帝閉上眼睛，他並不傷心，因爲他知道自己立刻也將隨之而去，他聽見底下叛軍刀聲霍霍，突然睜開眼睛，瞪著他們，說道：「天子死自有法，何得加以鋒刃？取鴆酒來！」

馬文舉等人不許，道：「哪來的鴆酒！你命在旦夕，還擺什麼臭架子！」

隋煬帝無奈地嘆了一口氣，解下自己的練巾，交給令狐行達，「下手狠一點，讓朕……圖個痛快！」

令狐行達點點頭，接過練巾，繞在隋煬帝脖子上，雙手一使勁，便將皇帝縊死。

這位人格特性中，帶著許多缺點的皇帝，就這樣背負著暴君的罵名，走向他人生的終點，也將輝煌的隋朝燃燒殆盡，與他一同走向滅亡。

第二章：大唐建立與貞觀之治

隋煬帝末年，天下形勢，如野火燎原，不可收拾，唐國公李淵在這片混亂局面中，成立新政權，安定天下，就是後世史家廣為稱頌的大唐帝國。

唐朝成立得倉促，沒有時間讓李淵培養接班人，因此給予野心勃勃的秦王李世民可乘之機，以殘酷的手段，除掉兄弟，用不合法統的方式，繼承皇位，結果，李世民成為歷史上鼎鼎有名的唐太宗。

唐太宗的個人才能，遠不如隋煬帝，但是他運氣好，手下能人輩出，又知道虛心納諫，瞭解自己個性上的缺失，懂得利用前人的基礎，發揮繼往開來的歷史地位。

這些作為，似乎足以彌補他的缺失，並讓他成為帝王家譜裡，永遠接受後人景仰的明星。

唐國公入關

時間回到隋煬帝的晚年。

有個方術士名叫安伽陀，據說身懷絕技，能預知未來，深得皇帝的信任。

沒有人知道，安伽陀的能力究竟是否屬實，但是，這個善於察言觀色的術士，很清楚該如何爲自己開創美好的未來。

只要迎合皇帝的心思，就是飛黃騰達的開端。

這些年來，隋朝的國運江河日下，皇帝的位子越坐越不安穩，他對朝廷間各家貴族日漸猜忌，覺得他們總有一天會來搶自己的寶座。

安伽陀知道皇帝的想法，於是裝模作樣地占卜一番，然後把結果告訴隋煬帝：「桃李之子，當爲天子。」

隋煬帝怔了一下：「這是什麼意思？」

「卜辭上的語句，是說將來有一天，姓李的會搶奪陛下的江山，成爲天子。」

「哼，想來搶朕的天下，只怕沒那麼容易。」

「陛下，此乃天機……既然已有天機示警，還是早做防範爲妙。」

「該如何防範？」

安伽陀壓低了嗓子：「殺光天下所有姓李的人，永絕後患！」

他之所以針對姓李的人，乃是因爲他知道，隋煬帝最猜忌的對象，就是隋朝開國功臣李穆的孫子李渾、李敏，以及這個日漸興盛的大家族。

想要誅殺大臣，最直接也最有效的辦法，就是替他安排一個謀反的罪名。在宇文述的協助下，李渾、李敏「意圖謀反」的罪證確鑿，又有安伽陀的卜辭佐證，隋煬帝很輕鬆地將他們李姓宗族殺了三十二人，以爲這樣，他的江山便可以坐穩了。

安伽陀的這番預言與建議，很可能只是後人爲了凸顯隋煬帝的猜忌性格，所作的杜撰，因爲天下姓李的人如此之多，隋煬帝不可能將他們殺光，他也並沒有這樣做。

不過，類似的預言情節一再上演，而預言的內容往往成讖，隋煬帝的江山，真的是被姓李的人所取而代之的。

大業十三年，公元六一七年，關東地區的三大義軍：竇建德山東軍、李密瓦崗軍、杜伏威江淮軍，如火如荼地攻城掠地；皇帝乘著龍舟，帶著後宮佳麗與文武百官，前去江都巡幸，沒有人知道他會不會回來；朝廷能夠掌握的地區，只剩下幾個零星的據點。

太原，是這些據點的其中之一，首府晉陽（今山西太原），乃是北方防禦突厥的軍事重鎮，戰略地位重要，糧草充足，據說可以支持十年。

被隋煬帝委任爲太原留守的唐國公李淵，在這一年的七月初五，祭告天地，宣佈反對隋煬帝的暴政，自稱大將軍，開府置官，兵發三萬人，南下出擊，向長安進攻。

李淵比隋煬帝還大兩歲，有著顯赫的家世，他的祖父李虎、父親李昺，在北周年間，與隋文帝楊堅的家族地位相當，爲八大柱國將軍之一，封爲唐國公，後來楊堅成了皇帝，李家成了臣子，依舊高官厚祿。李昺早逝，李淵七歲就繼承了唐國公的爵位，由於他的母親獨孤氏和隋文帝的獨孤皇后是同胞姊妹，所以他的官運亨通，十五歲就成爲隋文帝的貼身侍衛官，很快地出任各地刺史、太守，乃至朝廷中央的官員，仕途順遂。

在隋煬帝的光環底下，他選擇當個勤奮務實的角色，從不強出頭，卻總能順利完成任務，當然，這樣的角色，是無法引起隋煬帝注意的，很長一段時間裡，李淵沒有受到太大的重用。不過也正因爲如此，許多由隋煬帝所犯下的過錯，必須由部下來承擔責任的，這樣的差事也總輪不到李淵。

少表現，少犯錯，似乎是李淵前半段政治生涯的寫照。

但他絕非泛泛之輩。楊玄感叛亂過後，李淵被任命爲弘化（今甘肅慶陽）留守，兼知關右諸軍事，負責長安以西的防務，這段時間裡，他眼見天下紛亂，隋朝政局危機四伏，山雨欲來風滿樓，因此他廣泛結交英雄豪傑，並與關隴地區的貴族維持十分良好的關係，打算在即將到來的亂世中，嶄露頭角。

不過他的言行大體來說是相當謹慎的，他的妻兄竇抗看見楊玄感起兵時的聲勢浩大，似乎可以輕鬆推翻隋朝，便勸說李淵也起來反抗朝廷，李淵說道：「現在的時機還不成熟，別亂說話，以免招致殺身之禍。」

即使如此，隋煬帝的猜忌還是落到他的頭上。

皇帝聽說李淵在關中地區聲望頗高，想要徵召他進京，加以控制，李淵得到消息，十分擔憂，只好推說自己身體有病，不宜舟車勞頓，才未成行。幾天後，李淵有個在宮中侍奉的外甥女，託人把皇帝的心思轉告給李淵知道：「皇上懷疑唐國公您在此地，結交英雄豪傑，收買人心，擔心您會有不利於朝廷的舉動……唐公，最近京師總有謠言，傳說將來會有姓李的人出來奪取天下，這是針對李渾他們，但是，您也姓李，還是小心謹愼，方爲上策。」

李淵嘆道：「本以爲天高皇帝遠，想不到皇帝連我的心思都看透了！」他託來人帶回許多珍貴的禮品，賄賂朝廷近臣，請他們在皇帝面前說好話，自己又假裝沉湎於酒色當中，盡量擺出胸無大志的模樣，以去除隋煬帝對他的疑心。

這樣做果然奏效，沒多久，李淵被任命爲河東撫慰大使，負責鎭壓山西一帶的民變，由於表現稱職，在當地也頗受好評，許多地方大員，如晉陽宮監裴寂、晉陽縣令劉文靜，都與他交情匪淺。

這時已是隋煬帝第三度大舉攻打高麗，全天下的局面已經亂成一團，有個善於相面的官員名叫夏侯端，是李淵的副手，再一次勸說李淵起兵反隋，他道：「閣下是平定天下大亂的不二人選！可是皇上絕對不放心把這樣的重任託付給您。他的性情猜忌，聽信術士之言，準備要誅殺姓李的人，最強的李渾已經死了，接下來不就輪到閣下了嗎？您還是早作準備，才是天下之福，否則坐以待斃，於事無補。」

李淵微微一笑，道：「現在還不是時機啊，高麗已經請降，遼東精兵，如今屯駐在涿郡，隨時可以南下掃蕩；長安、洛陽兩地，又有重兵把守，如果貿然起事，恐怕用不了多久，就會讓朝廷給鎮壓了，還是靜觀時變，方為萬全之策。」

他為人謹慎，絕對不作沒有把握的事，嘴上這麼說，透露出部分的意圖，已經是他最大的極限。事實上，他早已開始暗中佈置，積極蒐羅人才，讓他的長子李建成在河東結交地方豪傑，次子李世民負責組織與整合太原一帶的勢力，加緊準備舉事。

大業十二年，公元六一六年，北方的突厥已不再由當年那個順從隋朝的啓民可汗所領導，新任的始畢可汗對中原很有野心，局面有不穩的現象，為了抵禦，隋煬帝命李淵率領部分軍隊，坐鎮晉陽，防止突厥趁亂南下。

這道詔令發佈沒過多久，隋煬帝就領著禁軍沿著運河前往江都巡幸，順便避開中原的紛紛擾擾，同時讓李淵擔任太原留守，防衛邊疆。但他終究對李淵不大放心，所以派了親信王威、高君雅擔任副留守，監視李淵的一舉一動。

那年年底，山西的民變情況吃緊，李淵率領軍隊前往各地鎮壓，始畢可汗趁機領兵攻擊馬邑（今山西朔縣），馬邑太守王仁恭與副留守高君雅雙雙被擊敗，消息傳至南方，惹來隋煬帝大怒，派人把李淵和王仁恭逮捕下獄，準備把他們押往江都，親自審問。

次子李世民那時正在太原，知道父親被捕，甚為激憤，前往獄中探視，對父親說道：「兒子結交了一群死士，願意為兒子效忠，爹爹如今遭受皇上如此對待，實在令人難以忍受，不如讓我率領死士，衝入獄中，救出爹爹，並以這批死士舉兵，割據一方。」

「如此莽撞，怎成大事？」李淵道：「陛下抓我，只是一時氣憤，值此用人之際，他不會對我如何，就算他眞有意，當初我買通的人，也會替我說話，不用多久，陛下便會將我釋放。」他嘆了一口氣：「你的才幹，不在你兄長之下，偏偏太過急躁，我也不知你會做出什麼事來。」

「我……」十七歲的李世民，被父親這番數落，覺得有些委屈。

「我的事你別煩心，到時候自有解決之道。」李淵頓了頓，又道：「你還是多結交一些智謀之士，像那晉陽縣令劉文靜，我瞧著他挺能出主意的，你應該向他多討教討教，別整天和那些不要命的傢伙鬼混。」

「……是。」李世民低著頭答應了。父親的威嚴讓他不敢多說話，其實，他早就和劉文靜成了忘年之交，年近六十的劉文靜，第一眼看見李世民，就十分欣賞他，還經常勸他多在父親面前表現自己，說不定有朝一日，能夠成爲父親的繼承人。

這些，都是李淵後來才知道的事。

不出李淵所料，隋煬帝的氣消了之後，很快就把他給放了，而且官復原職，繼續當他的太原留守。不過這次入獄，倒是讓李淵鐵了心，決定要起兵反抗隋朝，出獄後不久，他便對身旁的一些親信們說道：「如今，隋朝的天下已經無可挽救，如果爲了私利，就該想辦法自保；如果爲了大義，則該救民於水火！」

但是，擺在眼前的問題是，他想起兵，手裡卻沒有兵。隋朝的府兵制，採取兵農合一，有事徵兵作戰，無事解甲歸田，除了皇帝以外，任何人都沒有權力擅自發兵，李淵雖然身為太原留守，卻沒有調度兵馬的權力，先前那些用來鎮壓地方叛亂的兵馬，人數根本不夠，無法成為一支足以爭雄天下的軍隊。

李淵目前的身分還是隋朝的臣子，他的聲望，全來自於隋朝賦予他的地位，一旦脫離了這個體制，他就失去了號召力，因此他自忖沒辦法像李密那樣，以智謀之士的身分加入瓦崗軍，最後喧賓奪主，更不能像竇建德、杜伏威那樣落草爲寇，建立自己的勢力，他能做的，只有從隋朝的體制裡，尋求崛起的契機。

「皇帝的詔書，不過就是一塊黃絹上寫的黑字，難道不能自己寫嗎？」劉文靜說道。

「怎麼？你打算……矯詔？」生性謹慎的李淵，似乎對這種作法有些排拒。

「唐公，要做大事，冒一冒險是值得的。」劉文靜道：「皇帝遠在江都，您在河北做了些什麼，不會立即讓他知道，就算他知道了，也來不及反應，只要您能抓住時機，就不愁大事不成。」

李淵點了點頭：「你說的不錯，可是，我能動用兵馬，也只有地方動亂，現今太原一帶大致平穩，我能用什麼理由招兵買馬？」

「天下大亂的原因，乃是三征高麗，第三次出兵，雖讓高麗降服，但總贏得不大光彩，以皇帝的性情，是不會以此滿足的，最近不是聽說他還打算第四度征遼嗎？這一點，可以善加運用。」

李淵撫掌笑道：「對，就這麼辦！」

沒過多久，隋煬帝的「詔書」傳遍太原、西河、馬邑、雁門等地，內容規定這些地區的百姓，凡二十歲以上、五十歲以下的男子，全數徵召爲兵，歲末之前齊集涿郡，準備攻打高麗。

這樣的規定很快激起廣大的反彈，百姓人人自危，大業十三年二月，馬邑的一名校尉名叫劉武周，率領著當地激憤的農民，殺掉太守王仁恭，起兵南下，一個月內進佔汾陽宮（今山西寧武縣南），包圍雁門。

這場經由誤會所引發的動亂，讓李淵得到很好的藉口，他召集太原將領，對他們說道：「連皇上的汾陽宮都被佔領了，如果我們不能制止，那就是滅族的大罪了，你們覺得如何？」

副留守王威、高君雅等皇帝親信不願承擔責任，請李淵出主意，李淵接著說道：「朝廷用兵，動輒上報，可是如今叛軍就在百里之內，皇上卻遠在三千里之外，沿路上還有各路叛賊據守，如果派人前去江都請示，等使者回來，就連太原也將不保！」

王威道：「那唐公覺得，應該如何？」

李淵道：「當然是便宜行事，先行募兵，待叛亂平定之後，再行上奏，到時，二位副留守的功勞，我絕不隱秘！」

「是啊，是啊！」高君雅點著頭道：「本來就應該如此。」

於是，李淵以抵禦劉武周爲名，命李世民、劉文靜等人，在太原附近招兵買馬，短短十天，就募集了一萬多人，並且派人去和遠在河東（今山西永濟）的長子李建成、三子李元吉（李淵三子爲李元霸，元霸早死，故此時李元吉排行第三）聯絡，讓他們趕緊前來會合。

就在這時，發生了一樁小插曲，身爲智囊的劉文靜，不知怎麼讓隋煬帝察覺，他和瓦崗軍領袖李密，有著姻親關係，派人前來宣詔，將他逮捕下獄。

「爲了大局著想，現在不應該讓王威他們懷疑。」劉文靜道：「我還是在牢裡待上幾天，比較保險。」

他就在監獄裡，替李淵出謀策劃，負責聯絡的，仍是李世民。

「如今兵馬已經不成問題。」李世民道：「只是，起兵之後，該當如何？」

劉文靜道：「晉陽位處偏北，欲掌握天下，唯有南下取得兩京。洛陽一帶，瓦崗軍勢盛，不宜與之消耗太多兵力，長安掌控關中，唐公在關中的聲望也高，必能成就大業。所以，起兵之後，火速攻佔長安，乃是上策。」

「但是，要是這時候突厥南下入侵，我軍豈不是腹背受敵？」

「不錯！」劉文靜露出讚許的笑容：「難爲你年紀輕輕，一問就能問出要點！突厥那裡，當然要權變安撫，他們入侵，只想搶奪財物，對土地沒多大野心，只要誘之以利，就不成問題了。」

李世民若有所思地點了點頭。

「還有，兵馬充足，糧草缺乏可不行，這一點，你可以去問問晉陽宮監裴寂，這人十分精明幹練，晉陽宮中存有多少輜重，他都一清二楚。」

李世民回去，將劉文靜擬定的策略告知父親，李淵大致同意，唯獨對突厥的政策，有些搖擺不定，他道：「如果和突厥交好，豈不是引狼入室，與劉武周、竇建德他們沒什麼兩樣？就算將來成就大業，還得要臣服突厥之下，這樣未免太窩囊！」

「爹，大丈夫能屈能伸，與突厥交好，答應他們一些好處，這也是權變之策，難道等您成爲天子，坐擁天下兵馬，還要信守諾言嗎？」

李淵白了兒子一眼：「都是你的話！」

五月十五，李淵以「私通突厥入寇」爲名，殺掉王威、高君雅，除去障礙，放出劉文靜，並在劉文靜與李世民的極力勸說下，終於還是同意了北結突厥，暫時與之妥協的辦法。

劉文靜當仁不讓，成爲使者，並從晉陽宮中，取出大批金銀布帛，由他帶去，請求突厥出兵協助。

臨行前，李淵還不忘記叮嚀：「請求突厥派兵，只不過爲了壯大聲勢，你可別讓他們派太多人來，到時候難以控制，反而會變成禍害！」

援軍越少越好，這樣的命令倒也不多見。劉文靜抵達突厥王廷，獻上財寶，表達恭順之意，始畢可汗劈頭就問道：「你們中土大亂，向我稱臣的人不少，他們都是因為日子過不下去，這才造反。唐國公的名號我聽過，隋朝給他當的官不小啊，他起兵反叛，目的何在？」

劉文靜道：「從前先皇廢嫡立庶，這才招致大亂，唐國公乃皇親國戚，不忍坐視，這才舉兵起事，無非是希望撥亂反正。唐公交代過，願與可汗兵馬同入長安，到時關中土地百姓，歸於唐公，金錢財物，全歸突厥。」

始畢可汗聽完十分高興，調撥騎兵兩千人，外加戰馬一千匹，讓劉文靜帶回。

李淵欣喜萬分，稱讚道：「多虧你能言善道，如今北方穩定，何愁大事不成！」

這年七月初五，李淵正式與隋煬帝決裂，自任為大將軍，以裴寂為大將軍府長史，劉文靜為大將軍府司馬，李建成為左領軍大都督，李世民為右領軍大都督，李元吉留守晉陽，三萬大軍即刻進發，目標直指長安。

守在長安的，乃是代王楊侑，他只有十三歲，因此實際上負責關中軍政的，是京兆內史衛玄。當年楊玄感之亂，衛玄曾經領兵與之苦戰，記憶猶新，這時他已七十多歲，實在沒有力氣再度領兵，聽說李淵的大軍前來，心中一慌，就病倒了，無法視事，便由左馮翊將軍陰世師與郡丞骨儀負起防衛的責任。

李淵軍隊進展尚稱順利，八月間挺進霍邑（今山西霍縣），遭到隋將宋老生抵禦。

霍邑一帶道路狹隘，又正趕上接連幾天大雨，李淵軍的糧草運輸中斷，軍中還紛紛謠傳突厥正準備偷襲晉陽。

李淵動搖起來，想要撤兵，李建成勸道：「如今正值秋收，田野裡盡是糧食，隋軍不足懼也！我們已經祭告天地，誓師前進，若不戰而退，斷無生路可言。」李淵這才改變了主意，決定繼續前進。

後來天氣放晴，李淵軍沿著山邊小路，急行到霍邑城邊，先派李建成率領數十騎兵在城下叫陣誘敵，宋老生一看人少，親自帶了三萬人馬出城。

這時，李世民忽然從南面山頭衝殺下來，居高臨下，把隋軍人馬沖得七零八落，宋老生急忙回頭想逃回城去，李淵的兵士已佔領城池，關閉城門，宋老生走投無路，被追兵所殺。

攻下霍邑以後，休整十幾天，繼續進軍，有了霍邑一戰的威勢，所到之處，隋軍皆降，迅速平定河東各郡。九月間，主力部隊渡過黃河，沿途不少隋軍前來投效，更有百姓加入他們，實力擴張到將近十萬，兵屯涇陽（今陝西涇陽）。

忽然，前方煙塵四起，似有大軍自遠方緩緩逼近，李淵緊張起來，說道：「關中何時還有這樣的大軍？難道隋軍還有埋伏！」

李世民道：「父親莫要驚慌，待我派人前往查探。」

一查之下，眾人心中大石落地，原來那支大軍不是別人，正是李淵的女兒李氏（後來受封為平陽公主）率領的娘子軍。

這個女兒生性豪邁，出嫁之後，仍然喜歡舞刀弄劍，李淵自太原起兵之後，她的夫婿柴紹立即前往投奔，她留在家中，覺得坐以待斃不是辦法，於是變賣家產，招兵買馬，組成軍隊，威震關中，號稱娘子軍，這是因爲領軍之人爲女性，並非軍中士兵都是娘子。

平陽公主有個家奴叫做馮三寶，能言善道，在軍中擔任招撫使，他四處遊說，讓關中地區許多武裝勢力，紛紛投靠娘子軍，又與李淵的弟弟李神通、女婿段綸合作，陸續控制長安以西的地區。

這支勁旅與李淵會師，頓時讓李淵軍隊擴張一倍，超過二十萬人，十月初，大軍包圍了長安，面對高聳堅固的城池，心地仁厚的李淵不大願意讓子弟兵冒死攻城，於是採取心理戰術，他對城中將士宣稱：「我願擁護代王，共同防守關中，城中將士投降者，一律加官進爵。」

不料陰世師與骨儀等將領堅決不肯投降，還對李淵說道：「你要攻城，便來攻城，說那麼多廢話幹什麼？我們就算戰到最後一兵一卒，也要守住長安！」

李淵聽了很生氣，說道：「一兵一卒不是人命嗎？都讓你們這些冥頑不靈的傢伙害死了！」一聲令下，開始攻城。

大興城畢竟是隋朝國力的象徵，李淵以極端懸殊的兵力攻城，仍然花了一個多月才攻下來。

十一月初九，李淵率軍進入長安，那時隋軍主帥衛玄已經病逝，不肯投降的陰世師、骨儀兩人，遭到梟首示眾，其餘的守軍，並未遭到嚴酷的對待，那時，代王楊侑仍在東宮，守在他身旁的，只有侍讀姚思廉。

這裡將是李淵的根據地，爲了收買人心，拉攏隋朝官僚，李淵宣佈，廢除一切苛法，奉代王楊侑爲帝，改元義寧，尊隋煬帝爲太上皇，自任爲大丞相、都督中外軍事，晉位唐王，以宮城裡的武德殿作爲丞相府，長子李建成爲世子，次子李世民爲秦公兼任京兆尹，三子李元吉爲齊公。

隋朝至此，名存實亡。

瓦崗軍

公元六一八年，也就是李淵入長安之後的第二年，這一年的年號相當混亂，如果李淵擁立的隋恭帝眞的能算是隋朝皇帝的話，那麼這一年就是義寧二年；可是，隋煬帝在三月之前還活著，他的朝廷也還在江都運作，那麼這一年應該算是大業十四年；三月間，宇文化及把隋煬帝殺了，另外立了秦王楊浩當傀儡皇帝，消息傳至長安，五月間，禪讓的戲碼再度上演，李淵從隋恭帝手中接過玉璽，成爲皇帝，建立唐朝，改元武德，所以這一年又成了武德元年。

總之這一年，唐朝政權已經算是眞正建立，但這個初生的政權，局面還是相當艱困，那時天下分崩離析，群雄割據，景況之混亂，遠比複雜的年號，更令李淵心煩。

除了早已聲勢浩大的東方三大民兵勢力：竇建德山東軍、李密瓦崗軍、杜伏威江淮軍以外，隋煬帝死後，隴西地區有地方豪強薛舉起兵，自稱西秦霸王，涼州一帶又有鷹揚府司馬李軌自稱河西大涼王，兩股兵馬都對唐朝造成不小威脅；鎮守洛陽的王世充擁立越王楊侗爲帝，自己專斷朝政，與李密相抗；劉武周在始畢可汗的援助下，盤據山西，實力雄厚，讓李淵的發跡之地太原，岌岌可危；陝北地區又有梁師都，也受始畢可汗援助，建立國號爲梁，屢次吸引突厥兵力南下進犯；長江中上游，也就是古時候所稱的荊州地區，南朝梁武帝的後代蕭銑，也起兵自稱梁王，李淵稱帝後，蕭銑也稱帝，建制百官，仿效當年梁朝制度。

李淵有其優勢，相較其他勢力，他的關中地區在隋末戰亂中受創不深，各軍府兵源充足，素質也比其他地區的軍隊高，再加上他掌握了永豐糧倉、長安府庫與同州牧監，糧食、財政和軍馬都很充足，經濟力和軍事力量都超過其他的武裝集團。

比較不利的地方也正在於此，李淵最強，很容易被其他勢力當成共同的敵人，一旦他們聯合起來，從四面八方圍攻，關中即使再富再強，也無法同時對付這麼多股兵馬。

因此，先行分化各方勢力，不讓他們結合起來，然後再各個擊破，這是比較可行的戰略。

李淵與李建成、李世民討論之後，制訂出先西後東，先北後南，先急後緩，剿撫並用的策略。

好消息是，各方勢力中，實力較強大的瓦崗軍，還沒來得及成爲李淵的敵人，就已經先行瓦解了。

瓦崗軍原本的領袖是翟讓，他是東郡韋城人，爲人豪邁，大業七年，擔任滑縣（今河南滑縣）法曹的時候，犯了死罪，囚禁在獄中，後來獄卒同情他，偷偷把他放走，他便逃到滑縣東南的瓦崗寨，與同鄉單雄信、徐世勣、程咬金等人，落草為寇，當起山寨寨主來了，這也是瓦崗軍名稱的由來。

此時年僅十七歲的徐世勣，有勇有謀，知道當土匪不是長遠之計，對翟讓說道：「我軍想要發展，就必須得人心，籌措糧餉，不宜侵擾鄉里，應該到外縣去打，梁郡、鄭郡一帶，往來商旅不絕，可以從他們身上打主意。」

翟讓接受了建議，帶兵前往搶奪糧食。徐世勣所說的地方，正好是御河汴水流經之地，往來船隻不是政府糧船，便是大商人的貨船，他們劫富濟貧，在百姓間建立了正義的形象，很快發展到一萬多人。

就在此時，李密前來瓦崗軍投靠。

楊玄感失敗以後，李密變裝逃亡，曾經一度遭到逮捕，後來又逃了出來，曾經投靠過郝孝德、王薄，都沒有受到重用，他背負著朝廷要犯的身分，走到哪裡都沒有人願意收留，情非得已，只好把希望寄託在翟讓身上。

李密身為貴族，瓦崗軍成員多半是質樸的農夫，兩者之間，本難相容，幸虧軍中大將王伯當與李密相識，知道他足智多謀，向翟讓推薦，這才讓李密有了落腳之處。

李密口才好，思路靈敏，很快得到翟讓的信任，也讓瓦崗軍部眾漸漸接受了他，他對瓦崗軍各路領袖們說道：「要成就大事，不該拘泥在瓦崗這樣的小地方，河南地區，向爲天下最爲富庶之地百姓們居然也活不下去，洛口倉中，存糧數不清，那個昏君居然不曉得賑濟災民，不過，這倒是給我們很好的機會。只要取得洛口倉，用倉中糧食招募壯丁，我軍必定得以迅速壯大，到時揮軍東都，進兵關中，南征北伐，一統天下！」

這群農民聚集在一起，只爲了混口飯吃，從來沒想得這麼遠，被李密這番話說得悠然神往，幻想起自己有朝一日拜官封侯的模樣。

李密又說服了鄰近的幾股勢力，讓他們加入瓦崗軍，陸續攻佔鄭州（今河南鄭州市）、宋州（今河南商邱），又在滎陽大敗隋軍大將張須陀，取得極其有力的戰略地位。

大業十三年年初，瓦崗軍向洛口倉發動攻擊。洛口倉位於滎陽西邊，洛陽東邊，伊水、洛水會流處，周圍二十里，乃是天下最大的糧倉，洛口與滎陽之間，乃是虎牢，隋將裴仁基率領重兵把守。瓦崗軍繞過虎牢，直接攻佔洛口，以迅雷不及掩耳之勢，攻下了倉城。

那時，河南地區爆發饑荒，據說每天都要餓死一萬多人，李密向翟讓建議，開倉賑災，將倉中積蓄的糧食，拿出來發放給饑民，民眾爭相走告，感激萬分。這些饑民得到活命的機會，當中的壯丁，便有許多自願加入瓦崗軍，短短幾天，就讓瓦崗軍暴增到數十萬人。

留守在東都的越王揚侗得知洛口倉陷落，連忙任命裴仁基爲河南討捕大使，又派遣虎賁郎將劉長恭率領精兵三萬五千人，兩路夾擊瓦崗軍。

翟讓李密早已獲知軍情，在洛口倉外，部署防禦，雙方在鞏縣（今河南滎陽縣西）東南的石子河展開大戰。隋軍士氣低落，瓦崗軍同仇敵愾，勝負立分，劉長恭脫下官服，變裝逃回洛陽，裴仁基率眾投降，瓦崗軍擄獲大量的兵器鎧甲，贏得輝煌的勝利。

接二連三的勝利，幾乎都是李密的功勞，讓他在軍中的聲望日漸超過翟讓，同時，此刻瓦崗軍的組成份子已與當初不同，其中有許多都是從隋朝投降而來的官僚，他們和李密的氣息比較接近，當然會支持李密。

所以當這一年二月，瓦崗軍在洛口倉建立政權之時，翟讓自知無力與李密相爭，索性奉他為領袖。李密自稱魏公，兼任行軍元帥，主掌軍事；拜翟讓為上柱國、司徒、東郡公，主掌政治；授王伯當為瑯琊公、單雄信為左武衛大將軍、徐世勣為右武衛大將軍。

這讓原本跟隨翟讓起兵的老部下，心裡很不是味道，要他們向一個食客伏首稱臣，他們情何以堪？

李密也瞭解這一點，他知道老部下們有戰功，瞧不起他這種貴族出身的官僚，可是為了完成他心中的大計，有朝一日登上九五至尊，他就必須重用官僚階級。而且，老部下們越反對他，他就越是猜忌，終於，他與翟讓之間的衝突，讓他做出了錯誤的決定。

趁著一次飲宴聚會，李密邀請所有的老部下前來，就在席間，命令衛士一刀砍死翟讓，徐世勣嚇了一跳，閃身要走，被守在門口的衛兵砍傷，王伯當高聲呼喊：「魏公切莫亂殺功臣！」李密這才下令衛士罷手。

單雄信看見這種情形，連忙叩頭道：「魏公饒命！」

李密微笑道：「司徒翟讓，專橫貪暴，欺壓同僚，目無法紀，今天我只是正軍法，各位與他毫無瓜葛，不用驚慌。」他讓衛士扶著受傷的李世勣，親自替他裹傷。

話雖這麼說，老部下們哪個和翟讓「毫無瓜葛」？翟讓的直屬部隊當下就準備散夥，李密命單雄信至軍中撫慰，把他們留下來，但是，離散的人心再也喚不回來。

李世勣的傷好了之後，率領著自己的部屬，來到黃河北岸的黎陽倉，以那裡的糧食爲憑藉，表面上仍奉李密號令，實際上成爲一種半獨立的狀態。

瓦崗軍分裂以後，局面日益艱困。隋煬帝在江都，聽說洛口倉與黎陽倉相繼失陷，東都局面危急，派遣江都通守王世充領精兵數萬，北上援助，受越王楊侗指揮，那王世充雖是靠著巴結隋煬帝而平步青雲，不過領兵作戰也還算有一套，與瓦崗軍多次交鋒，互有勝敗，倒也守住了洛陽。

大業十四年三月，宇文化及在江都發動兵變，殺了隋煬帝，自任大丞相，率領著當初由隋煬帝帶往江南的驍果大軍，沿著運河北上，打算返回洛陽，必須通過河南地區，這麼一來，便與瓦崗軍發生衝突。

李密陷於腹背受敵的窘境，部下又各懷其志，難以調度，幸虧洛陽方面，也對宇文化及懷有敵意，派人來和李密聯絡，請他和宇文化及作戰，只要獲勝，便可迎接瓦崗軍進入洛陽，並且允諾李密爲太尉、尙書令、東南道大行臺行軍大元帥，入朝輔政。

「這是想要利用我嗎？」李密不會不理解這種低劣的計謀，但是就目前局面來看，這倒不失爲一個好辦法，先與洛陽合作，等消滅宇文化及之後，再專心對付王世充。

但他沒有想到，宇文化及的部下，歸鄉心切，士氣高昂，瓦崗軍與之展開大戰，竟然遭到前所未有的大敗，李密身中流矢，摔下馬來昏了過去，大軍四散奔逃，幸虧勇將秦叔寶奮力捍衛，這才保著李密逃回軍營。

宇文化及雖然獲勝，卻無法維持戰果，軍中糧食耗盡，隊伍各自逃散，也有部將領著整團兵力，投降李密，十幾萬人只剩下兩萬，宇文化及帶著他們向北逃竄，打算奪取黎陽倉，不是徐世勣的對手，後來被竇建德打垮。

「打了勝仗，居然還能潰散得這麼快。」李密一面裹傷一面嘆道：「皇上那樣的人物，居然被這種庸才所殺，我看他死也不會瞑目。」

他收拾兵馬，返回洛陽，打算接受越王楊侗的封賞。

招納瓦崗軍，乃是越王身邊一干文官元文都、盧楚等人的意思，並沒有事先知會王世充，其目的也正在制衡王世充。

「你們這些人糊塗了嗎？」王世充與元文都等人理論：「把朝廷官爵，授予亂匪，這究竟是什麼打算？」

元文都沒有理會他，繼續撰寫詔書：「以前種種，如過眼雲煙，從今爾後，化敵爲友，朝廷政事，希望你能匡弼；三軍將帥，希望由您指揮，將來恢復河山，平定天下。」

詔書是寫給李密的，完全不把王世充當一回事，王世充氣憤不過，對部下將士說道：「那些舞文弄墨的傢伙，不足以成大事，必定會被李密控制；我們與李密作戰，殺了他們不少人，將來屈居在他們之下，還有命能活嗎？」

他帶著兵將殺了元文都、盧楚，奉越王楊侗爲帝，自己掌握大權，全力與李密周旋。

洛陽情勢生變，李密不敢入朝，徐世勣、單雄信與他貌合神離，他調度不動，裴仁基父子，雖向他效忠，卻又和宇文化及的降將處不好。王世充看準這一點，發動兩萬大軍，攻擊李密本陣。

李密多次與王世充作戰，勝多敗少，對他有些輕視，知道王世充打來，也沒積極設防，王世充趁著黑夜襲擊李密大營，一陣衝殺，李密全軍皆亂，領著一萬人退走，許多將領紛紛投降，連大將單雄信，也被王世充收編。

瓦崗軍這下子就算瓦解了，重要的據點先後失陷，只剩下徐世勣領兵屯駐黎陽、王伯當守在河陽。

黎陽兵糧充足，李密想去與徐世勣會合，左右謀臣柳燮、魏徵等人勸說道：「當初殺翟讓的時候，徐世勣差點被殺，現在我們倒楣了，去投靠他，他難道不會挾怨報復？」

於是李密轉往河陽，與王伯當會合。

「如今派人與徐世勣聯絡，南阻黃河，北守太行，東邊還有黎陽倉，咱們還可以徐圖進取。」他還沒有放棄希望。

柳燮說道：「我軍新敗，眾人士氣低落，在此停留，只怕天天有人逃亡，總有一天會逃光，這樣下去，根本不會成功。」

李密長嘆一聲：「那你說，該如何是好？」

柳燮答道：「您與唐公李淵乃是同族，昔日也有交情，唐公自太原起兵，能夠順利進佔長安，雖說您沒有幫助他，但是瓦崗軍在洛陽牽制，才讓他如此順利，進入關中，相信唐公應當不會忘記您的功勞。」

李密與王伯當商量，王伯當道：「如今也只有如此了。」

兩萬多人，入關投降了唐朝。公元六一八年九月，隋末唐初曾經一度強盛的瓦崗軍，成爲歷史的陳跡。

秦王掃蕩群雄

李密投降長安，讓唐朝的實力大增，不過局面仍不安穩。

李淵訂定了掃蕩天下的計畫，即將付諸實行。那時，稱帝的人已經越來越多，劉武周、薛舉、李軌、宇文化及、王世充等人先後都成了皇帝，竇建德自稱夏王，杜伏威自稱吳王，各有一片天下，唐朝能夠掌握的天下，不過只有今日陝西省的一部份而已。

從太原起兵到長安的這段路途中，李淵體認到，自己的兩個兒子，李建成和李世民，遠比自己能征善戰，因此到了長安之後，他便不再親自帶兵，又把長子李建成做為接班人，留在身邊替自己處理政事，於是，掃蕩天下的工作，就落到李世民的頭上。

割據各方的勢力之中，位於隴右的薛舉、薛仁杲父子，對唐朝政權構成立即且直接的威脅，他們當初也想攻佔長安，可是被李淵捷足先登，準備派往長安的部隊，又被李世民打敗，讓起兵以來從未遭遇挫折的薛舉，感到十分沮喪，問他的部下道：「自古以來，可有自稱天子而投降的嗎？」

黃門侍郎褚亮說道：「趙陀投降漢朝，劉禪投降晉朝，都受到禮遇，享受榮華富貴，如今，形勢比人強，陛下應當面對現實。」

衛尉卿郝瑗表示反對：「漢高祖屢次失敗，蜀先主也曾拋妻棄子，最後終於成就大業，陛下怎能因爲一次失敗，就打算放棄了呢？」

薛舉於是決定和唐朝相抗。

李淵稱帝以後，結納李軌，專心對付薛舉，武德元年六月，薛舉率兵進犯，李淵派遣剛封爲秦王的李世民率領劉文靜、殷開山等人，前往討伐，雙方正對峙之時，李世民忽然感染了瘧疾，臥病在軍營之中。劉文靜急於建功，不顧李世民先前不得擅自出戰的訓令，領著大軍前往敵軍陣前耀武揚威，被薛舉包抄，大敗而歸。

這大概是李世民生平第一場敗仗，劉文靜是他向來很尊敬的人物，卻帶給他如此的打擊，讓他相當難堪，也讓他瞭解到，不是每一場戰爭，都那麼容易獲勝。回到長安，李淵很生氣，罷免了劉文靜的官職，甚至想要殺了他，幸而李世民替他說話，李淵才讓他戴罪立功。

八月間，薛舉正打算繼續入侵，忽然得病而死，他的兒子薛仁杲繼承地位，自稱大秦皇帝，領兵先後擊敗了李淵手下的秦州刺史竇軌，擄獲了唐軍將領劉感，李世民主動請戰，李淵任命他為征西大元帥，率領梁實營、龐玉、竇軌、劉文靜等人出擊，給他扳回顏面的機會。

李世民領著兵馬，往西北方向緩慢前進，等到接近敵陣，已是九月，李世民下令，全軍就地紮營，堅守營寨，不得擅自出陣，一些將領回想起上次的慘痛教訓，憤恨不已，對李世民道：「讓我們現在就去和那西秦決一死戰，以報上回慘敗之仇！」

李世民搖頭回答：「就是因為我軍遭逢新敗，才應該堅壁不動，敵軍自以為獲勝，必定會輕視我們，到處攻擊，等他們士兵疲憊，我軍士氣也已回復，到時候奮力一擊，方可獲勝。」

他和薛仁杲對峙了六十多天，忽然有西秦將領翟長孫前來投降，對李世民說道：「秦軍缺糧，無力再戰，如今正是敗敵的好時機。」

李世民眼見投降而來的人越來越多，知道時機已經成熟，便讓行軍總管梁實營帶領部分兵馬，進兵誘敵。西秦將軍宗羅睺久攻不下，軍士疲憊不堪，再加上口糧不足，難以作戰，李世民見狀，立令右武侯大將軍龐玉前往另一側部陣，讓秦軍疲於奔命，自己親率騎兵，衝入敵陣，把秦軍殺得潰散奔逃。

就這樣，隴山以東的部分，納入唐朝的掌握之中。

不久之後，河西地區的李軌，又在其部下安脩仁與其兄唐將安興貴發動政變之下，敗給唐朝，李淵總算完全掌握了關隴地區。

這段時間裡，潼關以東的形勢又發生重大變化，擊敗瓦崗軍的王世充，在武德二年四月廢掉了越王楊侗，自立爲鄭國皇帝，同時，劉武周受突厥可汗敕封爲定楊可汗，並在大將宋金剛建議之下，南下入侵并州。

并州就是太原所在地，那是李淵的老巢，齊王李元吉守在那裡，根本不是劉武周的對手，帶著妻子兒女，倉皇逃往長安，太原陷落，李淵在山西的根據地，幾乎都被劉武周所佔領。

對於這樣的局面，李淵感到驚懼萬分，驚呼道：「晉陽的糧食兵馬，足以支持十年，落入劉武周之手，這該如何是好？」他打算放棄山西，寫了一封手諭，打算叫人起草成詔書：「賊勢如此，難與爭鋒，宜棄河東之地，謹守關西而已。」

這封手諭，被李世民瞧見了，連忙上表說道：「太原，王業之根本，河東殷實，京邑所資，若舉而棄之，臣竊憤恨。」並道：「兒臣願領兵三萬，克復汾、晉，擒獲劉武周，以符上望。」

李淵看見兒子願意自告奮勇，就將關中精兵都交給他統帥，並且親自爲他送行。

大軍在武德二年十一月出發，此時正值隆冬，河面上都結了堅冰，李世民帶領兵馬從龍門越冰渡河，在柏壁（今山西省新絳縣西南）紮營，與宋金剛對峙。

對付劉武周，他仍然採取堅壁挫銳的策略，有一次他和十七歲的堂弟李道宗騎馬前往偵察敵情，李世民說道：「敵人仗著兵多，硬要和我們交戰，你覺得如何？」

李道宗答道：「此次對戰，只宜智取，不可力拚。我們把營壘築好，堅守陣地，他們距離晉陽甚遠，補給困難，時間一長，那些烏合之眾就會自行離散，我軍便可以不戰而勝。」

李世民聽了很高興，說道：「我就是這樣想的啊！」

在當地，秦王李世民聲望很高，他竭力安撫人心，嚴禁擾民，結果，不少原本已經歸附劉武周的，聽說李世民前來，又回到李世民身邊。

這段時間裡，雙方交手許多次，但都是一些零星的戰鬥，從未正面交鋒。不少將領勸李世民發動總攻，都被李世民擋了回來，他道：「劉武周遠在太原，成敗與否全看咱們眼前這股兵馬。宋金剛率領精兵深入，必定缺乏糧食，得靠著四方擄掠，才能維持，對他們來說，速戰速決乃是上策。我軍則不然，我們離後方較近，物資不缺，只要能養精蓄銳，等待時機，必可獲勝。」

兩軍經過五個多月的對峙，劉武周多次進攻，都被唐將李仲文擊退，運糧通道被切斷，部眾士氣便越來越低落。武德三年二月，宋金剛糧食耗盡，不得已之下，只好撤退。

「時機可讓我等到了！」李世民歡呼道：「全軍出擊！」

宋金剛一面逃，唐軍一面追，雙方戰鬥數十回合，一天行軍二百多里，唐朝士兵們又餓又累，可是誰也不敢抱怨，因爲他們的主帥李世民，身先士卒，部下們沒吃飯，他也不會吃飯，在雀鼠谷，一日之間八次作戰，斬獲數萬敵軍，宋金剛領著兩萬兵馬，重整旗鼓，在介休一帶背城而戰，李世民命徐世勣、程咬金、秦叔寶等大將從北面攻擊，翟長孫、秦武通從南面攻擊，自己領著騎兵三千人衝進敵軍本陣，結果，宋金剛大敗而逃，猛將尉遲敬德率眾投降。

劉武周在太原聽說宋金剛失敗，大爲震驚，慌忙棄城逃往突厥，後來與宋金剛兩人雙雙被突厥所殺，李世民進軍至太原，收復了唐朝所有的失地。

薛舉、劉武周相繼平定，關中的威脅解除，接下來，便是大唐掃蕩中原的時刻了。

武德三年，公元六二〇年七月，唐高祖李淵下詔，由秦王李世民率領齊王李元吉與各路人馬，向盤據東都的王世充發動進攻。王世充已在兩年前廢掉越王楊侗，自立爲帝，國號鄭，過過當皇帝的癮，此時得到消息，立即在鄰近州郡挑選壯丁，加強備戰，並派遣親信把守河南地區各戰略要地。

這場仗從一開始就打得很辛苦，唐軍前鋒羅士信領兵攻打洛陽西邊的慈澗，王世充親率三萬兵馬增援，正巧這時，李世民領著少部分的騎兵前來偵察敵情，與王世充遭遇，兩軍懸殊極大，李世民立刻被包圍了起來，幸好跟在他身邊的，都是一些神射手，主帥才在奮戰中脫困。

李世民渾身塵土，回到大營。

守門的衛士認不出來是他，大聲呼喝：「來者何人？」

李世民脫下頭盔，告訴守軍：「秦王李世民！」

衛士嚇了一跳，連忙將主帥迎入帳內。

第二天一大早，李世民便以五萬兵馬，進佔慈澗。他不敢輕敵，派行軍總管史萬寶佔據洛陽以南的龍門；將軍劉德威穿越太行山，包圍河內（今河南省沁陽縣）；上谷公王君廓繞道洛口，截斷王世充糧道；懷州總管黃君漢從洛陽西北的河陰出兵，攻打北邊的回洛城；李世民自己率領主力，在北邙山下屯駐，威脅洛陽。

八月間，唐軍對洛陽的包圍大致完成，隨即開始攻城，可是洛陽城堅固，直到隔年二月，唐軍依舊無法取勝。王世充有一種發石車，可將五十斤重的大石投擲兩百步之遙，又有一種弩箭車，可以同時發射八支箭，威力驚人。

在這種利器的攻擊下，死傷當然十分慘重，將士們疲憊不堪，軍心渙散，想要回關中，李世民卻意志堅定，對將士們說道：「此次我們領重兵而來，應當一勞永逸！東邊各州已望風而降，只剩洛陽一座孤城，王世充軍心不振，我軍勝利在望，你們難道打算在這時候放棄，無功而返嗎？」

部下大將秦叔寶、尉遲敬德等人，率先喊道：「我等願意追隨秦王，成就大業！」其他的人也不敢多說。

李世民遂下軍令狀：「洛陽不破，絕不收兵，從今而後，有敢輕言班師者斬！」

此次戰役，不管大小，李世民總是身先士卒，有一次，他帶五百騎兵巡視前方，結果遇上鄭軍騎兵，遭到包圍，敵將單雄信揮舞長矛，直取李世民，大將尉遲敬德躍馬而出，將單雄信刺於馬下，掩護李世民突出重圍，李世民感謝尉遲敬德救命之恩，對他日漸寵信。

洛陽城裡也不好受，缺乏糧食補給，一匹絹只能換三斤小米，一匹布只能換一斤鹽，那些金銀珍寶，全都不值錢，連草根樹葉，都被吃光，尚書郎以下的官吏，必須自己想辦法找糧食，一般百姓就更悽慘了，他們撈起河中的污泥，混著木屑做成餅吞入腹中，結果吃多的人都全身浮腫而死。

就在王世充被圍將敗的緊要關頭，河北的竇建德領兵十萬，與王世充之弟，徐州行臺王世辯會合，號稱三十萬，以救援東都為名，大舉南下。

當時竇建德自稱夏王，佔據河北和山東，王世充情況危急，向他求救。剛開始，他抱著隔山觀虎鬥的想法，不願發兵相救，後來看到王世充處於下風，又開始動搖起來，部下劉彬建議道：「如今唐有關中，鄭有河南，大王領有河北，此乃鼎足而三之勢！唐強而鄭弱，將來必定會破鄭，如果鄭滅亡，則唇亡齒寒，為了將來著想，大王還是救援王世充，比較妥當。」於是竇建德決定出兵援助，以免在王世充滅亡之後，自己也一樣難逃滅亡的厄運。

出兵之前，竇建德曾寫信給李世民，希望能與長安方面講和修好，並且希望李世民退出潼關，歸還佔領自王世充的全部領土。

李世民拿著這封信，唸給部下們聽，這讓隨軍部屬，分為兩種意見，爭執不休，大多數人都覺得，竇建德來勢洶洶，還是撤回關中比較好，蕭瑀、屈突通、封德彝等人認為，王世充一時之間難以攻克，竇建德鋒芒氣盛，也不易抵擋，如果東去虎牢迎戰竇建德，將腹背受敵，「所以，還是退保新安，拒險而守，伺機捲土重來，方為萬全之策。」屈突通說道。

記室薛收卻說道：「王世充糧草已將用盡，內外離心，我們就應當坐收漁利，不必勞師動眾去攻擊，萬一他們得到竇建德接濟，統一大業只怕遙遙無期！而竇建德來勢雖猛，卻沒有那麼可怕，他們在河東剛剛打過一仗，將士驕傲懶惰，只要我軍進佔虎牢，扼守險要之地，那麼只要竇建德與我軍交戰，他們就會失敗，如果他們畏縮不戰，那麼王世充十日之內必然潰敗！如果不速戰速決，讓竇建德握有先機，如此，新近降服的城池又會反叛，我軍就很難再有這麼好的機會了。」

幾經思考的結果，李世民決定採納薛收的這番長篇大論。他根據新的形勢，重新部署，命令屈突通協助李元吉，繼續進攻洛陽，自己率領徐世勣、秦叔寶、尉遲敬德等人，前往虎牢關與竇建德決戰。

武德四年三月，李世民大軍抵達虎牢關，親自帶領五百騎兵，東進二十里，來到夏軍營寨前不遠之處，以偵察敵情，並命徐世勣設下伏兵，引誘竇建德前來。

夏軍衛兵以爲李世民只是斥候，不以爲意，想不到李世民忽然搭起弓箭，大聲喊道：「我乃秦王是也！」一箭飛出，便將衛兵射死，夏軍營寨中立即衝出五六千名騎兵，殺向李世民。

五百名驍勇保衛著李世民，且戰且走，夏軍不知道虛實，不敢貿然跟上，李世民見狀，便回身向他們射去幾箭，再與尉遲敬德二人同聲叫陣，吸引他們前來，如此反反覆覆，射死了好幾個敵兵，也將敵兵引誘到徐世勣埋伏的地方了。徐世勣領著伏兵一齊衝出，斬首三百多級，大獲全勝。

竇建德軍幾次作戰失利，將士思歸之心日益深重，運糧通道又遭到唐軍突襲，大將張青被俘，局面很不順利，李世民又寫信給他，信中說道：「你在河北佔領的那些地方，本來都是我家所有，看在你對待我家人很有禮貌，所以才不與你計較。如今，王世充和閣下修好，根本不安好心，他亡在旦夕，爲了活命，說了一些好聽的話，騙你來救他，讓閣下以子弟兵去幫助外人，這恐怕不是良策。依我看，你還是退兵比較好，免得將來後悔莫及。」

謀臣凌敬言勸道：「如今，與唐軍周旋，並非良策！不如渡河攻打懷州，再向西穿越太行山，趁虛攻佔上黨，然後再南下，佔據河東的廣大地區，不但能擴張疆土，補充兵力，還能威脅關中，從而迫使李世民回兵自救，洛陽之圍也可迎刃而解。」

這也許是個好辦法，先退回河東，將來再爭天下，結果如何，還未可知，但是竇建德爭鬥之心一起，只想與李世民決戰，根本聽不進退兵的意見，一旁王世充求救的使節，哭哭啼啼，眾人同聲指責凌敬言道：「此乃書生之見，不足以成大事，未可信之！」

在竇建德眼中，李世民不過是個二十歲出頭的毛頭小子，不足爲懼，但正因爲他的過份輕敵，才造成難以挽回的失敗。

五月一日，李世民渡河，在黃河北岸牧馬，留下戰馬千匹，故意給竇建德一種假象，讓他誤以爲唐軍糧草已盡，他本人則在晚上返回虎牢，進入營帳，與眾將領商討破敵之策，他仍然準備採取他最熟悉的戰術，對部下們說道：「竇建德過險關鼓譟而進，毫無紀律，臨城列陣，輕視我軍，我軍如按兵不動，他們的勇氣必然漸漸衰退，列陣久了，將士就會饑餓疲勞，不攻自退，那時我們再乘勢追擊，必可獲勝！」

第二天早晨，竇建德果然中計，覺得有機可乘，他出動全軍，擊鼓而進，想用氣勢嚇倒唐軍，那氣勢也眞大，士兵陣仗足足排列二十里，結果不出所料，到了中午，竇建德的軍隊因爲遲遲沒有開戰，士卒又饑又渴，開始爭著喝水，很多人坐在地上，陣形大亂，紀律蕩然無存。

在此之前，唐軍陣營已將悄悄將戰馬趕回，李世民見時機已到，一聲令下，全軍以排山倒海之勢，衝向敵軍，程咬金、秦叔寶、宇文歆等將領，突入竇建德陣後，兩軍廝殺，塵土蔽天，淮陽王李道玄驍勇異常，身中數箭，渾然不覺，仍奮力殺敵。

竇建德大敗，全軍潰逃，敗退三十里，李世民窮追猛打，斬首三千級。

混亂之中，竇建德中箭落馬，唐將楊武威舉劍待刺，竇建德大聲呼叫道：「別殺我，我乃夏王是也，帶我去見秦王，你可以邀功！」

楊武威將竇建德押至李世民帳中，李世民見了他，拉下臉道：「我討伐王世充，關你什麼事，居然越過邊境與我爲敵！」

竇建德嘆道：「我如不前來，將來你破王世充後，還是會到我那裡去的。」

李世民揮揮手，讓部下把竇建德押下去。

對於戰俘，李世民的處置頗爲寬大，他們願意投降的，就把他們編入軍營中，不願意投降的，就把他們遣返回鄉，分撥調度已定，他便命人押著竇建德，來到洛陽城下，要求王世充投降。

王世充成了驚弓之鳥，與城下的竇建德相對而泣，對部屬說道：「我打算突圍而出，南奔襄陽。」

眾將表示反對：「我們倚仗的夏王，如今成了這副模樣，後援已絕，就算到襄陽，也沒有生路！」

王世充只得率領文武百官，開城投降，跪在李世民前面，冷汗直流。

李世民笑道：「閣下當初不是老把我當小孩嗎？怎麼今天看見我這小孩，還這麼恭敬呢？」

竇建德、王世充被押送到長安之後，李淵將竇建德處死，王世充流放，所屬各郡縣，紛紛投降，關東之地，遂歸於唐朝。

暗潮洶湧

大唐帝國收復關東，秦王李世民，身披黃金戰甲，在齊王李元吉、大將徐世勣等二十五名將領簇擁之下，率領鐵騎兵萬匹，甲士三萬人，在悠揚的軍樂聲中，浩浩蕩蕩，凱旋回長安，唐高祖親自迎接，告祭太廟，舉行隆重的典禮，長安城中百姓，夾道爭睹李世民的英雄風采。

人人都在為大堂帝國即將興盛祝賀，其中卻也有人心裡很不是滋味。

他便是跟隨在李世民身後的齊王李元吉。

這年，他才十九歲，野心卻已隱藏不住，經常想著自己有朝一日可以坐上皇帝的位子。當然，他不是個糊塗人，知道自己的斤兩，皇帝寶座無論如何也輪不到他，所以他的美夢，僅止於幻想。

李元吉向來和二哥李世民不怎麼投緣，反而和長他十五歲的大哥李建成比較要好，這也難怪，從小他就和大哥同住在河東，長兄如父，李建成經常帶著他出外打獵，對這位大哥，他是既尊敬且仰慕的。

隨著年紀漸長，李元吉慢慢瞭解到自己的立場，父親成了皇帝，大哥當了太子，憑自己和大哥的交情，將來一輩子享富貴、掌大權，那是絕對沒有問題的，雖然他偶爾也覺得如果讓自己當皇帝那會更好，不過，大哥當皇帝，和自己當皇帝，其實沒有什麼差別。

問題就出在他們之間還夾著一個精明幹練的二哥，李建成是個好好先生，總覺得自己既然是長子，那麼將來註定是繼承人，不需要爭什麼；李世民的城府比較深，總是跟隨在父親身邊，處處討好。

李元吉看不下去了，對李建成說道：「大哥，有時候您也該在父親面前做做樣子，別總是讓二哥露臉。」

李建成笑道：「世民露臉，也是我們李家的光榮呀！」

「哼，就怕到時候，李世民不把咱們當成李家的人。」

「笑話，咱們李家，除了父親，就是我了，是不是李家的人，可得要由我來決定呢！」李建成板起了臉：「再說，我又哪裡比不上世民了？」

李元吉嘆了一口氣：「好吧，您比得上，您比得上！」

偏偏局面對他們越來越不利，進佔長安之後，父親把兵馬大權都交給李世民，就讓李元吉犯嘀咕，可是他身在太原，只能坐觀李世民東征西討，自己卻束手無策，更糟糕的是，他竟然把太原給丟了，灰頭土臉的逃往長安，還要讓李世民領軍討伐，又給李世民一次建功的機會。

「大哥，您實在應該向父皇爭取領兵出陣的機會，要不然，天下人只知有秦王，不知有太子啊！」李元吉憂心忡忡地說道。

「我得幫著父皇安定後方啊！」李建成道：「關中方定，後方的穩固，比前線作戰更為重要，父皇也是知道這一點，才會委我以重任。」

李元吉冷哼一聲：「就怕別人不知道！」

其實李建成也是相當有才幹的，攻打長安，他建了不少戰功，軍國大事，也由他替父親統籌規劃，分憂解勞，李世民打下來的疆土，由他負責安定秩序，穩固統治權，這些功績，他的父親唐高祖知道得很清楚，所以當次子李世民聲望越來越高，他仍舊十分偏袒這個看上去較不起眼的長子。

問題是李建成的個性大而化之，喜歡喝酒打獵，當了太子，仍是如此，公餘之暇，不與朝中大臣建立良好關係，只知道領著隨從出外遊獵，這雖是小事，卻也容易落人口實，唐高祖為此責備他好幾次，他卻依然故我。

李元吉擔心的就是這一點，看情況，大哥很有可能和當年的太子楊勇一般下場，那麼，他是不是該另謀打算呢？他雖然比李建成更喜歡遊獵，但他不是太子，道德上的約束不必這麼高，而且還可以藉由騎馬打獵，鍛鍊武藝，將來才能和李世民分庭抗禮。

「如果大哥成為皇帝，或許我還有機會，如果被二哥搶去了地位，恐怕我連命都沒有了。」在他心中，隱隱約約出現這樣的想法。

於是，長安城內，太子東宮、秦王府與齊王府之間，隱然浮現出錯綜複雜、暗潮洶湧的對立關係。

檯面下的衝突，很快的便浮現出來，武德二年九月，唐高祖下詔，戶部尙書劉文靜圖謀不軌，罪當斬首。

劉文靜是唐高祖取得天下的頭號謀臣，爲什麼會落得這種下場？原來他與李世民親善，入關以後，地位排在裴寂之下，爲此心生不平，經常在朝堂之上與裴寂頂撞，兩人嫌隙漸深。

「這裴寂，只曉得出一張嘴，把皇上哄得服服貼貼，也不想想，要不是當初由我推薦，他哪能有今日？」劉文靜忿忿不平地說道。

他的弟弟劉文起也很替兄長抱不平，拔劍砍柱怒吼道：「總有一天砍死這小子，替您出一口惡氣。」

後來，有人告發劉文起在家中作法事，鬼鬼祟祟的不知道在詛咒誰，這件事讓裴寂知道了，便向唐高祖告發，結果成了劉文靜兄弟陰謀以巫蠱圖謀皇帝性命。

這是一樁大事，唐高祖立刻派了宰相李綱、蕭瑀等人審訊，劉文靜對他們說道：「太原起兵的時候，我爲將軍府司馬，裴寂爲將軍府長史，我們地位相當，可是如今裴寂爲僕射，佔有豪宅良田，又不斷獲得賞賜，我隨著秦王東征西討，賞賜卻很微薄，連家人都難以養活！圖謀不軌之事絕對沒有，喝醉了酒，口出怨言，這恐怕是有的。」

不過是抱怨了幾句，這實在和圖謀不軌扯不上邊，李世民忙向父親求情：「當初晉陽起兵，劉文靜出了不少主意，功勞應在裴寂之上，如今只不過心有怨氣，並不是眞的想謀反啊！」

李淵卻聽了裴寂的話，執意把劉文靜兄弟一同處死。

「飛鳥盡，良弓藏！」臨刑之前，劉文靜發出悲傷的嘆息。

裴寂爲何一定要置劉文靜於死地？那是他的私心在作祟，他知道，皇帝最信任他，肯聽他的話，只要局面穩定，將來太子李建成繼位，他必然還能繼續享受高官厚祿，這麼做，乃是除掉李世民身邊一員大將，藉此向太子示好。

劉文靜的死，並沒有讓李元吉放心，反而讓他更加認清父皇的性格。唐高祖耳根子軟，今天他聽了裴寂的話，殺掉秦王身邊的頭號謀臣，明天說不定又會聽別人的話，任意廢立太子。

爲了穩定自己的地位，他必須更加積極才行。

討伐王世充，李元吉積極爭取，出戰的機會，唐高祖命他爲副將，輔佐李世民。李世民何等精明之人？當然不願意讓弟弟建功，總對他說道：「你是父皇寵愛的兒子，爲兄的不忍讓你冒險，你還是在帥營之中分撥調度吧！」

李元吉氣得幾乎破口大罵，想起軍令嚴格，李世民又是主帥，這才隱忍下來，找機會建立功業。

竇建德來襲，給他一個很好的機會，李世民爲了對付竇建德，把精兵全帶往虎牢關去了，後方軍營，順理成章地由他留守，王世充見唐軍人少，領兵從洛陽出擊，李元吉求之不得，設下埋伏，大破王世充，讓他乖乖退回洛陽，若不是李世民留給他的兵少，說不定他就可以一舉攻進東都，搶得頭功。

結果這場仗，仍然令李世民大大露臉，回長安後，不論朝臣或是百姓，每個人口中都喊著：「秦王，秦王！」連皇帝也被這樣的氣氛感染，給李世民加封了前所未有的榮譽稱號：「天策上將，陝東道大行台，位在王公上」。天策上將府可以自行建制官署，簡直就像是長安城中的小朝廷。

李元吉也因戰功，受封爲司空，但是他知道，別人都不會把他的戰功當一回事，能夠獲得封賞，不過是因爲他是「皇帝的兒子」，如此而已。

他感到氣餒，卻也不放棄，對李建成說道：「大哥，您也應該力圖振作，別讓李世民專美於前。」

李建成的個性裡，有著幾分父親的優柔，看見自己從小拉拔大的弟弟，這樣替自己擔心，忙著打圓場：「世民征戰有功，將來我也不會虧待他！」

想不到，連東宮謀臣王珪、魏徵也勸道：「太子實在應該找機會表現自己，別讓秦王有機可乘！」

李建成這才感受到二弟對自己的威脅。

李世民功高震主，這一點倒是可以利用，將在外，君命有所不受，滅王世充之役，淮南王李神通有功，李世民賞給他數十頃上好田地，剛好唐高祖的妃子張婕妤的父親也看上這片土地，要女兒私下向皇帝奏請，把這些土地賞給他，唐高祖不明就裡，下詔將這些土地賞給張婕妤的父親，如此一來，便和李世民的命令相衝突了。

李建成與李元吉見這種情勢可以利用，便買通了張婕妤，讓她向唐高祖進言道：「陛下賞給家父的土地，都讓秦王奪了去，賞給李神通啦！」

李神通上表之中也說道：「秦王的命令在陛下之前，恕臣不奉詔！」

唐高祖大怒，把李世民叫來臭罵一頓：「朕的詔令不管用，你的命令一下，地方州縣都得照辦，成何體統！」

李世民有口難言，唐高祖不給他機會，轉頭對裴寂說道：「這孩子常在外面領兵作戰，專制一方，全是讓那些讀書人給教壞了，真不像我過去的那個好兒子！」

也不能全怪唐高祖聽信讒言，在李世民平定王世充，領兵進城接受歡呼的一刻起，這個年少英雄，便興起了作皇帝的念頭，他的天策上將府，位在諸王之上，府中網羅了不少勇將猛士，如初唐名將徐世勣、尉遲敬德、秦叔寶、程知節、段知節等都在天策所內，除此之外，他還以秦王名義，在府中成立「文學館」，收羅四方文學名士，房玄齡、杜如晦、虞世南、孔穎達、褚亮、姚思廉、李玄道、于志寧、蘇世長、薛收、陸德明、李守素、蔡允恭、顏相時、許敬宗、薛元敬、蓋文達、蘇勖等十八人並爲文學館學士，號稱「十八學士」，每當李世民軍務之暇，便與他們討論經史文章，商討治國之道，經常討論到深夜，他們構成秦王府幕僚群的基本班底，享有優渥的待遇，一般的士大夫也以進入文學館爲榮，稱那樣叫做「登瀛洲」。

「人人都想登瀛洲，誰還把朕的朝廷放在眼裡？」唐高祖怒道。大臣封德彝也悄悄對他說道：「秦王功勳蓋世，只怕不願意屈居太子之下！」

即使如此，貴爲皇帝的唐高祖，仍只能眼睜睜地看著幾個兒子之間的爭鬥越演越烈，武德四年七月中旬，秦王的部隊才剛剛回京，竇建德的部下劉黑闥又在河北地區起兵，他號召竇建德的舊部，替夏王報仇，聚集了將近十萬人，情況很危急，唐高祖只好再度派遣能征善戰的李世民前往鎮壓。

這簡直是又把一個大好的機會送給李世民，李建成覺得無所謂，李元吉可不甘心，他立刻向父皇請求：「當初是兒臣與兄長一同前往平定王世充、竇建德的，如今，也請父皇准許兒臣隨軍出征。」

唐高祖不會不理解兒子的心思，他道：「什麼隨軍出征？你與他共同領兵！替朕好好的看牢他。」

話雖如此，軍中將帥都是李世民的人馬，李元吉名義上與秦王共同領兵，花了半年時間打垮劉黑闥，但是，作戰勝利的功勞，還是讓李世民給搶了去。

獲勝的消息一傳到，唐高祖便立即下詔，要李世民班師回朝，很顯然的，他對秦王的聲望，也已不大信任了。

李世民慌裡慌張地收拾兵馬，返回長安，這才知道急召他回朝的眞正緣由，十分生氣，說道：「河北尙未眞正平穩，打敗了劉黑闥，他的殘餘勢力仍在，如果事情又鬧起來，這都得讓太子負責！」

李建成輾轉聞聽李世民的話語，也很生氣，怒道：「負責就負責，那有何難？」

太子洗馬魏徵說道：「秦王破劉黑闥，殺傷甚重，在當地很不得民心，這時候正是太子好好發揮的機會，您一定要掌握好。」

果然不久以後，劉黑闥從突厥那裡求得援兵，捲土重來，這一次，李建成不再讓二弟露臉了，他親自帶兵，與李元吉進駐樂昌（今河北省南樂縣），與劉黑闥對壘。他採納魏徵的意見，對敵兵採取懷柔政策，獲得很大的成功，當地民眾，長年飽受戰禍之苦，已經不願意幫助劉黑闥，於是，李建成一舉突破劉黑闥的軍營，並在饒州（今河北省饒陽縣）將劉黑闥俘虜。

在河北，李建成刻意與當地豪傑交往，獲得建立了屬於太子一黨的地方勢力，有了這些山東豪傑的支持，回到長安，李建成說話就可以大聲了，這場仗證明，身爲太子的他，能力絕不在李世民之下，他之所以受封爲太子，並不只因爲他是皇帝的「嫡長子」而已。

利用山東豪傑的力量，李建成在東宮之中，布下重兵，募集長安城中健壯少年兩千餘人，號稱長林兵，擔任東宮衛士，人數比秦王府的八百名衛士更多。

這本是天經地義，可是看在野心勃勃的李世民眼中，卻成爲太子即將對他不利的一項指標。於是，東宮與秦王府之間的爭鬥，日趨白熱化，終於到了無可收拾的地步。

玄武門

武德七年，公元六二四年三月，唐朝大軍，成功擊潰江南的蕭銑、杜伏威、輔公祐，海內重歸一統，這原本是値得慶祝的是，可是也就在這一年，太子黨與秦王黨之間的衝突，正式爆發。

這年六月，唐高祖帶著李世民與李元吉，前往宜君縣（今陝西宜君）仁智宮避暑，他這麼安排，就是希望三個兒子不要同時待在長安，以免生變，結果李建成還是鬧了紕漏出來。

隸屬於東宮的郎將爾朱煥，這一日來到仁智宮，面有懼色，顫聲對唐高祖稟奏：「太子送了大批鎧甲兵器，給慶州都督楊文幹，要他發動兵變，誅除秦王，囚禁皇上，奪取皇位！」

唐高祖聞言大怒，心想我才覺得這個長子是個可造之才，他就給我來這麼一下？也沒仔細想清楚事情究竟是否屬實，就把李世民找來，對他說道：「你帶兵去把楊文幹消滅掉，事成之後，朕就立你爲太子。」

李世民這些日子以來飽受壓力，對父親的態度也很不滿，聽到這樣的話，反而不覺得高興，他道：「楊文幹算什麼東西？隨便派遣一個地方小將，就可以剿滅，何需朝廷大張旗鼓的派兵？」

唐高祖說道：「這件事與建成有所牽連，恐怕沒那麼簡單，你不是想朕的位子想很久了嗎？只要你平定楊文幹，朕就把位子讓給你，廢建成當蜀王，以後如果他不聽你的，也容易壓制。」

這番話讓一旁的李元吉聽得嚇傻了，他完全沒料到，父親對自己幾個兄弟之間的猜忌，已經到了如此嚴重的地步，他不相信李建成，所以輕信來使的話；不相信李世民，所以才拿太子的地位利誘，至於他自己，那就更不用說了。

其實，李建成蒙受了不白之冤，只要唐高祖仔細想想，就不會如此衝動了。這些日子以來，李建成的聲望已經建立，在長安，他足以和李世民分庭抗禮，秦王勢力大，卻還不對他構成立即而直接的威脅，再加上他身爲太子，可以名正言順地繼承皇位，實在犯不著發動這樣粗糙而缺乏計畫的兵變。

那麼，到底是誰把楊文幹的兵變，與太子建成牽連在一起的呢？當然是秦王府裡的人，問題是，李世民的手法相當高段，不留任何把柄，因此唐高祖雖然感到懷疑，卻也不好對這個兒子發難。

秦王府不過利用了楊文幹當年曾在東宮宿衛，與李建成關係密切這一點上，唐高祖出巡，李建成在長安，還經常與楊文幹有所往來，他聽說慶州（今甘肅慶陽）一帶的人民身強體壯，十分剽悍，便想請楊文幹招募一些壯丁，送來東宮充實他的長林兵。

那時候的交通不發達，消息傳遞得很慢，謠言就是消息傳遞的過程中產生的，楊文幹在慶州，聽到一些風風雨雨，又聽說太子要他招募壯丁，還以爲太子眞的有什麼打算，等壯丁招募好了，又聽說皇帝懷疑太子陰謀奪權，要把太子召往仁智宮，驚疑不定之下，索性就用他招募來的兵馬舉旗造反。

這樣的叛亂，當然三兩下就被李世民掃蕩完成，然而這時，唐高祖已從激情的憤怒中恢復冷靜，聽了李元吉與封德彝的分析，知道事情背後另有蹊蹺，也就打消了廢立太子的念頭。「但是，朕召太子前來，他沒有奉召，這總是事實。」

「太子知道皇上盛怒，也擔心皇上會一時衝動，此乃自全之道，不算大過。」封德彝說道。

「陛下如果一定要追究，還不容易嗎？」李元吉說道：「隨便找兩個人頂罪，不就成了。」

因此，東宮裡的屬官王珪、韋挺，天策府裡的官屬杜淹，都因爲沒有善盡督促的職責，遭到流放。太子手下有人被罰，秦王手下也有人被罰，唐高祖對任何一邊都不偏袒。

但是這樣做並不能弭平爭端，反而使得兩造人人自危，不偏袒，不就表示不信任嗎？看來，想要在這場風暴之中站穩腳跟，還得要更積極才行，他們各自拉攏外朝大臣乃至後宮嬪妃，甚至互相挖角，累積前所未有的緊張感。

兩派的爭鬥，秦王黨漸漸處於劣勢，在武德五年之前，秦王遠比東宮與齊王神氣，可是從那以後，李世民既沒有新的戰功，且受到太子與齊王的聯合排擠，地位就此衰落下來。

大部分的外朝官如裴寂、封德彝等人，都站在太子那一邊，秦王這邊，只有一個蕭瑀還算有點份量，雙方事事對立，劍拔弩張。

武德九年，公元六二六年六月，突厥領兵數萬入侵邊塞，依照過去的慣例，應該由李世民領兵出征，不過，唐高祖有心讓李元吉鍛鍊一下，同時也不願意李世民掌握兵權，於是決定由李元吉出征。

李元吉是個猛將，衝鋒陷陣很擅長，領軍作戰就不大行了，爲此，他向父親請求道：「秦王府中，尉遲恭、秦瓊這些將領，久經陣仗，兒臣請父皇允許，讓他們隨兒臣一同前往，共同破敵！」

「也好，就依了你吧。」唐高祖道：「有什麼不懂的，你可以問他們。」

李元吉的動機究竟爲何，不得而知，但唐高祖的想法卻很單純，他希望這些曾經追隨李世民的將領，可以多多指點李元吉，培養齊王統帥大軍的能力。他萬萬沒料到，這件事，竟然成爲導火線，將兒子們的鬥爭，導向他最不願意看見的結果。

「向我借將？」李世民說道：「這李元吉安的什麼心？難道他打算把我身邊的人都帶走了，然後再讓太子加害於我？」

正好這時，有個被他收買的東宮官員王晊前來拜見他，對他說道：「這幾天太子與齊王常常聚在一起談事情，聽說，他們打算設宴替齊王餞行，邀請您赴宴，然後在席間行刺您。」

「夠了！」李世民咬著牙怒道：「這些日子以來，太子對我欺壓已甚，先把我的親信房玄齡、杜如晦弄走，如今又打算對我不利，這種不是我殺他，就是他殺我的日子，我已經受夠了，看來今日非做個了斷不可。」

那天晚上，秦王府裡燈火通明，李世民找來妻兄長孫無忌、將領尉遲敬德、侯君集，還秘密召回房玄齡與杜如晦，與他們共商對策。

「我打算先下手爲強，你們覺得如何？」李世民一開口便如此說道。

尉遲敬德表示贊成：「大王是該與太子做個了斷了，如今大王只剩我們幾個親信，齊王還在皇上面前玩陰的，要我隨他出征，只怕等我領兵出征，就要大禍臨頭了。」

李世民點了點頭，問房玄齡：「你覺得呢？」

「這個……茲事體大，大王您還是多想想……」

李世民皺了皺眉，問杜如晦：「你呢？」

「以兵刃加諸宮闈，恐爲不祥之事，臣……不敢奉命！」

李世民大怒：「我都快要完蛋了，叫你們替我出主意，你們居然給我說這種話？敬德，給我取佩刀來，斬了這兩個沒用的儒夫！」

「大王息怒！」長孫無忌說道：「這件事情不是說幹就幹，他們兩位深謀遠慮，必定是怕大王衝動，這才出言規勸。」

「是嗎？」李世民斜睨著房、杜二人，冷冷道：「你們倒是說說看，有些什麼深謀遠慮？」

房玄齡老成持重，咳了一聲，說道：「太子與齊王，各有官署，彼此聯繫，大王不管向任何一方發難，都不是辦法，唯一可行的辦法是，聚敵而殲之。」

「如何聚敵？」

「據臣所知，過兩天太子與齊王將一同上朝，面見皇上，到時他們身邊沒有護衛，手上也沒有兵刃，應當是最好的時機。」

「不錯。」李世民點了點頭，表示讚許。

「光是這樣，恐怕還是不妥。」杜如晦插口道。

李世民面露兇光：「有什麼不妥？」

杜如晦道：「大凡舉兵，都得要有個名義，即便兵變，亦是如此，方能名正言順。」

「名義？該用什麼名義好？不就是爲了爭奪皇位嗎？」

杜如晦笑道：「話不能這麼說，大王領兵衝進宮中，殺掉太子與齊王，外面的人會怎麼看待大王？是說您殘害手足，還是說您替天行道？」

「接著說！」

「太子黨人，不是與後宮嬪妃們往來密切嗎？他們讓這些嬪妃老在皇上面前說您壞話，讓皇上對您日漸疏遠……咱們可以先告他一個穢亂宮廷的罪名，將來事成之後，皇上也不會怪罪於您。」

「眞是不鳴則已，一鳴驚人啊！」連李世民都愕然了，他乾笑兩聲：「這樣會不會太……」

「我覺得很好啊！」尉遲敬德道：「大王您不是也常說，不要對敵人仁慈嗎？既然要幹，就幹得狠一點。」

六月三日，李世民上了一封密奏，指稱太子建成、齊王元吉「淫亂後宮」，並且哀哀淒淒地陳述：「兒臣自問於兄弟毫無所負，而今兄弟竟要殺兒臣，只不過是因爲兒臣平叛有功，心生妒忌，如果兒臣就這麼白白送了性命，將來魂歸地下，也沒臉去見王世充、竇建德他們了。」

這封奏表自是出自房、杜二人之手，表中刻意模糊焦點，沒憑沒據的就說李建成李元吉要殺李世民，拚命數落對方的不是，至於如何「淫亂」，則沒有交代清楚，唐高祖看得一頭霧水，對左右說道：「這幾個孩子，整天勾心鬥角，這樣下去也不是辦法，明天建成和元吉不是要上朝來見朕嗎？叫世民也一起來，讓他們當面對質。」

第二天一大早，李世民率領長孫無忌、尉遲敬德等十員大將，埋伏在玄武門，等待太子與齊王到來。

玄武門乃是長安宮城的北門，禁軍屯駐於此，地位重要，當時負責城門守衛的將領名叫常何，他是李建成的舊部，曾隨建成討平劉黑闥，不過此時已被李世民收買，其他幾個玄武門守將如敬君弘、呂世衡等人，也都已投向秦王這邊。

遠處傳來馬蹄聲，片刻後，太子李建成、齊王李元吉策馬而來，兩人走到臨湖殿的時候，忽然覺得情況有些異常，便調轉馬頭，想返回東宮。

就在這時，李世民縱馬向前，大聲喊道：「太子、齊王，爲何不去上朝？」

李建成聽到呼叫，回頭張望，李世民乘機射出一箭，正中建成咽喉，李建成立時從馬上掉下，當即身亡。

李元吉看到這個情景，大驚失色，慌亂之中，也被長孫無忌等人的亂箭射中，從馬上滾下來，說時遲，那時快，尉遲敬德催馬向前，揮起長劍，割下李建成、李元吉二人的首級。

東宮將領馮立、薛萬徹聞訊，連忙率領長林兵兩千騎趕來，猛攻玄武門，玄武門守軍閉門拒敵，奮力抵抗，薛萬徹見強攻城門不是辦法，調轉馬頭，打算攻擊秦王府，尉遲敬德用長矛挑著建成與元吉的人頭，跑出玄武門大喊道：「奉陛下詔令，殺太子與齊王，其餘眾人，皆與此事毫不相干，你們快快放下武器，陛下絕不追究。」

眾人見狀，呆若木雞，哪裡還有戰意？秦王李世民步出玄武門，高喊道：「二名罪魁現已伏法，識時務者爲俊傑，你們向誰賣命呢？」

事情接近尾聲，尉遲敬德一身戎裝，前去稟奏唐高祖。

唐高祖那時正與裴寂、蕭瑀等人在太極宮中泛舟遊玩，心中正琢磨著待會要如何教訓三個兒子，看見尉遲敬德，知道不妙，問道：「發生了什麼事？」

尉遲敬德向高祖報告：「秦王以太子、齊王作亂，舉兵誅之，恐驚動陛下，特遣臣前來宿衛。」

唐高祖聽了，臉色發白，對裴寂等人道：「唉，朕早就擔心會有這一天，想不到終究還是發生了，你們說，該如何是好？」

裴寂答不上話，蕭瑀和陳叔達則說道：「太子與齊王嫉妒秦王德高望重，設下奸謀，打算加害秦王。如今秦王既已將他們撲殺，這是爲了國家社稷著想，功蓋宇宙，四海歸心，陛下如果任命秦王爲太子，委之以國事，那就不會有什麼問題了。」

唐高祖不是個笨蛋，他知道，如果他不答應，恐怕自己也難逃厄運，蕭瑀等人說得恭敬，其實是在威脅他，於是他連忙說道：「你們說得很對，朕也早就如此打算了。」

李世民奪得了太子的地位，迅速掌握大權，爲了將他的行爲合理化，太子建成與齊王元吉生前的種種「陰謀」、「奸詐」與「圖謀」，一一浮現出來，有人說，太子與齊王找來一匹劣馬，讓李世民騎乘，企圖讓李世民摔死，幸虧李世民騎術高超，這才化險爲夷；也有人說，就在兩三天之前，建成和元吉邀請李世民前往東宮赴宴，想乘機用毒酒害死李世民，李世民毫不懷疑，舉起酒杯一飲而盡，害得他「嘔血數升」，諸如此類，不一而足。

唐高祖十分感嘆的說道：「編造這些謊言，也太瞧不起人！世民半生戎馬，騎術高超，怎麼不會分辨良馬劣馬？嘔血數升？他們兄弟早已水火不容，世民怎會應建成、元吉之邀赴宴？如果他中了毒，又怎能在玄武門前指揮若定，生龍活虎的射死他的兄弟？」

就算瞭解這背後的眞相，也已於事無補，他這個皇帝，已經失去實權，這年八月，傷心欲絕的唐高祖宣布退位，傳位於太子李世民，自稱太上皇，從此隱居，不再過問那些令他煩心的朝政。

太子李世民，正式成爲皇帝，改元貞觀，鼎鼎大名的唐太宗，總算以皇帝的身分，在歷史的舞台上，粉墨登場。

貞觀之治

經過一千三百多年的溢美與褒揚，唐太宗作爲一個統治者，在中國歷史上的地位，眞可說是無人能出其右，他知人善任，虛心納諫，四夷賓服，萬邦來朝，在一群治國能臣的輔佐下，對內發展農業經濟，改革政治，成就了富裕昌盛的貞觀之治，對外擊敗突厥，四夷君長奉之爲「天可汗」，使大唐聲威，震爍寰宇，開創了大唐帝國百年的全盛時期，也讓唐太宗這個名詞，成爲賢明帝王的代表。

這些都是事實，但如果說這一切豐功偉業，都是唐太宗一人的功勞，那也有失公允，他以不正當的手段，奪得皇位，這和不久前才造成天下浩劫的暴君隋煬帝有些相似，當時就有人把他拿來和隋煬帝比較，認爲：「隋煬帝雖然殘暴，至少還懂得使用謀略，取得父親的信任，這才當上太子，如今這位皇帝，居然要動用武力，殘殺手足，比起隋煬帝，更等而下之啊！」

他的個性，與隋煬帝多少有些類似，好大喜功，衝動易怒，如果貞觀元年與大業元年一樣富裕的話，說不定他也駕著龍舟四方巡遊去了。

他的個人才情，更完全難與隋煬帝相比，隋煬帝從小就受到良好的教育，長大以後，允文允武，順口兩句，就能成爲一闋優美的詩詞，唐太宗武勇有餘，文采就不行了，他自己也說過：「朕從少年時代，就帶著兵馬到處征討，沒能充實學問，如今當了皇帝，該學習的地方還多得很！」

但他並沒有因此而瞧不起文官，貞觀元年正月初三，唐太宗在皇宮之中宴請文武百官，席間演奏當年帶兵打仗時的軍樂，並對群臣說道：「朕從前南征北討，軍中經常演奏這樣的音樂來鼓舞士氣，雖然比不上宮廷雅樂那般肅穆優美，然而這個國家，正是因爲戰爭勝利，才能建立，所以，朕不敢忘本。」

這時，封德彝爲了討好新皇帝，躬身說道：「陛下以神聖武功，掃平海內，統一天下，這哪是朝中一班文官所能相比的啊！」

一旁大臣，紛紛點頭稱是。

不料唐太宗卻道：「平定禍亂，需要依靠武力，治理國家，則需要靠文官了！從前兵荒馬亂，武將固然重要，如今天下昇平，你還說文官不如武官，這可就說得不對了啊！」

群臣斜眼看著封德彝，紛紛搖頭嘆氣。

封德彝當初並不支持唐太宗，甚至在唐高祖前面，說了不少唐太宗的壞話，如今唐太宗繼位，雖沒有對他如何，但也令他很難堪，爲了自保，他只好力求表現，想不到竟然換來一陣搶白，只得摸摸鼻子，退回群臣的行列。

他不瞭解這位新皇帝的個性，封德彝是官場老臣了，他侍奉過隋煬帝，追隨過宇文化及、竇建德，也在唐高祖底下，享得高官厚祿，他深知爲官之道，在於體察上意，只要順著皇帝的心思，自己的地位就能穩固。

不管從任何角度看，這位新皇帝的性情風采，都和當年的隋煬帝很像，隋煬帝喜歡聽好聽的，封德彝便以爲，新皇帝也喜歡聽好聽的，不料這回竟然看走了眼，唐太宗與隋煬帝最大的不同之處，就是在於他知道自己的不足，希望臣下能夠隨時上諫，糾正他的所作所爲。

光是這一點，就足以讓唐太宗的歷史地位，走上與隋煬帝完全相反的方向。

其實，剛開始的時候，唐太宗並沒有想那麼多，玄武門之變後，他下令逮捕李建成與李元吉的家人，將他們的兒女，全部殺死，還打算進一步殺光他們身邊的親信，沒收他們的家產，這時尉遲敬德表示反對，說道：「既然元兇已經伏法，就該停止殺戮，如果繼續殘殺，只怕事情會越鬧越大！」

「是嗎？」

「再說，將來的人，會怎麼看待玄武門的這樁事情，您得要好好想想。」

「嗯，你說得很對。」

於是他發佈命令，有罪者僅止於太子、齊王二人而已，他們的黨羽，一概不予追究。他做了很多收買人心的事，包括徵召李建成的舊部屬，對他們一概任用，藉此展現自己的豁然大度。

這些部屬當中，包括了當初極力勸說李建成先下手為強的魏徵在內。

唐太宗召見魏徵，問道：「聽說你當初曾經叫李建成殺了我，有沒有這種事？」

魏徵點點頭：「有啊。」

唐太宗眉頭一皺：「你爲何挑撥我們兄弟之情？」

一旁的人都替魏徵捏一把冷汗，魏徵卻道：「假如太子肯聽我的話，也不至於落得今日的下場。」

唐太宗心頭火起，登時想要殺人，腦海中卻閃過那句：「將來的人，會如何看待這樁事情？」忖道：「這老小子才學高，脾氣硬，如果我重用他，肯聽他的話，將來的人們，必定視我爲明君！」於是說道：「我與李建成不同，你將來好好跟著我，對我提出建議，我都會採納的。」

魏徵先是不大相信，後來唐太宗一再表現自己的誠意，時時召見，向他詢問政治得失，這才讓魏徵體認到：「良禽擇木而棲，士爲知己者死，眼前這位，難道就是眞命天子嗎？」

當時的人們，還沒有「忠臣不事二主」的觀念，原本的政敵，既然願意重用，魏徵也就毫不保留地展露自己的才學。與其說他是個才華洋溢的政治實踐家，倒不如說他是位能言善道的政治理論家，對於明君、昏君，他有一套精闢的想法，當唐太宗向他問起此事之時，魏徵答道：「君之所以明者，兼聽也，君之所以暗者，偏信也。從前秦二世長居深宮，不見大臣，只相信趙高；隋煬帝剛愎自用，只信任少數奸臣，結果弄得天下大亂，自己還被蒙在鼓裡。」

「是啊，朕可不能像他們一樣。」唐太宗這才理解到，自己有朝一日，也會被別人拿來，和這些亡國之君擺在一起做比較。

「朕要當明君，不要當昏君！」這個信念驅使著他，讓他克制自身的慾望與先天上的不足，廣開忠諫之路，任用賢能，爲往後的百年盛世，奠定良好的基礎。

明君與賢臣，魚幫水，水幫魚，他初登皇位不久，需要讓底下的大臣們瞭解這一點，魏徵瞭解了，但這還不夠，如果只採納魏徵的意見，那就成了偏信的昏君了，爲此，他在上朝之時，盡量擺出和顏悅色的模樣，減少大臣們的畏懼之情，有一次，他準備將一個犯罪官員處死，大臣孫伏伽說道：「其罪不致死，陛下判刑過重，那就是濫加酷刑。」

唐太宗聽了，不但不生氣，還賞賜給孫伏伽許多田地，有人對唐太宗說道：「這樣賞賜，是不是過於豐厚呢？」

唐太宗笑道：「朕這是拋磚引玉，自從登基以來，從沒有人敢批評朝政，這次重賞孫伏伽，就是希望大家勇於提出自己的意見。」

於是，以魏徵爲首，陸陸續續有許多大臣，直言上諫，當中有不少言語，甚至對唐太宗有所冒犯，惹得他十分生氣，但最後他總能虛心接受。

初即位時，封德彝擔任宰相，他普查天下兵府，發現有些折衝府兵源不足，建議唐太宗徵調年齡未足歲，但體格健壯的男丁。唐太宗表示同意，下令中書省起草詔令，送達門下省審核，再由尚書省執行，不料此一詔令送達門下省時，擔任門下給事中的魏徵不肯簽字，封德彝多次與他交涉，均未成功，只好把這件事，上奏給唐太宗知道。

唐太宗大怒，召來魏徵，聲色俱厲地說道：「這件事朕早已同意，你竟敢違背朕的旨意，偏要拒絕，到底是何居心？」

魏徵答道：「臣聽說把湖水抽乾了捕魚，可以把湖裡的魚全部撈盡，可是明年就沒有魚了；把森林燒光來打獵，雖然可以獵到許多野獸，但明年就沒有野獸了。如果讓這些少年都去當兵，將來誰承擔賦稅徭役？兵在精而不在多，貴在統帥得當，如果各軍府都是以一當百的精兵，又何必用年紀不足的人湊數？」

唐太宗沉思片刻，說道：「朕未曾深思熟慮，竟然犯下如此過錯，幸好有你出來指正。」下詔停止徵召令。

貞觀四年，公元六三〇年，唐太宗準備前往洛陽巡遊，下詔徵調士卒，整修洛陽乾元殿，準備充作行宮。給事中張玄素上表反對，他說道：「陛下巡遊之日，尚未確定，就要整修宮殿，此非當務之急！隋煬帝興建洛陽宮殿時，勞民傷財，招惹民怨，當年陛下平定王世充，把洛陽城中規模宏大的宮殿都拆毀了，得到人民擁戴，如今還不到十年，爲何又要重蹈覆轍？如今天下財富，哪裡比得上大業年間？而陛下準備走上隋煬帝的老路，如此一來的弊害，比起隋煬帝，恐怕更爲嚴重！」

這篇奏表，把唐太宗罵得狗血淋頭，唐太宗當然生氣，把張玄素找來，怒氣沖沖對他說道：「你說朕比不上楊廣，比起夏桀，商紂又如何？」

這樣問話，威脅的意味頗甚，桀、紂乃是歷史上著名的暴君，底下大臣稍有忤逆，動輒殺戮。張玄素毫不猶豫，立刻說道：「如果陛下執意要在洛陽興建宮殿，只怕將來的命運，就和桀、紂一般可悲！」

唐太宗嘆道：「好吧，是朕沒想清楚。」轉頭對身旁的房玄齡說道：「朕原以爲，洛陽居於天下中央，各地朝貢，交通便利，這才作此打算，現在，張玄素把朕這麼罵了一通，倒說得很有道理，以後朕前往洛陽，乾脆睡在路邊，也沒有關係！」

房玄齡道：「大臣直言極諫，陛下查納雅言，此乃天下萬民之福。」

「萬民之福嗎……」唐太宗轉頭對張玄素說道：「你的意見很好，朕不是夏桀，不是商紂，也不會像楊廣一樣。」賞給張玄素兩百匹彩緞，張玄素拜謝而退。

唐太宗易於衝動的個性，讓他常常做出一些事情，給大臣上諫的機會，而他也總能虛心接納，爲的是建立自己明君的形象。到後來他索性提升諫官的地位，讓他們可以參與朝政，更容許史官可以進入政事堂，旁聽皇帝與宰相的會議。諫官在旁，宰相不敢謊報政績，史官隨侍，記錄帝王公侯的言行，則是一種監督的作用。

有時候，諫官的意見不免觸怒龍顏，讓唐太宗回到後宮，仍然怒氣不息，他的皇后長孫無垢是出了名的賢后，總能化解唐太宗的怒氣。有一回唐太宗邁著沉重的步伐來到後宮，口中呼喝道：「總有一天要殺了這個老傢伙！」

「陛下要殺誰啊？」

「還不是魏徵！」唐太宗道：「朕給他機會讓他上諫，結果，這傢伙一逮到機會，就在朝堂上羞辱於朕！」

長孫皇后聽完，沒說什麼，轉頭進屋裡去了，沒過多久，又見她身著華麗朝服，站在後宮的院子裡。

唐太宗嚇了一跳：「你……你搞什麼名堂？」

長孫皇后笑道：「臣妾聽說，主明則臣直，如今魏徵性情耿直，正表示陛下乃是明君，臣妾這是向明君道賀來了。」

不愧是枕邊人，一句話敲進唐太宗的心坎裡，他轉怒爲喜：「呵呵，照你這麼說，朕應該要好好賞賜魏徵才對啊！」從此他對魏徵更加信任。

姑且不論動機，虛心納諫、任賢用能，這是貞觀之治之所以出現的基本因素，在古代，沒有任何事物，可以約束一位皇帝，可是唐太宗卻被自己「想要成爲一位明君」的信念所約束，這讓他做出不少後人看來有幾分可笑的事，好比他聽說關中地區發生蝗災，親自前往災區視察，竟當著大臣的面，抓起一隻身軀肥大的蝗蟲，說道：「蝗蟲啊蝗蟲，你將百姓的食物都吃光了，朕身爲天子，眞恨不得將你們全部生吞活剝！」說著，竟將活生生的蝗蟲塞進口中咀嚼，嚥下肚裡去，把一旁的大臣都嚇傻了。

唐太宗很早就注意到自己的歷史地位問題，爲此，他十分重視史書的修訂，甚至還會干涉歷史的記載，這對後世造成了許多不良的影響，史書由朝廷修訂，逐漸喪失客觀性，成了帝王家譜，史官也只能爲帝王服務，歌功頌德，這是中國傳統官修史學的流弊，唐太宗並沒有看見。

貞觀年間的歷史，有不少內容是出自史官的粉飾，當中不止一次記載，官員與死囚約定時間，讓他們回家省親，等時間到了，死囚總是自動回來受死，於是獲得赦免。

這樣的記載，無非是唐太宗爲了讓自己博得仁義的美名，所捏造出來的事件，然而，擁有至高無上權力的皇帝，能夠有「想要成爲一位明君」這樣的信念，又能把這樣的信念，化爲他施行善政的動力，單憑這一點，後世的褒揚與溢美，唐太宗便已經當之無愧了。

總之唐太宗在位的二十三年，是唐代政治制度與經濟制度邁向正常化的時代，中央官制與地方官制因襲隋代者多，自身創建者少，不過皆已從隋末的大亂中漸漸走上軌道；經濟方面，隋煬帝留下的大運河，在此時也逐漸看出它的功用，藉由四通八達的水運網，龐大的帝國內陸往來交通便利，經濟流通迅速，刺激農業的生產與商業的發展，讓整個帝國從殘破之中重新恢復實力。

天可汗體系

伴隨著內政的完備，貞觀之治的另一個面向，就是武力。唐朝統一天下之後，國內秩序日漸穩定，對外關係卻仍然緊張。

最大的問題就是北方的突厥了。隋朝末年割據天下的群雄，包括唐高祖在內，許多都是依靠突厥在背後撐腰，才有能力雄霸一方，突厥對於土地的要求不大，卻經常縱兵南侵，掠奪糧食財物，俘虜百姓回去當奴隸，帶給中土人民極大的災難。

唐朝統一天下，曾經接受突厥始畢可汗冊封的唐高祖，地位變得極爲尷尬，堂堂華夏天子，豈能稱臣於番邦？幸好國內沒有什麼人敢提起這一點，唐朝政府也就自欺欺人地避而不談。

武德二年，始畢可汗去世，頡利、突利可汗叔姪同爲突厥領袖，經常入寇。玄武門之變前夕，唐朝原本打算派遣齊王李元吉出征抵禦，卻因爲這場宮廷政變而暫時延宕下來，唐太宗即位，先後面臨天災、饑荒與政權動盪，必須先穩定內部局勢，只好眼巴巴地看著突厥領兵數萬人，縱掠中土內地，雖說他們對攻城掠地缺乏興趣，沒有繼續南下威脅唐室政權，卻也令唐太宗視之爲奇恥大辱，決心大舉反擊。

爲此，他做了萬全的準備工作，加強戰備訓練，並由久經陣戰的他親自督導，他對長安軍府的將士們說道：「戎狄入寇之事，歷代皆然，並不足畏懼，可怕的是邊境稍稍安寧，國君便以爲天下太平，縱情享樂，如此一旦戰禍又起，必將束手無策。朕不像前朝皇帝，不讓你們去造宮殿、挖池塘，就是希望你們能好好鍛鍊武藝。平日，朕就是你們的老師，到了作戰的時候，朕就是你們的統帥，只有時時做好準備，才能永保我江山社稷的長治久安！」

這番慷慨激昂的演說，令三軍將士心悅誠服，在他們眼中，新登基的皇帝，有著數也數不清的戰功，是他們爭相效仿的對象。如此歷經數年的努力，到了貞觀三年末，國家的經濟力恢復了，武裝力量也強大了起來。

就在此時，突厥境內發生旱災，居民們賴以維生的牛羊馬匹死傷過半，再加上頡利可汗寵信趙德言，採行許多繁瑣的政令，企圖學習中土制度，讓突厥民眾心生不悅，許多部落紛紛叛變，不奉頡利可汗號令。突厥境內的許多其他民族：奚、契丹、回紇、薛延陀等部落，也受不了頡利可汗的苛政，轉而自立，或者與唐朝交好。

彼消我長之下，的確是轉守爲攻的好時機，唐太宗乃當機立斷，於貞觀三年，公元六二九年十一月，派遣兵部尚書李靖爲定襄道行軍總管，率領張公謹爲副總管，統帥十萬兵馬，在大將李勣、柴紹、薛萬輸等人的配合下，大舉遠征突厥。

李靖是唐朝開國的元勛之一，在唐初統一天下的戰爭之中，立下極大的汗馬功勞，南方的蕭銑、輔公祐等勢力，都是由他所平定，如果少了他的功勳，唐朝的天下，將只有半壁江山，所以連唐高祖都曾經稱讚他：「李靖是我朝的柱石，古代的名將白起、韓信、衛青、霍去病這些人與他相比，都望塵莫及啊！」只可惜那個時候，朝中出了一個年輕善戰的英雄人物秦王李世民，在朝廷的大肆宣傳之下，佔盡了所有將領的風采，這讓李靖的功勳，相形之下黯淡了許多。

唐太宗對於人才的鑑賞力很有一套，他當然瞭解李靖的將才，不會讓他埋沒，因此這次對付突厥，他刻意給予李靖一個機會，讓李靖當初因爲自己的光芒而受到冷落的才能，得以重新發揮。

那時突厥已經很弱，李靖率領著三千騎兵，從雲州（今山西大同市）出發，向北挺進，直達惡陽嶺（今山西定襄縣南），頡利可汗看見唐軍只有三千人，心中卻犯嘀咕：「想必唐朝傾國而來，否則，李靖哪有膽子孤軍深入至此？」慌忙率軍撤退，李靖順勢佔領定襄，繼續追擊。

這時，并州大總管李勣又從雲中領兵殺來，將頡利可汗逼迫得走投無路。頡利可汗被困在陰山，十分害怕，連忙派員前往長安謝罪，表示願意舉國投降。

唐太宗聽見使者來意，當下覺得，若能不戰而屈人之兵，那也是一件很好的事，更何況頡利可汗打算投降，一來唐朝保住了面子，二來北方邊疆又可換來幾年的安穩，但轉念一想，又覺得李靖建功心切，不見得會同意這樣的安排，忖道：「反正我軍已立於不敗，就看情況決定吧！」

於是派遣鴻臚卿唐儉擔任使者，前往突厥，準備與頡利可汗議和。

李靖與李勣的大軍會合，兩人在軍營中會面，李靖說道：「頡利雖然失敗，可是他的部眾尚有很多，如果讓他們逃去漠北，有朝一日必定會捲土重來。如今，陛下派了使者與頡利商討停戰，我們可以領軍偷襲，必定能夠獲勝。」

這幾句話讓副將張公謹大吃一驚：「鴻臚卿唐儉如今已經前往頡利可汗軍帳，如果我軍驟然發兵，豈不是要傷害到唐儉嗎？」

李靖道：「兵不厭詐，想當初韓信破齊，就是這樣的計策，區區唐儉，與我朝百年安穩，孰為重要？」他轉向李勣：「懋功，你覺得如何？」

李勣就是唐朝開國的大將徐世勣，唐高祖因他勇敢忠貞，特別賜姓為李，後來唐太宗李世民繼位，為了避諱皇帝的名字，所以又把「世」這個字去掉，因而得名。李勣聽完李靖的分析，點了點頭道：「這果然是妙計，事不宜遲，需得要立刻行動。」

兩人商議好，以李靖為前鋒，李勣負責殿後，率領騎兵萬人，攜帶二十天分口糧，悄悄跟隨在唐儉的使節團之後。

頡利可汗果然因為唐朝派了使者前來，鬆懈了防備，待接見唐儉以後，忽然手下前來報告：「唐兵來襲！」聞言大怒，將唐儉叫入帳中，質問道：「你們的皇帝派你來與我講和，為什麼大軍隨後就到？這樣豈有信義可言！」

唐儉臨危不亂，略加思索，便知道怎麼回事，說道：「我們從長安直接前來，李尚書領兵在外，雙方議和之事，並未告知前線將士，只要我們前往唐軍陣營，將事情說明清楚，大軍自然就會後退了。」

頡利可汗信以爲眞，讓唐儉出帳而去，仍未加以戒備，此時，李靖忽然殺了進來，攻其不備，突厥亂成一團，毫無還手的餘地，一場激烈的屠殺之下，李靖大軍斬殺了一萬多名突厥人，俘虜男女十萬口，牛羊牲畜數十萬頭。頡利可汗倉皇逃跑，退路又被李勣所截斷，最後兵敗被俘，押往長安。

北方遊牧民族視之爲共主的突厥，竟然遭遇如此的慘敗，陰山以北至大漠之間的一些小部落，人人感到驚訝萬分，他們的實力，只容許他們依附在強權之下生存，如今突厥已敗，最強的就是唐朝了，幾個部落酋長聚在一起商量了一陣，決定向唐朝大拍馬屁，聯合上表，奏請唐太宗上尊號爲「天可汗」。

「天可汗嗎？」唐太宗聽見這樣的名號，啞然失笑，「我堂堂天子，號稱皇帝，哪會希罕你們這什麼可汗的稱號？不過……」這場勝仗讓他很得意，也引起了他更大的野心，讓他想要經略西域，「對西域的那些小國而言，天可汗的稱號，恐怕比天子、皇帝什麼的更有用吧！」

於是從那時候起，唐太宗對外族下詔，都使用天可汗的印信，一個以天可汗爲名義的國際新秩序，就這樣建立起來。

西域各國，聞聽唐朝聲威，紛紛前來朝貢，這是西域小國賴以維生的模式，朝貢只是名目，實際上朝貢使節團也是貿易團，他們帶著當地的土產，前來長安，進貢給大唐天子，天子龍心大悅，便會給予更爲豐厚的賞賜，除此之外，小國的商人，跟隨使節團來到富裕的長安，總能作一筆大生意，賺取不少的財富。

唐朝賺來了面子，小國賺來了金錢，各取所需。

高昌國，一個由漢人麴氏建立的政權，位於今日新疆吐魯番盆地，文化、政治與經濟，都與中原相似，橫亙在唐朝與西域之間，商旅往來，均需要經過此地，靠著過路費，便能維繫這個小國的運作，當突厥的勢力消退之後，高昌國成了唐朝經略西域的主要障礙。

貞觀四年，高昌國王麴文泰曾經入朝，與唐朝關係密切，可是，由於唐太宗允許西方小國焉耆可以自行開闢道路，前來朝貢，不需經過高昌，如此一來，斷絕了高昌國的財路，致使麴文泰心生怨恨，再也不肯入朝，還領軍攻打焉耆，大掠而去，從此與唐朝絕交。

高昌的不合作態度，不但令唐朝顏面盡失，也讓西域小國損失慘重，他們不得已，只好去依附當時還有一點餘威的西突厥，可是西突厥政局不穩，內戰連年，這樣的國家也不是可以依賴的，到貞觀十三年，公元六三九年，西突厥甚至遭到唐朝擊敗，讓西域小國謀生無門。

麴文泰的所作所爲，引起西域小國的普遍不滿，薛延陀派來使節，指控高昌國：「反覆不實，擅自發兵攻擊天子所立之國，請求上國發兵討伐，我等願爲前鋒！」

這年十二月，唐太宗命令交河行軍大總管侯君集、副總管左屯衛大將軍薛萬鈞，共同領兵攻打高昌國。

麴文泰一開始還不把唐軍放在眼裡，說道：「長安離我們七千里遠，中間隔著兩千多里的沙漠，哪裡能夠通過大軍呢？從前我去過長安，看見長安附近的景象，殘破蕭條，根本沒有隋朝時代的富裕，這樣還想勞師遠征，根本不必害怕！只要我們以逸待勞，等他們大軍到來，必定會斷絕糧草。」

想不到高昌國天怒人怨，沙漠周圍的居民，紛紛起來幫助唐軍，讓他們得以順利通過，後方的補給也沒有問題，就這樣行軍半年，終於抵達高昌城下。

麴文泰聽說唐朝與小國的聯軍共有十幾萬人，幾乎比高昌全國人口還多，嚇得手足無措，沒過多久，就病死了，他的兒子麴智盛繼承王位，原本還想聯絡西突厥，可是西突厥自身難保，援軍遲遲不來，麴智盛只好致書侯君集，信中說道：「得罪大唐天子的，乃是先王，如今他已遭到上天的懲罰，我麴智盛即位不久，希望大總管憐察。」

侯君集回信說道：「如果你眞的有心悔過，那麼就束手就擒，率領百官至城門口請降吧！」

麴智盛不願意投降，侯君集遂下令攻城。他採用一種高達十餘丈的攻城器械，名叫巢車的，圍在高昌城外，比城牆還要高，士兵可在車上用箭俯射城內，高昌國完全不能抵抗，最後仍然只有投降一途。

消滅了高昌，唐太宗在當地設置西、庭二州，並且建立安西督護府、北庭督護府，率軍佔領，以中原制度如府兵、均田與租庸調實施於當地，徹底將西域轉變爲大唐國土的一部份，後來龜茲、吐谷渾分別遭到唐朝攻擊，致使西域各國，均納入天可汗的體系之中。

唐代的對外政策，也不全然是武力攻伐，今日的西藏高原，在唐代稱做吐蕃，實力相當強大，他們的君主稱做贊普，此時的贊普乃是英明有爲的棄宗弄讚，他派遣使節來到長安，向唐太宗提出要求：「突厥、吐谷渾都能娶得唐朝公主，爲什麼我們吐蕃不行呢？懇請天子賜婚，兩國永結婚姻之好！」

唐太宗心想：「對突厥、吐谷渾和親，都是我朝對外和戰並用的策略，你吐蕃算個什麼，也來向我大唐求婚？」表面上和顏悅色，仍婉拒了使者的要求。

使者回國，對棄宗弄讚說道：「大唐天子本來已經答應許配公主，後來，他聽了吐谷渾國王的話，又改變了心意。」

棄宗弄讚聞言大怒，立即發兵攻打吐谷渾，佔領了廣大的疆土，把吐谷渾趕往青海以北，吐蕃實力大增，統轄青藏地區小國，領軍二十萬人，進逼松州（今四川松潘縣西），再度遣使至長安，企圖以武力來要求通婚。

唐太宗這才體認到吐蕃的強大，當初對付吐谷渾，唐朝花了很大的功夫，好不容易才將他們逼和，想不到這時吐蕃竟能將他們打得毫無招架之力，唐太宗心想：「如果，能夠拉攏這樣的強國，相信對我朝將來在西域的地位，會很有幫助的。」

不過，總不能因爲這樣的威脅，就轉變心意，同意吐蕃的要求，那豈不是變成，唐朝遭到吐蕃的恐嚇，心存畏懼，這才以和親換取和平嗎？這樣面子掛不住，所以在這之前，唐太宗先讓侯君集等將領，統帥西域聯軍五萬人，先給吐蕃一個教訓，攻打位於松州的吐蕃部隊，斬首千餘級。

棄宗弄讚十分恐懼，知道大唐帝國不好惹，連忙撤兵，同時派了宰相祿東贊擔任使節，帶著黃金五千兩，珍玩數百具，前往長安謝罪。

「怎麼，你們這樣就退兵了嗎？」唐太宗笑道：「朕還打算招募更多兵力，與貴國贊普一決勝負呢。」

祿東贊躬身道：「我家贊普宅心仁厚，不願見到生靈塗炭，因此不願與天子逐鹿。」

唐太宗聞言大笑：「是嗎？你倒是很會說話啊！怎麼，你們的贊普，還想要來與朕要求婚配嗎？」

祿東贊沒想到前來謝罪，竟然還有完成使命的機會，定神說道：「兩國永結盟好，乃是我贊普心願。」

「好！」唐太宗笑道：「朕就答應這樁婚事，希望以後，吐蕃能永遠爲我大唐屏藩！」遂允諾以宗室女文成公主下嫁吐蕃。

棄宗弄讚大悅，穿起一身華麗的服飾迎接，文成公主在禮部尚書、江夏王李道宗的護送下，攜帶著豐盛的嫁妝，除金銀財寶之外，還有器皿、藥物、詩詞、經史、佛典以及各種工藝書籍等等，他們來到位於青海的行宮，完成婚姻大禮，棄宗弄讚並以女婿的身分，對代表唐太宗的李道宗拜謁。

文成公主是個才女，她把從中土帶來的種子，分給農民，教導他們耕作之法，跟隨她前來的許多工匠，也替吐蕃進行了多方面的改革與創設，包括學術、政治、經濟、文化與宗教。

棄宗弄讚對文成公主十分喜愛，特地為她修築一座仿造唐朝規模的城郭與宮殿，並命令國人改穿唐朝服裝，以表示對唐朝的敬愛。那時，吐蕃與唐朝的關係十分親密，棄宗弄讚曾經致書唐皇帝：「臣下如有不忠者，當率領兵馬，為國家除害！」可見在他心目中，吐蕃與唐帝國之間，已經難分難捨了。

吐蕃局面一穩，唐帝國的西面可以說是完全安定，天可汗的聲威已經可以在這些區域暢行無阻，這時候，唐太宗又把眼光，轉往東方。那時的朝鮮半島上，並立著三個國家：新羅、百濟與高麗。

「高麗啊……」這位天可汗悵然若失地嘆道。

對當時的中國而言，高麗是一個禁忌，隋煬帝三征高麗，把一個富裕的隋朝搞得四分五裂，國破身亡，所以那時朝中大臣，多半不敢輕言征討高麗。

可是在唐太宗心裡，總覺得不伐高麗，他一生的豐功偉業，總會有一些美中不足。他曾經說過：「高麗本是我中國四郡之地，朕發兵數萬攻遼東，別遣水師出東萊，自海道趨平壤，水路合勢，取之不難！但山東地區州縣，凋弊未復，朕不欲勞煩當地民眾罷了。」

他的戰略，其實與隋煬帝沒有不同，只是唐太宗向來以明君自詡，絕不願自己重蹈隋煬帝的覆轍，再加上他長年來鼓勵大臣上諫，朝中已經形成一股強大的輿論力量，在那樣的環境之下，連皇帝也不敢貿然決定這樣的大事。

貞觀十六年，公元六四二年，高麗國王被權臣淵蓋蘇文所殺，淵蓋蘇文掌握大權，擅立國王，跋扈專政，人民深受其害。唐朝的亳州刺史裴思莊上表，請求朝廷發兵討伐高麗。

唐太宗看了奏表，其實很高興，因爲總算有個出兵的理由，不過他知道大臣們一定會反對，所以只好裝模作樣地說道：「高麗王連年進貢，卻被賊臣所殺，朕深表哀戚，但我軍如趁其喪亂出兵，即便得之，亦不足取，況且山東凋弊，朕實在不忍輕言出兵啊！」

他的「仁君」模樣只維持了一年，就忍不住了，上朝的時候對大臣說道：「淵蓋蘇文專政跋扈，眞是可忍，孰不可忍！」打算用東北邊疆的契丹、靺鞨等民族，對高麗加以侵擾。

長孫無忌說道：「淵蓋蘇文也擔心大國征討，眼下必定嚴加守備，陛下還是再忍一段時間，等他放鬆驕惰，更加肆虐，陛下再出兵不晚。」

結果不到三個月，高麗便與百濟聯軍，攻打新羅。新羅國王遣使至唐朝求救，唐太宗抓住機會，說道：「新羅乃是中國藩屬，攻打新羅，就是攻打中國，如果坐視不理，我大唐聲威要擺在哪裡？」

朝中大臣幾乎口徑一致地反對，包括已經退隱的老臣尉遲敬德也不願意發兵，唐太宗卻不顧這些理論，執意出兵，而且還是御駕親征。到後來尉遲敬德拗不過皇帝，只得說道：「陛下遠征遼東，長安洛陽兩地空虛，恐有當年玄感之變，更何況邊境小國，實在不足以勞動皇上御駕，不如派遣偏師征討，指日可滅！」

「偏師征討，誰來帶兵？」

「老……老臣願意領兵！」

「既然你這麼有心，朕也不好辜負了你的忠心，這樣吧，敬德，你就隨朕一同出征吧！」

就這樣，尉遲敬德被委任為隋軍的總管之一，跟隨在唐太宗身邊出征。

當下朝廷以李勣為遼東道行軍大總管，統領步兵、騎兵合計六萬人，直趨遼東；刑部尚書張亮為平壤道行軍大總管，領兵四萬，戰艦五百艘，從萊州（今山東掖縣）取海道出發，與李勣在遼東會師。

唐太宗意氣風發，彷彿回到了當年，在軍中，他的生活極其簡單，每餐只一碗飯而已，並親自校閱士卒，如有疾病，便會親自慰問。

除此之外，他還為出征作了完善的宣傳，對天下發佈詔書：「高麗淵蓋蘇文弒主虐民，情何能忍？今欲尋幸幽、薊，問罪遼、碣，所過營頓，無爲勞費。昔日隋煬帝殘暴其下，高麗王仁政愛民，以思亂之軍，擊安和之眾，故不能成功。今略言必勝之道有五：一曰以大擊小，二曰以順討逆，三曰以治乘亂，四曰以逸敵勞，五曰以悅當怨。有此五道，何憂不勝？佈告天下，勿爲疑懼。」

他要極力撇清他與隋煬帝之間的相似性。

貞觀十九年四月，大軍抵達遼東，與高麗陸陸續續發生許多戰爭，李勣、李道宗攻陷蓋牟城（今遼寧省蓋平縣），接著又攻下遼東城；張亮水軍渡海攻下卑沙城（今遼寧省海城縣），唐太宗的御駕，自幽州抵達遼東，親自指揮作戰，佔領了許多城池與領土。

到了六月，唐軍進攻安市城（蓋平縣東北），高麗軍十五萬人前來防備，兩軍對陣，長達六十日，安市城久攻不下。李道宗在城東築起土山，漸漸逼近城池，城中守軍亦不斷加高城牆作爲防備，士卒輪流作戰，衝車砲石，曾經多次攻破城牆，但是高麗軍立刻就架起木柵阻攔。

好不容易，土山築起來了，動員了五十多萬人工，千辛萬苦，不料高麗兵數百人，突然從城牆缺口衝出，立刻便將土山佔領。唐太宗氣得快要腦充血，把守土山的將領傅伏愛斬首，並把李道宗叫來大罵一番：「你的罪過應當論斬，念你有破蓋牟、遼東之功，免你死罪！」

經過八十八天，安市城仍未攻下，唐太宗看著那些英勇的高麗士兵，開始思索自己出兵到底是對是錯，這時季節已入深秋，北方的氣溫驟降，草木凍結，軍中糧食又即將耗盡，眼看著再對峙下去，必定會難以收拾，於是，唐太宗下令班師回朝。

退兵之前，唐太宗以大軍繞行安市城，城中的將士絲毫沒有鬆懈。「這下子，朕終於知道，爲什麼隋朝如此強盛，竟會栽在這樣的小國手上……」唐太宗嘆道：「他們眞是英勇善戰啊！」

他特別欣賞武勇之人，派使者前往安市城，送給他們許多財物，以表彰他們的英勇，隨即掩旗息鼓，退出遼東。

這場仗，唐朝沒贏，高麗沒輸，雖然唐朝佔領了不少土地，俘虜了不少百姓，讓高麗損失慘重，可是，唐朝自己也死傷千萬，尤其是戰馬，更損傷了十之七八，可以說是得不償失。

退兵之後，唐太宗的失落感更爲強烈，說道：「如果這時候魏徵還在的話，他一定會阻止朕的舉動！」

魏徵已在貞觀十七年逝世，那時唐太宗便很難過地說道：「以銅爲鏡，可以正衣冠；以古爲鏡，可以知興替；以人爲鏡，可以明得失。朕常保此三鏡，以防己過，今徵殂逝，遂亡一鏡矣！」

的確，太宗晚年，當初的那些理想，似乎有些鬆動，魏徵曾經上過一封奏表，名爲《十漸不克終疏》，列舉了唐太宗從執政初期到當時的十項變化，囑咐他要有始有終，不要怠惰。

當他征遼失敗，又回憶起這些往事，那股悵然若失，自然湧上心頭，有時候他又覺得很無力，在領軍打仗這一點上，他自認爲絕對比隋煬帝高明，奈何他的帝國，元氣還未恢復到大業初年的水準，使他無法發動如同隋煬帝般大規模的軍事行動，只能眼睜睜地看著高麗，成為天可汗的遺珠之憾。

太子李治

貞觀十七年，公元六四三年四月十三日，唐太宗在皇宮兩儀殿接見群臣，等百官退盡，只留下司徒長孫無忌、司空房玄齡與兵部尚書李勣三人，繼續討論國家大事，談著談著，唐太宗的情緒激動起來，放聲大哭，對三人說道：「朕三個兒子、一個兄弟，竟然做出這種事，朕實在沒臉活下去了！」

說著，他抽出佩刀，往自己身上砍去，三人大驚，連忙撲身上去，長孫無忌壓住唐太宗，李勣奪下佩刀，房玄齡扶起太宗，勸慰道：「陛下千萬要保重龍體，不要意氣用事啊！」

李勣也在一旁忙著安慰。

長孫無忌似乎別有用心，他把奪下來的佩刀，遞給隨侍在一旁的晉王李治，並且說道：「陛下，為免相類之事再度發生，還是速速決定，以晉王為太子，才是萬全之策。」

唐太宗嘆道：「是啊，朕也想立治兒為太子。」

長孫無忌抓住這個話頭，說道：「臣領旨！有異議者，臣請斬之。」

唐太宗又猶豫了起來：「不知道這件事，別人會怎麼想。」

長孫無忌道：「陛下可召問文武百官，必定同聲祝賀，無人敢有異議。自臣以下，必當萬死以報，輔佐晉王。」

唐太宗嘆道：「好吧！」

其實，唐太宗並不怎麼喜歡李治這個兒子，他比較喜歡魏王李泰，可是李泰在宮中也鬧出了爭奪權位的風波，大臣們多半不肯支持李泰，因此唐太宗的打算只好作罷。

「唉，說起來，這一切都是朕不好啊！」唐太宗嘆道。

原來，唐太宗這天會如此激動，是因爲剛剛得知自己的兒子李承乾勾結自己的弟弟李元昌計畫發動政變。

其實早在唐太宗即位之初，太子的人選便已決定了，他與長孫皇后所生的長子李承乾，那年只有八歲，當時，唐太宗非常喜歡這個兒子，生得聰明伶俐，當下策封他爲太子。

爲了教育太子，唐太宗啓用德高望重的李綱擔任太子少師，年輕的李承乾也能虛心受教，表現十分讓人滿意。唐太宗對太子相當放心，出巡的時候，便讓太子在長安留守，有時候，也會讓太子一同上朝聽政，培養他辦事的能力。

然而，李承乾從小生長在深宮之中，缺乏父親那種長期接觸民間、目睹天下動亂的閱歷，難免目光短淺，見識不遠。從小他就是儲君，人人對他畢恭畢敬，長久以來，他在養尊處優的環境下，養成了散漫奢侈、嬉戲無度的紈褲個性。

他的生活習慣受到胡人的影響十分深刻，經常讓東宮奴僕們梳起胡人的髮髻，穿著五顏六色的服飾，敲鑼打鼓地唱歌跳舞，還經常在宮中殺牛宰羊，召集自己的心腹們大吃大喝，又在東宮搭起一座一座的廬帳，擠在裡面睡覺，如同來到北方的大草原。李承乾對這種生活特別嚮往，經常對身邊的人們說道：「如果我有朝一日得到了天下，就率領數萬騎兵，到突厥可汗底下，當一個大將，馳騁天下，那將是多麼快活的事啊！」

全天下唯一讓李承乾感到畏懼的，就是他的父親唐太宗，因此李承乾想盡辦法避開父親的目光，極力不讓太宗知道自己的行爲。

唐太宗是何等英明之人，怎麼可能被蒙在鼓裡？當他知道李承乾的劣行敗跡，並沒有立刻放棄，接連派了許多名臣前去教導，企圖導正李承乾的行爲，奈何李承乾依然故我，久而久之，唐太宗對這名太子也就心灰意冷了。

長孫皇后替唐太宗生了三個兒子，除了太子李承乾之外，便是魏王李泰與晉王李治，李泰聰明絕倫，善於詩詞，愛好經籍；李治的個性比較懦弱，甚至讓人覺得有點傻傻的，兩個兒子相比之下，唐太宗當然會比較喜歡魏王李泰，如果要廢立太子，李泰應當是不二人選。

李泰很機伶，很早就發現父親心意的轉變，於是盡力在父親面前表現，雅好文學，講究禮儀，對待士大夫十分恭敬，貞觀十年，唐太宗以李泰喜愛文學爲理由，下令在魏王府建置文學館，任憑李泰自由招募學士。

這對李泰而言，是一大鼓勵，因爲當年唐太宗還是秦王的時候，便曾經另置文學館，培養自己的幕僚。

李泰的手下文人，對此心知肚明，立即慫恿李泰奏請撰書，於是李泰便請撰《括地志》一書，對天下山川加以考察。唐太宗大悅，全力支持，經費充裕，朝中文人都以跟隨李泰爲榮，貴族子弟更經常出入魏王府，使得府前門庭若市。

當然，支持太子的大有人在，魏徵、褚遂良等人便是，他們倒不是與太子有著多麼深厚的交情，只是從正統立場出發，堅決反對李泰以非嫡長子的身分奪取繼承權，也是唐太宗脾氣好，否則他自己也不是嫡長子，魏徵等人的意見已經直接觸犯了龍顏，簡直是與唐太宗過不去。

唐太宗偏愛李泰，卻因爲輿論的壓力，廢立太子的問題便一直延宕了下來。

漸漸地，朝中形成了太子派與魏王派，對立的情勢雖不如唐太宗當年那般嚴重，卻也略具雛形，這讓唐太宗開始覺得不是滋味了：「朕春秋鼎盛，這幾個兒子就要開始搶地位，還把朕放在眼裡嗎？」

但是，惡例是由他所開的，他也就隱忍不說。

李承乾對自己的地位感到危機，便開始攻擊李泰，誰知此舉根本不奏效，還讓唐太宗把他叫去跟前臭罵一頓，李承乾只得辯解道：「兒臣已是太子，凡事但求自安而已！如果父皇立李泰爲太子，只是遂了一幫小人的心願，將來誰都可以謀取太子的地位了！」

唐太宗沒理他，他又開始與部下策劃，暗中結納了幾名壯士和刺客，企圖殺死李泰，以除去競爭對手，結果事跡敗露，沒能成行。

最後，走投無路的李承乾，只好做出最爲冒險的抉擇：發動宮廷政變，脅迫唐太宗放棄廢立太子的決定，或者乾脆退位。

貞觀十七年，公元六四三年初，李承乾秘密勾結叔父漢王李元昌、兵部尚書侯君集、左屯衛中郎將李安儼、洋州刺史趙節、駙馬都尉杜荷等人，企圖衝入唐太宗寢宮，這一天他們在太子東宮齊聚，用刀子割破手臂，再用布帛沾上血燒成灰，混入酒中喝下，共同約定在三月的時候，發動政變。

不料這樁陰謀還沒來得及實現，齊王李祐就在齊州（今山東濟南）發動叛變，李承乾聞訊，喜形於色地說道：「東宮住處西牆外，二十步之遙就是大內，我想要成大事，想必比齊王更爲容易吧！」

齊王的叛亂迅速被平定，朝廷審理這次案件，太子黨羽中的一名刺客因爲害怕，便把太子的圖謀抖露了出來，唐太宗大爲震怒，命令長孫無忌、房玄齡、孫伏伽、岑文本、馬周、褚遂良等重臣共同調查審訊，李承乾罪證確鑿，漢王李元昌賜死，侯君集以下皆遭處斬，太子被廢爲庶人，流放黔州（今貴州彭水）。

這件事令唐太宗十分傷心，雖說他早就想廢掉太子，卻沒想到會是在這種情況下。他的思緒陷入感情與理智的掙扎之中，雖然他很希望能讓李泰成爲繼承人，可是重臣們似乎都不支持，他以皇帝之尊，竟也不能作主，不過，他仍不放棄最後的希望，把大臣們召集過來，對他們說道：「魏王曾對朕說過，他只有一個兒子，將來朕百年之後，他會把他的兒子殺了，立晉王爲皇太弟，你們覺得如何？」

諫議大夫褚遂良說道：「陛下此言差矣，人非禽獸，哪有人當了天下之主，而願意殺掉愛子，傳位兄弟的？」

唐太宗自己也覺得不可能，閉起嘴巴不說話。

褚遂良接著道：「陛下昔日以承乾爲太子，卻寵愛魏王，嫡庶不明，弄得紛紛擾擾，如果立魏王爲太子，恐怕要替晉王想一個出路才行啊！」

這是在暗示，如果立了李泰，將來還是難免會有一場親子之間的流血衝突，甚至會演變成兩派大臣之間的火拚，弄不好就會把唐朝辛苦建立的基業毀於一旦，所以還是立晉王比較妥當。

自從魏徵死後，褚遂良在某些地方取代了他的位置，唐太宗對他的話十分信任，聽完之後，嘆著氣說道：「愛卿言之有理。」

就這樣，資質平凡的晉王李治，成爲天可汗體系的下一任繼承人，唐太宗選擇他的原因，是因爲他得到重臣長孫無忌的大力支持，長孫無忌支持他，是因爲他個性平庸，將來比較容易控制，可以塑造一個外戚專政的局面。

貞觀二十三年，公元六四九年五月，唐太宗病逝，太子李治即位，次年改元永徽，是爲唐高宗。

第三章：盛世氣象與武后稱帝

貞觀之治奠定了大唐帝國的強盛基礎，唐高宗繼承了這樣的局面，把它經營得更為壯大，大唐帝國的全盛時期，至此展開。

玄武門之變的不良影響，也在此時展現，國家的強大，制止不了宮廷的權力鬥爭，武則天在激烈的洪流中脫穎而出，排除異己，成為中國歷史上唯一的女皇帝，並且短暫地取代了唐朝的國號。

唐玄宗重振了唐朝的大旗，並且創建了開元之治，這個盛世，是唐朝國家力量的頂點，也是由盛轉衰的關鍵。

武則天

永徽元年，公元六五〇年五月，唐太宗逝世週年的忌日，唐高宗率領著皇后、蕭淑妃與一班文武大臣，一同前往長安近郊的感業寺進香，進行了一切禮儀之後，御駕正要打道回府，皇帝的目光卻被一名眼波流轉的尼姑給吸引了。

「你……你不是武才人嗎？」唐高宗對著那尼姑說道。

美貌尼姑盈盈下拜：「臣妾……不，貧尼拜見皇上……」

「快快起來……」思緒混亂的唐高宗，一時也沒想到出家人不需要向皇帝行禮這些小節，親自扶起武才人的嬌軀，「好些日子沒見著你了，你……過得還好嗎？」隨即嘆了一口氣，「唉，在這樣的地方，怎麼可能過得好啊！」

兩人就在寺中互訴起往事，纏纏綿綿，難分難捨。這個武才人，就是將來被稱作武則天，成爲中國歷史上唯一一位女皇帝的人，她原本是唐太宗的一個嬪妃，十四歲就進入宮中，卻沒有得到皇帝特別的恩寵。

有一回，唐太宗生病，那時還是太子的唐高宗李治，進宮伺候，恰巧與武則天相遇，那美麗的容貌，讓李治霎時爲之著迷，目不轉睛地盯著她看，武則天蹙了蹙眉，迴避到龍床之側，心想這太子好生無禮，卻也忍不住偷偷地瞄著那失神的太子。

武則天這一生只經歷過唐太宗那樣的老男人，從沒見過年紀與她相當的男性，這位太子，雖然看起來不大聰明，卻也能讓她感到一股奇妙的慾望流竄全身。

兩人就在唐太宗的病榻之前眉來眼去，英明的唐太宗卻渾然不覺。

後來唐太宗去世了，依照宮廷的規矩，太宗的眾多嬪妃，都被送往感業寺，削髮爲尼，那年，武則天才二十多歲。

寺廟裡的寂寞生活，讓武則天覺得人生黯淡無光，想當年她被選入後宮，家中之人都難過得要哭，只有她輕鬆自若地說道：「能夠進入皇宮，是我的命好，何必難過呢？」

更小的時候，聽說有人替她相過面，那人端詳了她好久，對父親說道：「這娃兒相貌貴不可言，只可惜是個女娃兒，否則將來……」

就因爲這樣的預言，武則天向來自命不凡，被選進皇宮，理所當然是她平步青雲的開端吧！聽說，長孫皇后已經去世了，當今皇帝英明有爲，如果能夠蒙他寵幸，或許有朝一日，武則天也能成爲母儀天下的皇后。

然而這一切的幻想，都在感業寺裡落空了，常隨青燈伴古佛的生活，令她日漸憔悴，她不是一個能在這種環境下生存的人，如果長久下去，她一定會油盡燈枯。

幸好，只不過一年，這樣的生活便有了轉機，她一聽說皇帝要來，想起當年那個有些生澀的太子，急忙將自己梳理打扮了一番，讓一年以來的憔悴一掃而空，看著銅鏡裡的樣貌，雖說沒有頭髮，但清麗不減當年，應該能夠勾起皇帝的回憶。

兩人在寺中相談甚歡，武則天滿心以爲，皇帝的心已經完全被她所勾住，想不到，話說完，皇帝領著隨從，離開感業寺，回到皇宮，從此再也沒有消息了。

武則天心灰意冷，幻想破滅，殘酷的現實擺在眼前，恐怕她得在這孤獨的寺廟之中度過餘生了。

過了幾天，寺廟中來了一個宮廷官員打扮之人，指名要找武則天，武則天滿心以爲那是皇帝又想起了她，喜悅萬分地前去面見，來人卻道：「我是王皇后派來的，她要我告訴你，趕緊還俗，留起頭髮，好選個黃道吉日，送你進宮。」

「這……王皇后……？」

「正是。」那宮人說道：「你別多問，總之趕緊照辦。」

事情的發展雖與想像有點出入，但武則天總算可以再度回到宮中，很快的，她便把事實的眞相弄清楚了。

原來唐高宗即位之後，雖然把原配王氏立爲皇后，卻對另一位妃子蕭淑妃特別寵愛，王皇后無時無刻不想要對付蕭淑妃。

那天皇帝前來進香，與武則天傾訴衷腸的模樣，王皇后都看在眼裡，之所以把武則天找進皇宮，無非是希望武則天可以轉移唐高宗的注意力，藉此提升自己的地位。

武則天當然瞭解自己的地位，在王皇后面前，她永遠表現得柔順恭敬，完全以一個妹妹的身分自居，讓王皇后對她十分滿意，於是，當蕭淑妃懷孕，唐高宗枕邊空虛的時刻，王皇后趁機在他面前，大大讚賞武則天的好處：「上回陛下在感業寺見到的武才人，眞是個才貌兼備的女子啊！」

「是啊，朕也常常惦記著她……」

「其實，不瞞陛下，臣妾那時看見這名女子，越看越是喜歡，於是擅自作主，命她還俗，接進宮裡來服侍臣妾，還望陛下恕罪。」

唐高宗本來就喜歡武則天，只因爲她是父親的嬪妃，這才不敢妄想，這時皇后竟然遂了他的心思，要知道，接進宮中的女子，名義上都是皇帝的女人，對這一點，他高興都來不及，怎會生氣？「不，你……你做得很好，改天讓她來朕跟前，朕想見見她。」

「不用改天了，她現在就在殿外……」

經過精心打扮的武則天，出落得更爲美麗，唐高宗一看之下，便大爲著迷，頓時之間，蕭淑妃、王皇后等人，全被他拋諸腦後。

沒過多久，武則天就得到了「昭儀」的封號。

唐初後宮制度，參考隋朝體制，有「四夫人」、「九嬪」、「二十七世婦」、「八十一御妻」的編制，謂之「內官」，各有品位，各有職掌，也就是說，除了皇后之外，另外還有一百二十一位有封號的妃子。

「四夫人」是貴妃、德妃、淑妃、賢妃。

「九嬪」是昭儀、昭容、昭媛、修儀、修容、修媛、充儀、充容、充媛。

「二十七世婦」是婕妤、美人、才人各九人。

「八十一御妻」是寶林、御女、采女各二十七人。

除了這一百二十一名內官之外，還有宮官，負責管理後宮各項事務，另外還有上千沒有名號的宮女，負責服侍皇帝與后妃，類似後宮的下人，不過，只要皇帝願意，隨時可以把這些宮女提拔爲正式的妃子。

因此，武則天從一個沒有身分的尼姑，成爲當今皇帝的九嬪之首，可說是一步登天，自此而後，唐高宗身邊出入跟隨的不再是蕭淑妃，而是武昭儀了。

武昭儀得寵之後，對皇后的態度就不像從前了，只要能獲得皇帝的喜愛，她根本不把皇后放在眼裡。

王皇后很警覺地發現了這個情況，覺得很不是滋味，打擊蕭淑妃的目的是達到了沒錯，可是，唐高宗對武昭儀的寵愛，尤甚於蕭淑妃，並沒有把多餘的恩情施捨半分給王皇后，這讓王皇后極不能接受，因爲她的計策，無異爲自己又樹立了一個敵人。

她最不能接受的，就是武則天在短短幾年之內，已經替唐高宗生了好幾個兒子，而她到如今仍未懷有龍種，假使唐高宗要立太子，很可能就會把武昭儀的兒子立爲太子，如此一來，她這個皇后的地位要擺在哪裡？

王皇后拉下臉，前往蕭淑妃的住處，試探這位從前敵人的態度，兩位失寵的女人，有了共同的利害關係，盡釋前嫌，兩人一拍即合，遂聯合起來，不斷在唐高宗面前，詆毀武昭儀，說盡了她的壞話。

唐高宗新人抱滿懷，早已忘卻舊人，此時聽見兩個他「曾經」深愛過的女人，不斷在他面前數落他最愛的女人，覺得厭煩無比，但他脾氣好，總是耐心地聽完兩人的話，然後點頭說道：

「你們說的，朕都明白！」

正因爲唐高宗的態度不明確，讓武昭儀也對自己的地位感到不安，她爲求自保，必須採取更激烈的手段，除去敵人。

王皇后自以爲出身高貴，出入後宮，經常態度高傲，對那些宮官、宮女不屑一顧，惹來許多宮女的厭惡。武則天買通這些宮人，讓他們在伺候皇帝的時候，有意無意地說一些皇后與蕭淑妃的壞話，或者把兩人的一舉一動，鉅細靡遺地告知武則天。

於是，王皇后與蕭淑妃在唐高宗的心目中，越來越沒有份量，她們再說些什麼，唐高宗也只是冷冷地聽著，沒有任何反應。

即便如此，唐高宗暫時還沒有廢棄皇后的意思。

幾年之後，武則天又生了一個十分漂亮的女娃兒，很得唐高宗的喜愛，就連王皇后也很喜歡這個小嬰兒，由於她自己沒有孩子，便經常前來武則天宮中逗孩子玩。某一天皇后來與小嬰兒玩了半天，抱著她親親臉、撓撓癢，逗得小嬰兒格格亂笑，離去之後，武則天來到嬰兒的床邊，一咬牙，將可愛的小女嬰掐死，然後若無其事地替她蓋上被子，彷彿哄得小女兒睡著了似的。

片刻後，高宗上朝回來，笑著說道：「朕來看看咱們的小女兒囉！」

武則天笑道：「她正睡得安穩哪，陛下可別吵醒了她。」

唐高宗揭開被子一看，發覺小女兒臉色發青，一點氣息也沒有，顯然已經死去多時，臉色一變，說道：「這……這是怎麼回事？」

武則天湊過來看了一眼，露出一副驚恐的神情，隨即嚎啕大哭起來。

唐高宗忙問宮人：「剛剛有誰來過？」

宮人們異口同聲地回答：「除了皇后娘娘，沒有別人來過……」

唐高宗氣憤地說道：「好狠心的皇后，竟然殺了朕的女兒，如此毒辣，怎能母儀天下？」立刻去找皇后分辯。王皇后聽見小嬰兒死去，也是驚訝萬分，但是任憑她怎麼解釋，唐高宗就是聽不進去，從此唐高宗心中便有廢棄皇后、改立武昭儀的意思。

廢立皇后，就像是廢立太子一樣，是一樁天大的事，必須要得到大臣們的同意，那時朝中最有威望的，便是太尉長孫無忌，唐高宗經常帶著武昭儀，前往太尉府中拜訪。身爲舅父的長孫無忌，設宴款待，席間，唐高宗當下允諾，拜長孫無忌的三個兒子，均爲散朝大夫，並賜給許多金銀財寶。

長孫無忌笑得合不攏嘴。

唐高宗一見時機來到，便順勢說道：「唉，朕心裡好煩，也只有來太尉府上，才能略減憂愁。」

長孫無忌奇道：「陛下何事掛懷？」

「朕登基至今，已有五年，卻是遲遲未立太子，說到這一切，還不都是因爲皇后王氏沒有給朕留下後代！這樣的女人，實在不足為國母。」

長孫無忌默然不語，只是啜飲著杯中的美酒。

「武昭儀才貌雙全，德容兼備，眞乃是皇后的不二人選……」

長孫無忌笑瞇瞇地，仍沒有說話。

「不知太尉……舅父以為如何？」

長孫無忌臉色變了一下，隨即恢復笑容，他把酒杯扔在桌上，起身拱手道：「陛下，老臣今日喝多了，不勝酒力，謝陛下恩典，賜予我兒高官厚祿，我們一家人必當湧泉以報……」

他答非所問，胡言亂語，唐高宗與武昭儀不得要領，悻悻然返回皇宮。

後來，武昭儀又多次請她的母親楊氏前往太尉府，再三試探請求；禮部尚書許敬宗也曾多次勸說長孫無忌，均遭到這位元老重臣的嚴詞拒絕。

幾天之後，唐高宗又找了長孫無忌、李勣、褚遂良以及左僕射于志寧等重臣，前來宮中會談，李勣稱病，未曾前來，唐高宗便與其他三人說道：「武昭儀替朕生了好幾個兒子，朕想立她為皇后，各位覺得如何？」

長孫無忌和于志寧都沒有說話，褚遂良個性耿直，立時說道：「皇后是名門士族，也是先帝為陛下所挑選的佳偶，先帝駕崩之時，握著臣的手說：『朕佳兒佳婦，就拜託你了。』這件事陛下您也知道的，言猶在耳，也未曾聽說皇后有犯什麼過錯，怎可以輕言廢棄？臣不敢奉召，違背先帝旨意，請陛下收回成命。」

又過幾天，唐高宗重提此事，褚遂良仍然堅決反對，甚至說道：「陛下如果非要廢立皇后，也應該找一個大家閨秀才是，武氏出身寒微，怎配得上皇后的地位！更何況她是先帝的妃子，此事人人都知道，如果讓她成爲皇后，天下人會怎麼看待皇上？將來的子孫會怎麼看待皇上？請皇上三思！」

武則天後來聽見這種說法，氣得渾身發抖，對唐高宗說道：「陛下還不殺了這個老東西！」唐高宗嘆道：「這老傢伙是先帝替朕留下的顧命大臣，不能說殺就殺的。」

其實，廢立皇后這件事的背後，還牽扯到複雜的權力分配問題。

原來唐初的權力階級，分別來自三個地區：西魏、北周的關隴地區、東魏、北齊的山東地區以及南朝所屬的江東、荊州地區，這是魏晉南北朝三百多年分裂所導致的結果，如今，天下一統不過數十年，這三者之間的對立仍隱隱存在。

三者之中，關隴地區的人數最少，不過卻因爲北周、隋朝以來皆爲統治者，李家皇室也是關中貴族出身，因此他們具有一定的優勢。

長孫無忌、褚遂良都屬於關隴士族，他們爲了維繫本身的優越地位，自然會支持同爲關中大族出身的王皇后。武則天的父親，則屬於山東寒族，雖然因爲經商致富，進而成爲朝中大臣，終究屬於新貴，在注重門閥的權力者眼中，不足以成爲國母。

長孫無忌受命爲託孤大臣之後，自恃身分把持朝政，在褚遂良的支持下，大量任用關隴地區出身的人擔任要職，藉以鞏固地位，如果此時，皇帝改立武則天爲皇后，那麼先前苦心機營的權力結構，將會鬆動。

不過，武則天也非全無優勢，他可以依賴的，就是山東的寒族。唐太宗在位的時候，爲了要打擊士族壟斷朝政的現象，提拔了不少山東寒族，魏徵、房玄齡等人，皆爲山東寒族出身。

這時候，山東寒族還有一位老臣在，那便是身兼開國功臣、沙場老將與顧命大臣的李勣。因此當這件事鬧得紛紛擾擾的時候，李勣總是置身事外，不肯表態，等唐高宗終於忍不住，把他找來當面詢問的時候，李勣只是淡淡地說道：「這是陛下的家務事，何必要問我們這些外人呢？」

李勣當時是司空，掌握著軍政大權，說起話來很有份量，這一番話，終於讓唐高宗下定了決心，任憑那些反對者再怎麼力爭，唐高宗也聽不進去了。永徽六年，公元六五五年十月，唐高宗頒佈詔書，以「陰謀下毒」爲罪名，廢王皇后與蕭淑妃爲庶人，將她們打入冷宮，並把她們的父母兄弟削爵免官，流放嶺南，隨即立武則天爲皇后。

蕭淑妃在冷宮之中，曾經淒厲地大罵：「希望下輩子，那姓武的變成老鼠，我變成貓，生生世世扼住她的喉嚨！」

武則天知道以後，十分憤怒，下令將宮中的貓全部打死，從此後宮之中再也不養貓了。

開疆拓土

人逢喜事精神爽，唐高宗得到了心愛的女人當皇后，下詔同年改元為顯慶元年，大赦天下，並且積極從事向外擴張的工作，以延續唐太宗時代的強大。

有人認為，唐高宗統治的初期，不管政治與疆域面積，都已經走向唐代的頂峰，因此把這段時間稱做「永徽之治」，實際上，這一段時期的強盛，只是貞觀之治的延續而已。

唐太宗的死訊傳至西域，原本投降唐朝，並擔任唐朝瑤池都督，統治西北地區軍政大權的突厥人葉護阿史那賀魯起兵反叛，自號沙缽羅可汗，征服並統一了西突厥各部落，開始攻擊唐朝的庭州。

唐朝對西域各國的統治，依賴的是各族酋長，名義上臣服於中國，實際派遣的兵力很少，一有動亂，剛開始的時候很難應付，只好往內地撤退。

這讓西方許多小國以為，天可汗已死，突厥將要復興，於是紛紛投靠阿史那賀魯。可是，他們不知道，一個真正強大的國家，不會因為領導人的變更，就動搖了它的實力，天可汗雖死，維繫天可汗體系的力量，仍舊存在。

顯慶二年，公元六五七年，唐高宗派遣大將蘇定方，領兵征討阿史那賀魯的叛亂，大軍所到之處，如入無人之境，所向無敵，那些本來反叛的西域小國，看見大唐天子，仍有如此軍威，又重新臣服在唐朝的腳下。

這一次，唐朝對西域的統治方式略做改變，他們不再讓那些小國形成半獨立的狀態，而是將他們直接納入帝國的地方行政體系，設置州縣和督府，由各族酋長擔任州刺史和都督，統一由唐朝設置在龜茲的安西督護府管轄，並且建立安西四鎮：龜茲、于闐、疏勒和焉耆。

那時候，中亞之間的交通，十分的通暢，長安城裡，經常可以看見來自波斯、來自阿拉伯地區的商人，前來貿易、進貢甚至定居，這主要就是因爲通往西域的絲路被徹底打通的緣故。

西邊情勢初步穩定，唐高宗把眼光轉向東方。在朝鮮半島上，高麗、百濟與新羅的相互攻伐仍在進行，唐朝視之爲藩屬甚至領土的邊境小國，未經同意便以兵刃相向，這對天朝上國而言，是難以忍受的事，唐太宗便是基於這個理由，一次御駕親征，兩次派將領討伐，只可惜均以失敗告終。

對高麗的戰爭，也因爲唐太宗的逝世而延宕下來，一直到顯慶五年，公元六六〇年，受不了高麗百濟連年進攻的新羅王金春秋，上表唐朝，請求派出援軍，唐高宗這才想起父親未竟的事業，決定要將高麗問題，做一個了斷。

這年三月，唐高宗派遣左武衛大將軍蘇定方爲神丘道行軍大總管，討伐百濟，從前討伐朝鮮半島，均以高麗爲主要敵人，浩浩蕩蕩地派遣大軍水路夾攻首都平壤，往往敗在天氣上，這一次，蘇定方採取的戰略與以往都不相同，直接從成山（今山東成山角）渡海，率領水路大軍十萬，攻取百濟的首都，百濟王義慈開城投降。唐朝在當地設置熊津、馬韓、東明、金連、德安等五個都督府，各統州縣，建立前進基地。

這時候，百濟有個將領名叫福信，盤據周留城（今韓國全羅北道扶安），並與遠在倭國的王子扶餘豐聯絡，迎接他回國。扶餘豐回國後，自任爲百濟王，並且向倭國請求救兵。那時候，這個東方島國正在進行全面的改革運動，剛從倭奴改了一個響亮的名稱「日本」，天智天皇初即位，想要拓展朝鮮半島的勢力，更進一步向大陸拓展，於是派出大軍援助百濟。

龍朔三年，公元六六三年，唐將領孫仁師、劉仁願聯合新羅王三路聯軍，自陸路進攻周留城，帶方州刺史劉仁軌率領水軍，準備與孫仁師部隊會合，途中赫然發現日本方面的艦隊，正緩緩駛向百濟，經過探查，確認是百濟的援軍，於是下令出擊，在白江口（今錦江口），爆發了中日之間有史以來第一次的戰爭。

這場海戰是以唐軍完全勝利告終，劉仁軌焚燒了日軍船艦三四百艘，日本準備了好幾年的兵力，被唐軍掃蕩殆盡，他們只好把進軍大陸的計畫，無限期延後，經過一千年，才又捲土重來。

日軍一敗，百濟只剩下孤城一座，不戰而逃，唐朝終於併吞了百濟所有的領土。

對百濟，只是前哨戰，最後的目標仍是高麗，百濟滅亡，高麗處於腹背受敵的形勢，仍然不願屈服。到了乾封元年，公元六六六年的時候，權臣淵蓋蘇文逝世，他的長子泉男生繼位，卻與其他幾個弟弟泉男建、泉男產發生政治鬥爭，泉男生被趕出高麗，權力被奪取，因而像唐朝求援。

對高麗人來說，泉男生的舉動應該是賣國求榮，不過對唐朝而言，卻是一個大好時機。這年十二月，唐高宗派遣老將李勣擔任遼東道行軍大總管，率領龐同善、契苾何力、高侃等將領爲前鋒，薛仁貴擔任援軍，統轄水陸諸軍，以平壤爲目標，攻打泉男建。

李勣這時候已經年近八十歲了，他這一生，歷經了太多事情，從瓦崗軍的年輕小伙子，成爲秦王底下的一名英雄大將，平定王世充、竇建德、劉黑闥、輔公祐，使唐朝統一而強盛，又北擊突厥、薛延陀，使唐朝的聲威遠播，內政上，他的一句話，足以使得唐高宗做出廢后的決定，開國元勛裡，只剩下他一人了。對他來說，此次率領大軍出征，是皇帝給他的恩典，讓一生戎馬的他，可以在沙場上綻放出最後的光芒。

想不到，上天似乎在和這位老將軍開玩笑，前鋒龐同善、契苾何力方才抵達新城（今遼寧瀋陽東），便遭到高麗軍的夜間突擊。情況十分危急，弄不好便要兵敗如山倒，好在，千鈞一髮之際，勇將薛仁貴的兵力趕到了，在他的英勇奮戰之下，殺得高麗片甲不留，危機方告解除。

不久，高侃又遭到高麗軍的頑強抵抗，局面十分不利，又是薛仁貴領兵截擊，殲滅高麗軍五萬人，大獲全勝，並且佔領了南蘇（今吉林四平南）、木底（今吉林通化西）與蒼岩（今吉林通化南）三座城池。

李勣聞訊，嘆道：「也許是新的時代來臨的時候啦！」

接著，薛仁貴又打算進軍戰略要地扶餘城（今吉林四平），他只帶了兩千兵馬，便要出征，諸將覺得太少，薛仁貴說道：「兵不在多，主要是看將領如何運用！」

結果，扶餘城之戰，薛仁貴演出一場漂亮的以寡勝眾的大戰，殺敵萬人，成功的拿下城池，不論唐軍將領與高麗士兵，都將薛仁貴視之為神人。扶餘城一拿下，周圍的四十多座城池自知不敵，紛紛前來投降，表示願意歸附唐朝，通往平壤的道路，遂暢行無阻。

總章元年，公元六六八年九月，李勣的主力部隊開赴平壤，薛仁貴也隨之抵達，平壤城中已無兵力，只好開城投降，高麗王高藏、泉男建、泉男產等人均被俘虜，高麗滅亡，全國五部一百七十六城、六十九萬戶的人口，全部成為唐朝的領土，自隋文帝以來，歷經了四個世代的努力，願望終於達成。

唐朝將高麗的領土劃分為九個都督府、四十二州，並在平壤設置安東督護府，命薛仁貴為右威衛大將軍、安東督護，與劉仁軌留守高麗，在那裡，兩人通力合作，撫卹孤老，任用賢能，表彰忠義，深得高麗人民擁戴。

至於李勣，則風風光光地回到長安，受封為太子太師。次年十二月，以八十餘歲高齡逝世，與早年已經去世的房玄齡、高士廉、李靖等開國功臣，共同陪葬於唐太宗的昭陵。

日月當空

唐高宗在位的前期，是唐朝武力最爲強盛的時代，然而，宮廷內部的政治鬥爭，卻沒有一天停止過。

武則天順利成爲皇后，便展開行動，對付當初反對他的一班大臣。首先倒楣的，就是褚遂良。

褚遂良性情耿直，擅長書法，是唐太宗時代的重要幕僚，身爲顧命大臣，他自以爲地位穩固，因此對武昭儀立后之事，反對最力。幾乎與武則天成爲皇后同時，褚遂良的人事命令也下來了，他被貶爲潭州（今湖南長沙）都督，外放到地方上去，不再有過問朝政的權力，顯慶二年，又被貶爲愛州（今越南清化）刺史，這位元老大臣，就這樣死在蠻荒的邊疆。

事情完全依照著武則天的計畫進行，除掉褚遂良，接著就是長孫無忌了。就在褚遂良死後的第二年，朝廷之中，流言蜚語不斷，紛紛指向長孫無忌，說他不滿武后干政，正準備與太子洗馬韋季方、監察御史李巢等人，結黨營私，圖謀叛亂。

一聽見這樣的流言，長孫無忌就心知肚明：「該輪到我了。」

他很後悔，當初自己力主高宗繼位，那是因爲高宗生性軟弱，容易駕馭，卻沒有想到，一個容易駕馭的皇帝，別人也能輕易地駕馭他。

「皇上已經被那妖魅女子給迷惑了……」長孫無忌長嘆道：「事到如今，說什麼也沒用了，皇上聽不進去的。」

謠言是從弘文館學士許敬宗以及中書舍人李義府那裡傳出來的，許敬宗在朝廷裡的輩份，雖不能與長孫無忌、李勣等人相比，卻也可以列入元老，早在唐太宗還是秦王之時，許敬宗便已是秦王府文學館的「十八學士」之一，他的行政能力不強，可是文章寫得好，又博學強記，雖沒當上什麼大官，始終是唐朝中央的文膽之一。

他的爲人比較圓滑，凡事總順著皇帝的意思，這也許就是他和長孫無忌、褚遂良等人處不好的原因之一，當他聽說唐高宗有意立武則天爲后，便在朝廷之中揚言：「就連一個田舍翁，多收了幾十石麥子，賺了錢，也會心生喜新厭舊之意，想換個老婆，何況貴爲天子呢？廢立皇后，這等小事，與旁人有什麼關係，爲什麼要吵來吵去呢？」

後來，武則天眞的當上了皇后，他更順水推舟，奏請唐高宗將原本的太子李忠廢黜，改立武則天所生的兒子李弘爲太子。

這樣的投資果然十分正確，武則天對他既感激又信任，連連提拔他的地位，讓他升爲侍中、兼修國史，最後更當上了宰相。

唐高宗對他也是十分信任的，那是因爲他博古通今，有問必答。有一回，唐高宗興致勃勃地前往長安城西北的古長安遺址遊覽，詢問隨行的大臣們說道：「朕看這座古城，皇宮與民宅似乎混雜在一起，從秦、漢以來，共有幾代建都於此？」

大臣們都達不出來，只有許敬宗回答：「秦代定都咸陽，城池連接渭水，到了漢惠帝，始築此城。其後，前秦苻堅、後秦姚萇以及宇文北周，均在此地建都，到了隋文帝，始建大興，也就是今天的京師了。」

唐高宗又問道：「那城中的昆明池是什麼時候挖的呢？」

許敬宗答道：「那是漢武帝元狩三年，準備討伐昆明，所以挖了這樣一個池塘，用來練習水戰。」

「你知道的可眞多啊！」唐高宗讚許道。他命令許敬宗與弘文館學士一同將秦漢以來的宮室處所，繪製成圖表，呈上閱覽，許敬宗順利地達成了任務，得到更爲深厚的信賴。

他在武后的授意下，散播謠言，指稱長孫無忌密謀造反，韋季方與李巢的結黨營私是眞，長孫無忌的謀反卻是欲加之罪。

唐高宗說什麼也不信，他道：「他是朕的舅父，是先太后的親生兄弟，與我加關係匪淺，怎麼可能造反？」

於是許敬宗又開始講故事了：「宇文化及的父親宇文述，是隋煬帝最親信的大臣之一，既結以婚姻，又委以朝政，宇文述死後，宇文化及更成爲御林軍總管，隋煬帝對他們家可說是推心置腹了。誰知到一夕之間，他說反就反，殺了隋煬帝，那些大臣蘇威、裴矩等人，沒有一個肯替隋煬帝說話。天一亮，隋朝江山已亡！這些都是不久之前的事，請陛下明察。」

「朕不是隋煬帝，長孫太尉也不是宇文化及……」

「長孫無忌與先帝共謀取得天下，人人服其智；爲宰相三十年，天下畏其威！」許敬宗沉聲道：「這樣的人物，一旦發難，陛下派誰去抵擋啊？」

「好吧，這件事你去查清楚。」唐高宗揮揮手道：「千萬不可冤枉好人。」

也許長孫無忌不見得是好人，但他確實是被冤枉的，唐高宗竟讓有意抹黑長孫無忌的人擔任審問官，如何能查清楚眞相？經過許敬宗的多方羅織，長孫無忌「罪證確鑿」。

唐高宗幾乎流下眼淚：「舅父果眞如此，朕也不能殺他，否則，天下人將如何看待朕？後世的人們將如何看待朕？」他自幼以父親爲榜樣，如今的想法，也與父親相似。

許敬宗再度拿出看家本領：「想當初漢文帝的舅父薄昭，曾經協助漢文帝登基，結果只因爲殺了人，漢文帝便命百官素服哭而殺之，後世人人以漢文帝爲明主！而今長孫無忌密謀造反，所作所爲與薄昭相比，不可同日而語，幸虧及早發現，黨羽均已逮捕。陛下別再猶豫了，古人云：當斷不斷，反受其亂。長孫無忌乃今日之奸雄，是王莽、司馬懿這樣的人物，如果陛下不盡早處置，到時候發生禍患，可就後悔莫及了。」

唐高宗終於被說服，下詔革去長孫無忌的趙國公爵位，削去太尉的官職，降爲揚州都督，流放到黔州（今四川彭水），家人或被流放，或遭殺戮，長孫無忌本人，自知絕無生路，便在黔州自殺而死。

其他像于志寧、韓瑗、來濟等老臣，也都相繼遭到貶黜與殺害，除去這些絆腳石，武則天邁向權力的道路，便順暢得多了。

從顯慶五年開始，武則天有機會直接參與朝政。那時，唐高宗罹患了眼病與偏頭痛，身體日益衰弱，自己總想要清閒一點，所以百官呈給皇帝的奏本，他都推給皇后批閱。

武則天聰明能幹，精通文史，處理起政務輕鬆自如，許多裁示，比起唐高宗更爲明快果斷。她對唐高宗說道：「陛下命臣妾批示奏章，可是，朝中許多大臣，臣妾並不認識，上朝時的面奏，臣妾也聽不見，有很多事情，臣妾眞擔心把什麼大事批錯了，這樣不但不能爲陛下分憂，反而誤事啊。」

唐高宗揉著腦袋問道：「皇后覺得應當如何？」

「臣妾以爲，將來陛下上朝，臣妾也應當隨同上朝，一起聽政，這樣，就不用擔心犯錯了。」

「這樣也不錯……」唐高宗想了想道：「可是……你身爲皇后，總在朝堂之上拋頭露臉，總不大好……」

武則天笑道：「此事容易解決，只要陛下命人在龍椅之後，垂一簾幕，臣妾便可在簾幕之後聽政，這樣如果有什麼急迫之事，陛下一時之間難以決斷，臣妾也可替陛下想想辦法。」

唐高宗鼓掌笑道：「此事甚妙。」

於是，一齣「垂簾聽政」的戲碼，便在長安城的朝堂之中上演，文武百官分列兩側，面面相覷，他們都不知道，皇帝御座後面的那一扇竹簾子是做什麼用的，直到皇帝出現，皇后的聲音從簾幕後方傳來，眞相方告大白，原來皇后要與皇帝一起聽政了。

起先，皇帝作主的決議仍然居多，漸漸地，皇后的聲音越來越大，壓過了皇帝的聲勢，到後來皇帝幾乎不敢自己作主，凡事都要詢問皇后的意見，如此一來，大權逐漸落入武則天手中，不論任何事，只要武則天開口，就沒有人膽敢拒絕。

那時的大臣，多半已是武則天的人馬，因此對這種現象，鮮少有人膽敢議論。不過，也有人終究看不過去，西臺侍郎上官儀便是其中之一，他對唐高宗說道：「皇上，您這樣，不是讓皇后大權獨攬嗎？這……陛下身爲天子，總不好讓牝雞司晨，此乃不祥之兆啊！」

唐高宗笑了笑：「皇后替朕分擔憂愁，這樣朕也可以少煩心一些。」

上官儀把臉一沉：「陛下，其實，臣聽說了一件傳聞，得要在此稟奏。」

「說吧！」

「臣聽說，皇后娘娘爲了要讓陛下早日……早日龍御賓天……找了一些道士，在宮中實行『厭勝』之法，詛咒皇上哪！」

「什麼？」唐高宗一瞪眼：「有這種事還得了？」他連忙命人前去探查，發現皇后最近眞的經常與一位名叫郭行眞的道士往來密切，心中大怒，「朕待她推心置腹，她竟然以妖術謀害於朕？」連忙與上官儀商量，叫他起草詔書，打算廢掉武后。

左右連忙將這一情況告知武則天，武則天聞言大怒，氣沖沖地跑到唐高宗面前，對他說道：「陛下這就不對了，我大唐李家天下，道教教主乃是李耳，太宗皇帝當初也是因爲這樣，才篤信道教。如今臣妾信奉道教，請了幾位道士來到宮中，爲陛下祈福，陛下怎可聽信奸臣之言？」

唐高宗也覺得自己太過莽撞，有些抱歉地說道：「你……你別生氣，這……這都是上官儀的意思，朕從來沒有這樣想過。」

這一句話害死了上官儀，沒過多久，上官儀又與前太子李忠「密謀造反」，遭到逮捕下獄，沒過多久就被斬首。

這個小插曲，令武則天深深感到，自己的地位仍然不夠穩定，僅僅是垂簾聽政，終究還是會有人議論紛紛，於是，她不再垂簾，索性在龍座之旁設置了自己的座位，直接面對朝廷百官。上元元年，公元六七四年，唐高宗稱爲天皇，武則天稱爲天后，兩人合稱爲「二聖」。

就在這一年，武則天上表建言十二事：勸農桑、薄傜賦；免除三府地區的傜役；息兵，以德化天下；由皇帝提倡，禁止浮華淫巧；節省經費，減輕百姓負擔；廣開言路；杜絕讒言；王宮貴族，皆習道德經；母親去世，也要服喪三年；上元以前勳官已經任命者，無須追核；京官八品以上，增加奉祿；文武百官才高而位低者，應當升官。

這些建言相當的全面，除了提倡道德，重視民生經濟之外，她還企圖以優厚的賞賜，讓朝廷官員對之效忠，至於爲母守喪，則在於提高女性的地位，好爲自己的掌權塑造有利條件。

雖說唐朝是歷史上少有的，女性地位與男性最接近的時代，然而終究不如男性，因此，在那樣的環境下，武則天能以一位女性的身分，提出如此有見解有眼光的意見，足以看出她過人的才幹。

隨著唐高宗的風眩病日漸嚴重，武則天承擔的政治責任也越見深重，唐高宗甚至有意把國家大政完全交給皇后，自己退位，連「二聖共治」也免了，他曾經召開一個會議，把這個想法提出來，讓大家討論：「朕打算授與天后攝政名義，從此軍國大事，悉出於天后，不知眾愛卿以爲如何？」

其實唐高宗的想法，只不過是把一個已經擺在眼前的事實，賦予一個更爲合法的地位而已。不過，如今雖然政令均出自天后，至少名義上還有一個皇帝，大臣們難以想像沒有皇帝的情況，於是紛紛表示反對。

「天子主外，皇后主內，這是天道。」中書侍郎郝處俊說道：「想當年魏文帝曾經下詔，雖有幼主，亦不許母后臨朝，就是這個道理，陛下，您怎可以高祖、太宗之天下，不傳位於子孫，而要委任給天后呢？」

另一名中書侍郎李義琰同聲附和道：「處俊之言乃至忠之言，陛下應當要想清楚。」

唐高宗只好放棄這個想法，繼續忍著頭痛，每日陪著皇后上朝。

武則天爲了培養自己的班底，積極注重提拔人才。她起用新人，有個特點，專門任用寒素，貶抑門閥，這當然與她自己的出身有關，從她掌政開始，反對她的不是關隴士族，就是山東門閥，因為她是來自寒門家庭。

在她的主導下，唐朝的科舉制度產生了極大的變化，原本科舉考試重視「明經科」，講究儒家經典的鑽研，進入太學，主要也是學習經學，武則天卻強調以詩賦文章為主的「進士科」，只要能作得一手好詩，寫得一手漂亮文章，便有機會進入政府機構任職。這個轉變，促使唐代詩學大為興盛，也讓一批新進的文學之士，成為武則天將來執掌大權的最有利後盾。

唐高宗一共有八個兒子，其中有四個是武則天所生，太子李弘仁愛謙虛，很得高宗喜歡，可是早死，於是在上元二年立她的第二個兒子雍王李賢為太子。

李賢從小就閱讀尚書、禮記、論語等經書，接受儒家傳統觀念薰陶，比較同情門閥士族，而對母親以一介女流執掌朝政頗不以為然。他的思想上深受道德規範的影響，行為上卻又十分放蕩，不論女色或是男色，他都很喜歡。

既無良好品德，又在政治上反對武則天，這樣的太子，自然不是武則天眼中的理想人選。有個道士名叫明崇儼，很得武則天的信任，他善於相面，對武則天說道：「太子李賢，既無德行，又不孝順，不堪繼承大位，倒是英王李哲、豫王李旦的相貌，大富大貴，他們任何一人，都比太子賢更為適合當作繼承人選。」

武則天覺得很有道理，命人賜給李賢《孝子傳》、《少陽政範》兩部新書，囑咐他要麼當個孝子，要麼當個品德優良才學出眾之人。

「怎麼，這不是在說我不孝又無能嗎？」李賢恨得牙養癢地，怒道：「是哪個傢伙又在母后前面嚼舌根？」一問之下，知道是明崇儼，憤恨不已，於是便暗中派人，將明崇儼殺死，還偷偷與一些天后反對派合謀，準備發動政變。

朝廷內外，都是武則天的眼線，太子李賢有什麼舉動，如何能夠逃得了武則天的法眼？武則天很傷心，也很氣憤，傷心的是，自己的親生兒子竟然這樣對待母親，氣憤的是，朝中竟然還有大臣打算利用她的兒子來對付自己。

天后下旨，廢太子李賢爲庶人，黨羽全數伏誅。

唐高宗素來很喜歡李賢，向武則天求情：「這一次，就饒過他吧！」

武則天怒道：「爲人子而心生反叛之意，天地所不容！大義滅親，說什麼饒不饒的？」

李賢被囚禁在長安的別所之中，不久被流放至巴州，被迫自盡。

武則天選了明崇儼所說，相貌長得與太宗皇帝相似的英王李哲，改名爲李顯，接替太子的地位。那一年是公元六八〇年，爲了慶祝新太子上任，又改了年號，是爲永隆元年。

從那時候起，唐高宗的風眩病嚴重到令他無法視事，他經常抱著腦袋大聲呼號。御醫說道：「皇上的病症，乃是瘀血積於頭腦所致，想要止痛，需以鐵鍼刺於頭部穴道，使瘀血流出，如此便可使眼睛復明，疼痛消滅。」

武則天聽了很生氣：「你竟敢要拿鐵鍼去刺皇上的頭？這種話也能說的麼，來人哪，把他拉下去斬了！」

御醫連忙跪拜：「天后饒命，小人只是說出醫治之法……」

「讓他刺，讓他刺！」唐高宗說道：「大不了就是一死，再這麼疼下去，朕也不想活了！」

「陛下，您要保重龍體，怎能說這種話？」

「讓他刺！」

武則天瞪著御醫，惡狠狠地說道：「這是皇上的旨意，如果出了什麼事，看你怎麼擔待！」

御醫雖然惶恐萬分，卻對自己的醫術很有信心，他輕輕地在唐高宗的頭頂百會穴與後腦杓上各扎一針，指力到處，瘀血汩汩流出。

「朕看得見了，朕看得見了！」唐高宗大喜道：「頭疼的毛病也好多了！」

武則天也欣喜萬分，連忙命人對御醫大加賞賜。

這件事傳了出去，長安城的大街小巷，人云亦云地說道：「聽說天后不准御醫治療皇上的風眩病，企圖讓皇上繼續受折磨啊！」

「這有何奇怪？天后自個兒想要總攬朝政，當然不希望皇上的病好囉！」

對這樣的謠言，武則天很氣憤，卻也無可奈何。

御醫的辦法，畢竟只能治標，不能治本，唐高宗最後還是病入膏肓，永淳二年，公元六八三年十一月，皇帝終於一病不起。武則天率領文武百官，替皇帝祈福，並且將這一年改元為弘道元年。

更改年號，似乎是武則天的個人興趣，唐高宗在位三十四年，更換了十四個年號，尤其最近幾年，幾乎每年都要改一個年號，不像唐太宗在位二十三年，總共就只有「貞觀」一個年號而已，通常，朝廷之中發生了什麼大事，才會變更年號，這也反映出，高宗朝政治局勢的複雜多變。

年號的更動，並未能為唐高宗帶來好運，弘道年號只用了一個月，皇帝便已龍御賓天，臨死之前，召來宰相裴炎入宮，受詔輔政，遺詔之中說道：「太子李顯，於靈柩之前繼位，軍國大事，有難以決斷者，均由天后裁決！」

裴炎奉詔，唐高宗駕崩，享年五十六歲，到死之前，唐高宗對武則天都還是很信任的。

歷史上對唐高宗的評價，多半強調他的懦弱與昏庸，事實上並非如此，他的才能，連唐太宗都很讚許，在他當太子的時候，多次幫助唐太宗決議政事，往往令太宗刮目相看，太宗也逐漸對這個兒子十分滿意，不再去想魏王李泰，全心培養他當一個好皇帝。

唐高宗初即位，便曾對大臣說道：「朕雖曾協助先皇參與政務，畢竟還是生疏，有什麼不對的地方，儘管當面指正，如果朕仍有什麼地方做不好，也要上書封奏。」

由此可見他也是個願意虛心納諫的好皇帝。

他的評價只在中等，那是因爲他剛好夾在一個歷史上評價最高的皇帝唐太宗，與精明幹練的女皇帝武則天之間，相形失色的緣故。而他之所以被批評爲儒弱無能，主要的原因便是他讓武則天參與政事，在位三十多年裡，有二十四年由武則天掌握朝政，在中國傳統儒家觀念裡，造成了「牝雞司晨」的現象。

可是以當時的情況來看，放眼朝中，包括唐高宗自己，沒有一個人的才幹，能夠比得上武則天，唐高宗知道這一點，便將國家政務，交給一個最有才能的人掌理，這是國家之福！事實證明，他的決定沒有錯，高宗朝不但延續了貞觀之治，而且制度更完備，武力更強盛，這與他重用武則天，不無關連。

唐高宗在世的時候，向來就是「二聖」共治，武則天的權力從來沒有一天凌駕於唐高宗，也許她掌握的權力眞的很大，但那都是唐高宗給她的，只要唐高宗願意，隨時可以收回。

但他並沒有這麼做，因爲他信任武則天的才幹。如果因爲唐高宗重用一個有才幹的女性，而這個女性，剛好又是他的皇后，就把唐高宗評價爲儒弱怕老婆的皇帝，似乎並不公平。

太子李顯即位之後，是爲唐中宗，以太子妃韋氏爲皇后，並且把韋氏的父親韋玄貞，從一個小小的參軍，破格提升爲豫州刺史，連他奶媽的兒子，都授之以五品大官。

不久，唐中宗更打算把韋玄貞提升爲宰相等級的侍中，眼看著外戚掌政的局面就要出現，顧命大臣中書令裴炎力諫制止，唐中宗大怒，說道：「朕就算把天下都讓給韋玄貞，也沒什麼不可以，何況只是個侍中？」

「天下大事，豈同兒戲！」

裴炎把唐中宗的話，轉告太后武則天，武則天聞言大怒，「這孩子已經是皇帝了，居然還說出這種沒有分寸的話來？」

在她看來，一個領導人，必須要謹言慎行，才堪擔負重任，況且，兒子的所作所為，分明是針對她而來，想要藉由扶植外戚韋氏的力量，打擊天后至高無上的權力。

這一日，武則天升堂議事，召集文武百官於乾元殿，把皇帝登基一個多月以來的所作所為，提出來討論，百官都知道，天后對當今皇帝很不滿意，想要實行廢立，沒有人表示反對，於是，便由裴炎率同羽林將軍程務挺與中書侍郎劉禕之，領著一群禁衛軍，進入皇宮之中，宣讀太后飭令：「皇帝素行不端，任用奸臣，廢為廬陵王。」

李顯被帶到武則天跟前，他向武則天申訴道：「我有何罪過？」

武則天道：「你要把大唐天下都送給韋玄貞，還說沒有罪過？」

於是，廬陵王被囚禁起來，武則天改立自己的小兒子豫王李旦為帝，是為唐睿宗。

武則天被自己的幾個兒子嚇到了，從太子李弘開始，李賢、李顯都不是塊治國的料，這時候她只剩下最後一個兒子了，如果再不合她的意，就沒有後路可以退了，因此，她不放心把國政交給唐睿宗，只讓睿宗有個皇帝的虛名，自己臨朝聽政，完全執掌所有的大權。

許多大臣都對此事心有不服，裴炎便是其中之一，他聽見眾人的議論紛紛：「既然太后廢了昏君，另立名君，又何需自己臨朝聽政呢？倒不如把大權還給皇帝，比較能安天下人心。」

對此，裴炎沒有表示意見，然而，當武則天的姪兒武承嗣請求天后，將武家的祖先追封為王，而武則天也答應的時候，裴炎終於忍不住了，他對武則天說道：「太后既然臨朝稱制，就該大公無私，怎可因此嘉惠自己的親人？想當初呂后就是因為分封諸呂為王，這才鬧得人心離散！前車之鑑，望太后明察。」

「呂后分封的諸呂，都是活生生的人，當然會招致敗亡！我只不過是追封死去的祖先，這根本不一樣，你別亂打比方！」

裴炎因此得罪了武則天，心中隱隱覺得不安。

其實武則天的話也很牽強，她只差「分封諸武為王」這一步，就和呂后一樣了。武則天的兩個姪兒武三思、武承嗣，武三思的兒子武崇訓、武崇烈，武承嗣的兒子武延暉、武延基、武延秀，都受到重用，這時武三思已是兵部尚書，武承嗣是禮部尚書，距離封王也不遠了。

廢立皇帝一事，滿朝同感震驚，尤其讓效忠李唐王室的人心生不滿，李勣的孫子李敬業，在一波波權力重新分配下，成為犧牲品，被貶為柳州司馬，他與弟弟李敬猷來到揚州，遇見一群失意政客：給事中唐之奇、長安主簿駱賓王、詹事司杜求仁、御史魏思溫等人。他們經常在揚州酒樓之中，喝酒解悶，互相傾吐怨氣，發洩心中的不滿。

武則天廢中宗爲廬陵王，專斷國政，並追封祖先爲王，此事傳至揚州，李敬業忽然提議：「乾脆咱們舉兵反了吧！事成的話，打向長安，成就天子功業，不成，也可據地爲王！」這夥人一拍即合，便打算以反對太后專斷朝政，匡復廬陵王作爲號召，起兵反抗武則天。

「就咱們幾個光桿子，哪來的兵呢？」駱賓王問道。

魏思溫說道：「我有個老朋友叫薛仲璋，在朝任職監察御史，咱們可以請他來江都幫忙。」薛仲璋來到揚州，他們花了不少錢，買通奸細在薛仲璋前面，控訴揚州長史陳敬之謀反，薛仲璋便將陳敬之逮捕下獄。此時李敬業又造謠言，說高州酋長馮子猷謀反，便以朝廷新任命的揚州都督府司馬的身分，以討伐高州爲名，開府募兵，釋放囚徒，組成一支武裝力量。

李敬業自稱匡復府上將，領揚州大都督，以唐之奇、杜求仁爲左右長史，李宗臣、薛仲璋爲左右司馬，魏思溫爲軍師，駱賓王爲記室，不到十天，就募集了一批號稱十萬的人馬，建立屬於自己的勢力。

爲了師出有名，李敬業命駱賓王撰寫一篇檄文，傳遍天下，這篇檄文，就是一直流傳到現代的《討武曌檄文》，其內容爲：

偽臨朝武氏者，性非和順，地實寒微。昔充太宗下陳，曾以更衣入侍。洎乎晚節，穢亂春宮。潛隱先帝之私，陰圖後房之嬖。入門見嫉，蛾眉不肯讓人；掩袖工讒，狐媚偏能惑主。踐元后於翬翟，陷吾君於聚麀。加以虺蜴為心，豺狼成性。近狎邪僻，殘害忠良；殺姊屠兄，弒君鴆母。人神之所共嫉，天地之所不容。猶復包藏禍心，窺竊神器，君之愛子，幽之於別宮；賊之宗盟，委之以重任。嗚呼！霍子孟之不作，朱虛侯之已亡。燕啄皇孫，知漢祚之將盡；龍漦帝后，識夏庭之遽衰。

敬業皇唐舊臣，公侯冢子。奉先帝之成業，荷本朝之厚恩。宋微子之興悲，良有以也；袁君山之流涕，豈徒然哉？是用氣憤風雲，志安社稷，因天下之失望，順宇內之推心，爰舉義旗，以清妖孽。

南連百越，北盡三河。鐵騎成群，玉軸相接。海陵紅粟，倉儲之積靡窮；江浦黃旗，匡復之功何遠！班聲動而北風起，劍氣衝而南斗平。暗嗚則山岳崩頹，叱吒則風雲變色。以此制敵，何敵不摧？以此圖功，何功不克？

公等或居漢地，或協周親，或膺重寄於話言，或受顧命於宣室。言猶在耳，忠豈忘心，一抔之土未乾，六尺之孤何託？倘能轉禍為福，送往事居，共立勤王之勳，無廢大君之命，凡諸爵賞，同指山河。若其眷戀窮城，徘徊歧路，坐昧先幾之兆，必貽後至之誅。請看今日之域中，竟是誰家之天下！

這樣一個倉促而草率的叛變，武則天根本不放在眼裡，她當然也看到了這篇檄文，笑嘻嘻地讀著，裡面有不少文字，是對她的人身攻擊，她也不以爲意，只當是一篇有趣的文章。「一抔之土未乾，六尺之孤何託……一抔之土未乾，六尺之孤何託！」讀到這裡，武則天沉吟半晌，忽然問道：「這篇文章是誰寫的？」

左右回答：「這是原任長安主簿的臨海丞駱賓王所作。」

「眞是一篇擲地有聲的好文章啊！」武則天嘆道：「這樣的人才，居然被貶去當臨海丞？這是宰相的過錯啊！」

宰相裴炎被天后點名，心裡很不是味道，叛軍之中的右司馬薛仲璋，是他的外甥，朝廷上下，都主張對李敬業頒發討伐令，唯獨裴炎認爲應當從緩。他實在不懂得避嫌，對武則天說道：「皇帝已經成年，不能親自執政，當然會給外朝臣子有所藉口，如果太后能還政於皇上，即使不出兵，李敬業也自然可以平定。」

這種條件，武則天如何能夠接受？最近，裴炎老是與她作對，她早就懷疑裴炎的忠誠，剛好這時候有監察御史彈劾裴炎：「他是顧命大臣，又是宰相，如果不是別有圖謀，怎會請求太后歸政？」武則天便趁此將裴炎逮捕，不久之後將他處死。

裴炎入獄的時候，名將程務挺曾替裴炎求情，御史查知，李敬業軍中的唐之奇、杜求仁，都是程務挺的好友，因此告發程務挺與裴炎、李敬業等人共謀，武則天將他一併處死。

他們到底有沒有謀反的意圖，沒有人能夠提出證明，只是武則天借題發揮，趁機剷除政敵而已。

駱賓王替李敬業寫的檄文，雖然義正辭嚴，撼動人心，可是實際上的行動，卻很不如意。軍師魏思溫主張，應該挺軍北進，直取洛陽，才能名正言順，李敬業卻比較傾向先在揚州建立基礎，然後再出兵北伐，於是整個軍事行動，遲遲沒有進展。

武則天派淮安王李神通的孫子李孝逸領軍三十萬，討伐李敬業，並且降旨，褫奪李敬業祖父李勣的爵位以及皇室的賜姓，因此李敬業又名徐敬業。

徐敬業聽說李孝逸大軍到來，連忙率軍渡江北上迎戰，剛開始的時候倒是勝了幾場，但畢竟寡不敵眾，而且四方州郡並不支持他的行動，被李孝逸用火攻擊潰，兵敗如山倒，在逃亡的途中，被部下殺死。

這場叛亂，前後不過三個月。

叛亂平定之後，武則天召集文武百官，齊聚洛陽乾元殿，向他們發出警告，說道：「我無負於天下！輔佐先帝近三十年，勞心勞力，你們的榮華富貴，是我所賞賜，天下太平，是我的努力。今日作亂者，皆是將相，各位請看，老臣之中，跋扈難制的，誰能比得上裴炎？宿將能征善戰的，誰比得上程務挺？名將後代，號召力之強，誰能比得上徐敬業？他們都是人中豪傑，卻來與我作對，我就一個一個殺掉他們。如果你們覺得，自己可以比裴炎、程務挺、徐敬業更有能力，那你們儘管造反，如果覺得比不上他們，就乖乖侍奉我，不要輕舉妄動，以免招惹大禍！」

這一番話，劍拔弩張，霸氣十足，這場叛亂，只讓武則天變得更爲堅強，她知道，想要維護自己的地位，只有用恐懼的心情，壓制底下這批大臣。

爲了打擊異己，武則天採納侍御史魚承曄兒子魚保家的建議，在朝堂上設銅匭，接受全國的告密信。銅匭共有四個，分別塗上了青、丹、白、黑四種顏色，分列朝堂之上。青匭叫做「招恩」，放在東面，專收賦、頌，讓文才之士可以毛遂自薦；丹匭稱「招諫」，放在南面，朝廷得失，可以直言不諱；白匭放在西邊，叫「神匭」，凡有冤枉之事，可以投書訴苦；黑匭放在北邊，叫「通玄」，專言天相、災變以及各種秘密奏議。

凡各地進京告密之人，沿途各州縣必須給予照顧，按照五品官待遇，提供馬匹、住宿與膳食。對於告密的人，不分等級，就算他是貧農賤民，也一律接見，如果告密內容屬實，給予獎勵，即使沒有實據，也不加追究。

諷刺的是，最早因告密而獲罪之人，便是建議設置銅匭的魚保家，有人告密，說魚保家曾經替徐敬業籌辦軍械，經查證屬實，武則天大怒，將魚保家逮捕處死。

在輿論方面，武則天利用迷信等手段來爲自己樹立威信，她創造了「曌」這個字，用來當作自己的名字，意思就是日月當空。

公元六八九年，武承嗣爲了討好姑母，派人送一塊刻著「聖母臨人，永昌帝業」的白玉石，謊稱是來自洛水。

武則天很高興，將這顆石頭命名為「寶圖」，還改了年號「永昌」。她對更改年號可以帶來好運這種說法，十分相信，總共改過十八次年號，有時一年就改三次之多，她還十分重視祥瑞，除了寶圖之外，對洛水神、嵩山神，皆有封賞，並大興土木，拆掉洛陽乾元殿，動員萬人，修造金碧輝煌的明堂，號稱萬象神宮，隨即大赦天下，她這麼做，無非是希望利用讖緯之說，塑造自己的正統性。

此時朝中人人都說，武氏應當取代李唐天下，引起李唐皇室諸王的不滿，黃國公李譔、越王李貞、瑯琊王李沖先後起兵討伐，都以失敗收場，因此而受到牽連的李姓宗室人數眾多，親王及其黨羽，幾乎無人倖免。

唐睿宗自始就是個傀儡，他從來不覺得當皇帝有什麼好，眼見母親將自己的叔伯兄弟子姪都殺光了，十分害怕自己有一天也遭到那樣的下場，終日惶惶不安。後來有個謀士替他出主意，叫他帶領文武百官，共同請求武則天上尊號「聖母神皇」，武則天欣然接受，這在歷史上沒有先例，原來的皇帝只有在死後才有這類尊號，武則天打破了這個慣例。

這一切，都是為了武則天登上皇帝寶座，鋪起了康莊大道。

女皇帝

公元六九〇年七月，有個東魏國寺的僧侶，法號法明，率領僧眾十人，前來晉見武則天，他獻給武則天《大雲經》四卷，經上說道：「天后乃彌勒佛祖轉生，當代唐爲閻浮提主。」這又是一件祥瑞，武則天下旨，將這部經書頒行全國。

誰都知道，武則天這是在表態了，李唐宗室，已經死亡殆盡，朝中已經沒有人的權力能與武則天相抗衡。

九月初，有一個侍御史名叫傅遊藝，率領關中百姓九百餘人，聯合上表，請求武后自立爲帝，變更國號爲周，賜皇帝李旦姓武。

武則天沒有接受，不過，卻讓傅遊藝升官，給他給事中的官職。

大家見狀，知道武則天是在鼓勵眾人勸進，誰也不願落於人後，於是文武百官、帝室宗親、遠近百姓、四夷酋長以及沙門道士，先後六萬多人，紛紛上表，請求更改國號，武后登基。

傀儡皇帝唐睿宗也很識趣，他看見如此形勢，實在不容許他繼續霸佔在皇帝的位置上了，於是上表請求母親賜姓武。

九月九日，武則天正式登基稱帝，號爲「神聖皇帝」，改國號爲周，定都洛陽，改稱「神都」，立睿宗爲太子，改姓武，立武氏七廟於洛陽，追封五代祖先爲皇帝，並將長安城的唐朝太廟，改稱爲享德廟。

死去的祖先獲得追封，活著的親戚當然也要封王，武承嗣封爲魏王，武三思封爲梁王，武攸寧封爲建昌王，其他受封郡王公侯者，不勝可數，武家的姑嫂姊妹，也大多封爲公主。

十月，武則天下詔，兩京及天下各州，均建造大雲寺一座，專門用來收藏大雲經，並且派遣高僧負責升堂講解，接著下詔：「釋教在道法之上」，把佛教的地位，提升於道教之上，一方面表彰僧人從佛教經典中替她尋找登基的理由，同時也企圖藉由宗教的力量，將她所建立的周朝，提升至崇信道教的唐朝之上。

武則天的登基，只是把一個既定的事實，賦予正統的名義而已，她掌權已經超過三十年，朝廷的官員、政府的制度，幾乎全都出於她的手筆，此時成爲皇帝，實至名歸，無人敢有異議。

她依照自己的喜好，把唐朝文武百官的名稱，進行了變動：從掌權到稱帝，先後將尚書省改稱文昌台，左右僕射改爲左、右丞相；門下省改爲鸞台，侍中改爲納言；中書省改爲鳳閣，原來的宰相名稱「同中書門下平章事」也改成了「同鳳閣鸞台三品」。

文昌台所屬的六部，也依照《周禮》，改變了名稱：吏部改成天官，戶部成了地官，禮部是春官，兵部是夏官，刑部是秋官，工部是冬官。御史臺分成左肅政和右肅政，由左臺負責監察朝廷，右臺負責糾察地方郡縣。

朝廷裡的爭權奪利，向來是男性的專利，武則天以一名女性，在男人的世界裡，奪取了至高無上的地位，便也模仿男性的裝束，穿起龍袍冠冕，直接與大臣們共同議政。在後宮的制度上，她更效法從前的男性帝王，設立「控鶴監」，後來改名「奉宸府」，容納許多名爲「內供奉」的男妾，薛懷義、張易之、張昌宗等人，都很得武則天的親幸。

當年，她爲了奪權，提拔了許多新貴，這些新貴多半沒有什麼從政經驗，也沒有卓越的見識，他們急功近利，逢迎拍馬，知道武則天想要奪權，便在朝中塑造各種有利情勢，幫著武則天排除異己，立了不少功勞，也因此自以爲功勞大，作威作福，欺壓善良，形成了酷吏的囂張跋扈，這是武則天統治時期，較爲人們所詬病的一點。

這時候武則天成爲皇帝，她畢竟是個才識卓越的政治家，這些酷吏，不是治國的材料，不再有利用價值，爲了使國家進一步發展，需要提拔眞正有才能的人才，於是，她便開始對這些人開刀了。

她的手段十分高明，利用他們，並不完全信任他們，等他們的替罪羊的使命完成了，武則天便利用民憤，將他們先後處死。

當時的酷吏有很多，比較有名的有索元禮、來俊臣、周興、萬國俊、侯思止等人。

徐敬業兵敗之後，武則天在朝堂設置銅匭，鼓勵人們告密，索元禮就是以告密被召見，官拜游擊將軍，掌理獄訟。他的性情殘忍，審理一個犯人，必要求這名犯人供出十名同謀，如果供不出來，就對犯人施以極刑，有些犯人根本沒有那麼多共謀，可是忍受不了酷刑，只好隨口捏造，因此冤枉了很多人。

最出名的酷吏，就屬來俊臣，他的進身之道，與索元禮相同，也是告密，他本來是個囚犯，捏造事實，指稱越王李貞父子圖謀造反，經過次使王績的調查，發覺事實的眞相，把他痛打一頓。後來，李貞的造反了，王續也因罪被殺，來俊臣再度投書，把這段往事提出來。武則天聽了，以爲來俊臣忠誠可靠，便任命他爲秋官侍郎，負責掌理刑獄。

他與周興、萬國俊等人狼狽爲奸，爲了討好上意，他們欺瞞君主，私下豢養許多食客，只要覺得武則天對誰看不順眼，他們立即發動這批食客，從全國各地向書告密，內容完全相同，如此便罪證確鑿，可以害人入獄。

來俊臣誣陷忠良，很有心得，他和萬國俊等人，共同撰述了《羅織經》，專門用來教導徒眾，如何網羅無辜，揑造謀反的證據，從告密到逮捕，都有一套完整而嚴密的辦法，甚至連虐待犯人、屈打成招的辦法，都有詳細記載：將犯人手腳綁在木條上扭轉，名爲「鳳凰晾翅」；用繩索綁住犯人腰部，引枷鎖向前，越絞越緊，謂之「驢駒拔橛」；讓犯人手捧枷鎖，跪在鋪滿碎石的地上，並在枷鎖上放置沉重的土甕，稱做「仙人獻果」……。

犯人佩戴的刑具也有名稱，如定百脈、突地吼、死豬愁、求破家、反是實等等，不一而足，每次開庭審訊，就先讓犯人看看這些恐怖的刑具，把他們嚇得冷汗直冒，戰慄不已，還沒開審，就先承認罪過了。

左金吾大將軍丘神勣因罪伏誅，有人告密，說文昌右丞周興與之同謀，武則天任命來俊臣審理。那時，來俊臣正在與周興商量如何審案，周興並不知道有人密告，來俊臣問他：「最近審案，總有許多囚犯不肯認罪，你覺得該怎麼辦？」

周興笑道：「這還不簡單？找一只大甕，四面燃燒火炭加熱，命令囚犯進入甕中，再加以審問，如此還怕他不承認嗎？」

來俊臣命人在堂上如法炮製，隨即對周興拱了拱手：「在下奉旨審理閣下與丘神勣共謀造反一案，請閣下移駕，進入甕中吧！」

周興惶恐萬分，叩頭認罪，被發配邊疆，在途中被仇家所殺。來俊臣與周興的這段故事，就是「請君入甕」這句成語的由來。

侯思止也是個出名的酷吏，他的出身低微，目不識丁，孤陋寡聞，當了游擊將軍索元禮的僕人，學會了索元禮的進身之道，也靠誣告謀反起家，獲得武則天的信任，居然也當上了大官。索元禮看見這個僕人機伶，立刻與他兄弟相稱，還教他許多應對之道，如此侯思止所受的信任更深。

長壽元年，公元六九二年，一樁由來俊臣發起的大冤獄展開，宰相任知古、狄仁傑、御史中丞魏元忠均牽涉其中，武則天命令侯思止審訊魏元忠。

侯思止把魏元忠押解至刑堂後，對著他大聲喝叱：「你如不趕快承認白司馬，當下就讓你吃孟青棒！」

魏元忠聽完，不知道該笑還是該哭，白司馬本是個地名，位於洛陽附近；孟青棒是個人名，當初討伐李唐王室反叛，殺死瑯琊王李沖的就是他，侯思止不學無術，審問犯人的時候，隨便串了幾個人名地名，而且串得驢唇不對馬嘴，以爲可以嚇住犯人，可是魏元忠這樣有學問的人，那能被這樣的話嚇住？無言以對，只好沉默不語。

侯思止大怒，把魏元忠打倒在地，罵道：「叫你招認，你竟沉默不語，是什麼居心啊！」

魏元忠嘆道：「我堂堂御史中丞，竟被你這種笨蛋屈辱，眞是虎落平陽被犬欺。」

侯思止更火大，繼續毆打魏元忠，「你竟敢瞧不起御史？我要上奏，把你斬首！」

魏元忠正色道：「眞的要我的人頭，你儘管拿去，犯不著逼我承認謀反！但是，你現在已經是國家御史，不再是從前的市井無賴，必須知道朝廷的禮儀規範，否則你不知道還會鬧出多少笑話，除了我魏元忠，我看也不會有人來教訓你！」

侯思止一聽大驚，連忙扶起魏元忠，請他上座，和顏悅色地說道：「思止才疏學淺，懇請中丞指教。」

魏元忠就座，板著臉教導侯思止，把一些審問囚犯的術語逐字逐句地告訴他，變成受審的犯人在教審判官如何審問，這種景象，倒也少見。侯思止從來沒唸過書，對那些咬文嚼字的言語很不習慣，學了很多次都學不會，經常說錯，再不然就是前後顚倒，語無倫次，鬧得他冷汗直冒。

這件事傳開了，很多人私底下都學著侯思止的模樣，引以爲笑談，武則天聽說了這件事，也是放聲大笑。在她看來，這樣的人一點價值也沒有，當然不會珍惜，等利用完了，隨時可以找個理由，將他除去。

雖說如此，這些酷吏作爲武則天奪權的爪牙，著實令當時的朝廷陷入一種恐怖的氣氛當中，據說，那時的朝廷大員，人人自危，相見不敢互相交談，每日上朝之前，都會哭著與家人訣別：「不知道還能不能再相見啊！」他們誰也沒把握，自己這一去上朝，會不會被人誣陷謀反，能不能平安回來。

酷吏的囂張，與皇位的爭奪，也有著間接的關係。

原來武則天將原本的皇帝李旦降爲皇嗣子，卻沒有立他爲太子，看在武氏宗親的眼中，似乎這位女皇帝是在向他們表明，將來大周政權，必將傳給武家人。

武承嗣對於謀奪太子地位最是積極，他命令自己的親信，聯合了洛陽地區的數百名群眾上表，請求立武承嗣爲皇太子，文昌右相岑長倩向武則天表示：「皇嗣子目前仍居東宮，此議於禮不合，懇請陛下責罰上表之人！」

武則天詢問另一名宰相格輔元，格輔元率領眾宰相同聲表示反對，武則天只好宣布力皇太子之事作罷。

這下子可觸怒了武承嗣，便與來俊臣等人聯合，共同誣陷岑長倩、格輔元等人謀反，數名宰相同時遭到殺害。

這些宰相被殺，武則天看在眼裡，雖然覺得有幾分惋惜，卻也覺得那是他們不懂得體察上意，咎由自取，對於立皇太子的事，她的心情也是搖擺不定的，當洛陽人王慶之代表武承嗣請求皇帝改立太子之時，武則天便曾經說道：「皇嗣乃是朕的兒子，爲什麼要把他廢了呢？」

王慶之答道：「當今天下是武家的天下，怎麼讓姓李的人當皇嗣呢？」

這讓武則天覺得很有道理，可是鳳閣侍郎李昭德的一席話，又讓她改變了主意：「天皇乃陛下之夫婿，皇嗣乃陛下之親子，陛下身有天下，應當傳位子孫，以享萬代之業，怎麼能傳位給姪兒呢？向來只聽過兒子祭祀父母，沒有聽過姪兒祭祀姑姑，若以武承嗣爲皇子，只恐怕陛下將來的香火斷絕啊！」

武承嗣心有不甘，繼續與來俊臣合作，剷除反對派，宰相樂思晦、右衛將軍李安靜被殺，任知古、狄仁傑與魏元忠等人，也是因爲這樣，才會蒙上不白之冤。

狄仁傑是個能臣，素來爲武則天信賴，居然也與「謀反」扯上了關係，來俊臣負責審理。他定下一個規矩，只要囚犯到案，一問就認罪，可以免死，問狄仁傑究竟是不是謀反，狄仁傑回答：「大周革命，萬物維新，唐室舊臣，甘願受到誅戮，你說我謀反，就算我是謀反吧！」

來俊臣手下判官王德壽說道：「既然尚書招認，依例可以免死，本官授命推審此案，請你把夏官尚書楊執柔供出，說他與你同謀。」

狄仁傑不停叩頭，額角流血，大呼道：「皇天在上，你們把我殺了就算了，爲什麼還要逼我冤枉好人？」

王德壽見他耿直，對他頗爲敬重，也就不再爲難他。

後來狄仁傑在獄中偷偷寫了冤狀，請王德壽幫忙，將冤狀轉交給他的家人，王德壽允諾，便將冤狀交給狄仁傑的兒子狄光遠。狄光遠獲得父親申冤的狀書，連忙到朝堂上喊冤，武則天召見，看完了狀書，把來俊臣找來，問他怎麼回事，來俊臣冷哼道：「如果狄仁傑沒有謀反，那他怎麼會承認？」

剛好這時，遭到枉殺的鸞台侍郎樂思晦之子也來喊冤，指著來俊臣對武則天說道：「陛下，就算您把最信賴的大臣交給來俊臣審理，也會被他逼得承認謀反的啊！」

武則天有所領悟，召見狄仁傑，問道：「你爲什麼承認謀反呢？」狄仁傑回答：「如果臣不承認，早就死在他的酷刑之下，那能等到今日面見皇上？」

武則天這才知道，他們都被來俊臣冤枉了，但是，由於背後牽連很大，武則天也不能擅自赦免，因此下詔，將任知古、狄仁傑等人，暫時流放到外地去，擔任地方官，避一避風頭，武承嗣與來俊臣請求將他們誅殺。武則天不准。

這已經透露出武則天對來俊臣的不信任，來俊臣仍不知檢點，繼續配合武承嗣的需要，誣陷好人。忍無可忍的大臣們，紛紛上奏，彈劾來俊臣爲首的一班酷吏，武則天也知道，這樣縱容他們濫殺下去，遲早會使人心生變，便讓李昭德負責審理這批酷吏。

長壽二年二月，李昭德以私自囤積錦緞的罪名，將侍御史侯思止杖殺於朝堂，第二年九月，又以貪贓枉法之罪，把來俊臣貶爲同州參軍，酷吏不是被殺就是去職，此後，雖然還是有一些小案件興起，牽連都不算廣，政治氣氛稍微緩和。

如此過了三四年，忽然又有箕州刺史劉思禮與洛州錄事參軍綦連耀陰謀聯合朝中大臣，圖謀反叛，明堂縣尉吉頊得知此事，便告訴流放中的來俊臣，指示他上書密告。

「來俊臣又來密告了？」武則天得書，將此事交給堂姪武懿宗審理。武懿宗曾經多次審案，王公大臣被他誣陷的不在少數，把他和來俊臣、周興等人並稱。他把劉思禮抓起來，對他說道：「只要你多供出幾個人，或許可以讓你減輕罪過。」劉思禮不想爲了活命，把台面上的一班大臣全都攀扯進去，受到牽連而滿門抄斬的有三十六家，流放的有千餘人。

這樣大規模的獄案已經有好幾年沒出現了，這回再掀波瀾，背後的黑手，當然還是武氏的諸王。這表示，武則天在當時，仍然對傳子或者傳姪搖擺不定。

因爲這樣的獄案，來俊臣重獲任用，擔任司僕少卿。

不論是來俊臣代表的酷吏，或者是武承嗣等人爲首的諸王，都是伴隨武則天政權一同誕生的畸形產物。武氏諸王有著皇帝做爲靠山，可以不斷在政治鬥爭中獲得勝利，就算皇位奪不到，對他們來說，也沒有多大的傷害。

可是對來俊臣而言，情況就不大相同了，大部分的酷吏，都已經被除去，來俊臣勢單力孤，能不能像過去一樣興起大獄，就是他能否繼續發展的關鍵。

他先試著拿他從前的死對頭李昭德開刀，誣告李昭德謀反，而武則天竟然接受了他的密告，將李昭德逮捕下獄。老辦法行得通，來俊臣的野心越來越大，打算誣告武氏諸王，以及武則天的女兒太平公主通謀反叛，還想羅織廬陵王李顯和皇嗣李旦連結南北衙企圖叛逆，以達到奪取國家最高權力的目的。

武氏諸王與太平公主大感恐懼，先行控告來俊臣貪贓枉法，掠人妻女以及想當然爾的圖謀造反等等重大罪行，武則天本來還想饒恕他，因爲畢竟他在自己當上皇帝的過程中出力不少，但是有人勸道：「如今來俊臣已是惡貫滿盈，人人怨恨，陛下這時候把他給殺了，也算是收買人心啊！」

於是來俊臣被處以「棄市」之刑，斬首之後，曝屍於洛陽的街道之上，服刑之日，人人相慶，都說道：「今日終於可以好好睡一覺了。」他在西市刑場被斬以後，憤恨的群眾爭著來掘他的眼睛，摘他的心肝，剮他的肉，須臾之間，來俊臣的屍體只剩下一堆骨頭，人們仍然不覺解恨，又牽了馬來踩碎他的骨頭，不留一點孑遺，他的家產、奴婢也被全部籍沒。

來俊臣被殺，象徵酷吏政治的收場，這些人從一開始就是武則天手中的政治工具，有利用價值的時候，他們可以作威作福，替武則天剷除政敵，利用完了，馬上就可以把他們剷除，一點也動搖不了國本，過去殺周興、侯思止，現在殺來俊臣，都是武則天政治手腕的具體展現。

來俊臣死後，當初那些被他所誣陷的大臣，一一獲得平反，魏元忠、婁師德、狄仁傑等人，後來也都重新獲得任用。

關於武則天御宇期間的記載，總是偏重於殘酷的宮廷鬥爭，但那是她的必要之惡。武則天以一女性的身分，在這個由男性建構的，原本就充滿了血腥骯髒的權力世界當中，站在不公平的出發點上，奪得至高無上的地位，必須使用更爲嚴酷的手段，才足以自保。

武則天掌握天下長達四十六年，在向來以「盛世」著稱的唐朝，她的統治時間其實是最久的，在這麼長的一段時間裡，如果只是殘酷的鎮壓反對勢力、大興獄案，濫殺大臣，「盛世」應當早已不復存在，將來的開元之治也沒有出現的可能。

在人才的任用上，她廣開入仕之門，用人唯才，並且將科舉制度制訂得更爲完備，用以拔擢眞正具有才華的人，她特別重視「進士科」，著重文章詩詞的寫作，造就了全國上下喜好文墨的風氣，也讓「唐詩」成爲中國文學史上最爲重要的一部分。

誠然宮廷鬥爭是武則天時代極重要的一環，大唐帝國的興盛，卻沒有因爲這些血腥的事件衰落，武則天就算沒有開創什麼嶄新的格局，至少守成有功，中國的聲威、天可汗的體系，都沒有消失，這就要歸功於底下的一班能臣了。而這些能臣，也都是武則天所拔擢的，在她看來，一個皇帝，似乎就該像唐太宗那樣，知人善任，虛心納諫，只要是個人才，而且對她的地位沒有威脅的，她就會加以任用，而且十分尊敬。

宰相狄仁傑就是個很好的例子。

狄仁傑獲得重新任用的時候，已經十分年老了，武則天從來不直呼其名，而以「國老」稱之，對他的話十分信任。這位名相，自幼即十分聰明，攻書上學，一目十行，到了十八歲時節，便舉明經科入仕。他擔任昌平縣令尹，斷案如神，思路敏捷，屢破奇案，令狡猾行兇之徒無所遁形，贏得百姓的愛戴。唐高宗儀風年間，他升任爲大理寺丞，曾審理了一萬七千多件刑案，沒有一件是誤判或者冤獄，其才識之卓絕，可見一斑。

歷經了多少大風大浪，養成狄仁傑勇於上諫，堅守大臣之道的性格，有一次，南海郡獻上一件珍麗異常的華服，號稱「集翠裘」，由各種五彩繽紛的鳥羽編織而成，武則天將它賞賜給她的男寵張昌宗，要他披著和自己玩一種名爲「雙陸」的賭博遊戲。這時狄仁傑剛好進來奏事，武則天命人賜座，笑著對狄仁傑道：「國老，你也來玩一局吧！」

狄仁傑拜謝，加入這場賭局。

武則天問道：「你們兩人賭什麼？」

狄仁傑回答：「爭先三籌，賭昌宗身上那件羽衣。」

武則天問道：「國老以何物對賭？」

狄仁傑指著自己身上穿的那件紫袍說道：「臣以此官服爲賭注。」

武則天笑了起來，道：「國老，你不知道這件裘衣價逾千金吧！你們賭的價值不相等呀！」

狄仁傑起身拱手道：「臣此袍，乃是大臣朝見奏對之衣；昌宗穿的，是嬖幸寵遇之服。拿那件華服賭臣的紫袍，臣還不太樂意呢！」

武則天知道這是狄仁傑找機會教訓她，就照狄仁傑所說的辦理。

這一席話，讓張昌宗臉紅脖子粗，氣急敗壞，連連敗北，身上那件華服，只好輸給狄仁傑。

狄仁傑拿著那件集翠裘，拜恩而出，才剛出門外，就把集翠裘交給家奴穿，自己頭也不回地揚長而去。

又有一次，武則天對狄仁傑說道：「朕想要起用才學之士，不知國老可有人選？」

狄仁傑道：「不知陛下起用此人，作爲何用？」

「朕想找個出將入相的人才。」

「如此，臣斗膽向陛下舉薦荊州長史張柬之，此人雖然年老，卻有奇才，堪爲宰相。」

過了幾天，武則天又向狄仁傑提起同樣的事，狄仁傑道：「前次舉薦的張柬之，陛下尚未任用，怎麼又要臣舉薦？」

武則天道：「你說的那位張柬之，朕已經提拔他當洛州司馬了。」

狄仁傑搖搖頭：「陛下要臣舉薦的是宰相之才，並非司馬之才，所以臣才向陛下舉薦張柬之。」

武則天聽了，立刻將張柬之提升爲秋官侍郎，後來眞的升遷鳳閣鸞台平章事，成爲宰相的一員。

狄仁傑先後推薦了許多人才，除張柬之外，還有桓彥範、敬暉、姚崇、宋璟等人，這些人都成爲武則天晚年的執政班底，有人因此對狄仁傑道：「滿朝文武，多爲狄公所薦，眞可謂桃李滿天下！」

狄仁傑答道：「爲國舉賢，並非爲私！」

聖曆元年，公元六九八年，武則天有意改立姪兒武三思做太子，滿朝文武，無人敢挺身反對，只有狄仁傑出來勸諫，他上奏說道：「陛下立太子，千秋萬歲配食太廟。若立武三思，自古及今，未聞有內姪爲天子，姑母可祀太廟的道理。」把當年李昭德說過的話，再提醒武則天一遍，並且說道：「高宗皇帝以二子託付於陛下，如果陛下傳位於異姓之人，恐怕並非天意，況且，姑姪與母子，孰爲親疏，此事昭然若揭。」他勸武則天，迎回遭到廢黜的廬陵王李顯，立爲太子。

武則天不大高興，說道：「立嗣之事，乃朕家務事，國老不必干預。」

狄仁傑道：「帝王以四海爲家，宇內之事，無論大小，哪一件不是陛下家務事？君爲元首，臣爲肱股，不可分離，況且臣爲宰相，豈能不干預天下之事？」

一旁的朝臣王慶之、李昭德等人，紛紛上奏，勸說皇帝立廬陵王，甚至連內供奉吉頊也如此勸說，武則天的心意逐漸轉變，過了幾天，她又問狄仁傑：「朕昨晚夢見一隻大鸚鵡，雙翼皆折斷，這是什麼徵兆？」

狄仁傑趁機說道：「武者，陛下之姓，雙翼者，陛下之二子，如果陛下起用二子，鸚鵡必定可以振翅高飛。」

向來迷信祥瑞預兆的武則天，聽了這話，便打消立武三思爲太子的念頭。

聖曆三年，公元七〇〇年，狄仁傑積勞成疾，忽然去世，武則天聞訊，垂淚哭泣道：「國老死後，朝堂空矣！朝廷大事，有誰能決？上天爲何要這麼快從朕身邊奪走國老啊？」

狄仁傑死後，內供奉張昌宗、張易之兄弟，無所畏懼，仗著皇帝寵愛，違綱亂政，受狄仁傑推薦擔任宰相的張柬之嘆道：「我受狄公知遇，由刺史薦升宰相，位高祿重，如果不能清理朝政，致將萬里江山送與小人之手，有朝一日身死地下，何顏去見狄公？」

李隆基

在狄仁傑、王方慶等人的強烈建議下，武則天拗不過輿論壓力，將廬陵王悄悄迎接回宮，不讓武姓諸王得知此事，甚至連狄仁傑都不知道李顯已經回到洛陽。

那時，武則天已經七十多歲，體弱多病，武承嗣、武三思謀立太子的企圖，一天也沒停止，後來武則天召見狄仁傑，又談起武承嗣、武三思的問題，狄仁傑慷慨陳詞，淚流滿面，情緒非常激動。

武則天派人把李顯從宮中喚出，推到狄仁傑面前，說道：「還你儲君。」

狄仁傑見是李顯，趕忙退到階下哭著行禮。過了一會兒，狄仁傑又對武則天說道：「太子回到宮中，大家都不知道，只怕難免有人還要議論。」

武則天認為狄仁傑講的有道理，就用隆重的禮節，公開把李顯從龍門迎進皇宮，效忠唐室的文武百官見狀，欣喜萬分。

長安四年，公元七〇四年九月起，武則天病重，深居洛陽皇宮長生殿中，幾個月無法上朝，也不接見百官，只有最寵幸的張易之、張昌宗兄弟，可以隨意出入後宮，這幾年來，他們仗著武則天的威勢，狐假虎威，排除異己，專權弄政，狄仁傑一死，他們更是無法無天，因而得罪不少人。武則天病重之際，有人在洛陽大街上貼出字條，上面寫著：「易之兄弟謀反」幾個大字，讓他們惶惶不安，索性眞的結納黨羽，積蓄力量，準備在皇帝駕崩的同時，奪取大權。

鳳閣侍郎張柬之隱隱覺得事態不妙，便與鸞臺侍郎崔玄暐、中臺右丞敬暉、司刑少卿桓彥範、相王府司馬袁恕己等人，密謀誅除二張。張柬之找來右羽林大將軍李多祚，向他問道：「將軍今日榮華富貴，從何而來？」

李多祚答道：「都是高宗皇帝所賜。」

張柬之道：「如今，高宗皇帝的兩個兒子，都要受到張易之、張昌宗的迫害，將軍難道不想報答高宗皇帝的恩情嗎？」

李多祚拱手道：「如果對國家有利，下官在此聽候差遣，赴湯蹈火，在所不辭。」

神龍元年，公元七〇五年正月廿二日，張柬之與崔玄瑋、桓彥範以及左威衛將軍薛思行率領羽林軍五百人，來到皇宮北門，準備以武力發動政變，這個門與長安北門名稱相同，也叫玄武門。李多祚、李湛等人，則前往東宮迎接太子，告訴他張柬之等人的密謀。

太子李顯本來還有些擔心，隨行的駙馬都尉王同皎說道：「先帝以神器付與殿下，但歷經喪亂，已有二十三年！如今皇天不負苦心人，羽林軍同心協力，誅除凶豎，匡復李氏社稷，願殿下莫再遲疑，速至玄武門，以副眾望！」

「凶豎固當誅除，可是，皇上龍體欠安，萬一驚動了聖駕，那該如何是好？」

李湛說道：「將相不顧性命，以安社稷，殿下難道要讓他們送死嗎？如果殿下不肯出面，那也請您移駕玄武門，制止他們的行動。」

李顯無奈，半推半就地上了馬，來到玄武門。

羽林軍殺入宮中，在走廊上，將準備逃亡的張易之、張昌宗斬殺。

眾人進入長生殿，環伺在龍床之側，武則天驚訝地問道：「是誰作亂？」

張柬之答道：「張易之兄弟謀反，臣等奉太子之命誅殺之，因恐事情洩露，故事前未敢稟奏，驚擾聖駕，罪該萬死。」

武則天撐起病體，向周圍的人掃視一眼，只見太子李顯跪在地上，渾身發抖，不敢仰視，一看這情況，她就猜出了大概，但也無話可說，只對李顯說道：「既然兩個小子都已伏誅，你就回東宮去吧！」

桓彥範說道：「當年先皇以太子託付陛下，如今太子年齒已長，豈能久居東宮？天意人心，皆向李氏，臣等不敢忘太宗、先皇之德，這才奉太子討伐國賊，請陛下傳位太子，以順天應人。」

風燭殘年的武則天，餘威猶存，冷哼一聲，說道：「國賊？是敗者爲寇吧！」她瞪著崔玄暐，怒道：「其他的人也就算了，你是朕一手提拔的，竟然也和他們同流合污？」

「這不是同流合污。」崔玄暐爲了掩飾心虛，大聲說道：「這是爲了報答陛下的大恩。」

武則天長嘆一聲，只好同意。

李顯第二次繼位，是爲唐中宗，尊母親爲「則天大聖皇帝」，後人慣稱武則天的名字，便是從這個尊號而來。那年二月，恢復唐朝的國號，一切禮儀制度也都恢復到高宗永淳年間的老樣。

十一月，武則天病逝，享年八十二歲，遺制廢除帝號，改稱則天大聖皇后，這位中國歷史上唯一的女皇帝，最後仍然屈服在男性爲主的思想裡，以皇后的身分，走向人生的終點。

人生起起伏伏，兜了一大圈的唐中宗，作夢也沒有想到，自己竟然能重新回到皇帝的寶座，從小，他就在母親強勢的光環下成長，扮演著一個可有可無的角色，對於自己的地位，他倒也處之泰然，從來沒有埋怨誰，二度登基之後，他仍然經常前往探視病重的母親，直到母親病故。

他的脾氣好，重感情，卻不是個當皇帝的材料。

他從沒忘記自己的結髮夫妻韋氏，當初陪著自己共患難，在他每天擔心害怕，甚至想要自殺的時候，對他溫柔婉約的規勸：「人生無常，福禍相依，總會有所變化的，爲什麼要想到死呢？您不用這樣害怕。」

兩人相互扶持，相依爲命，度過了十幾年艱苦的生活，那時，他向韋氏保證：「將來咱們日子變好了，我一定讓你每天過得快快樂樂的。」

於是，唐中宗冊立韋氏爲后，並且追封韋后的父親韋玄貞爲王。

「異姓封王，非我朝慣例，陛下此舉，似乎……」有人這樣勸他。

「既然沒有慣例，那就由朕開個先例吧！」他笑著回答。

他仍記得，當年曾經在母親面前保證，將來一定會與武氏宗親和睦相處，於是，他復國不到十天，就對武氏宗親大加封賞：梁王武三思封爲司空、同中書門下三品；安定王武攸暨封爲司徒、定王，武懿宗等十二人，皆封爲公侯，武氏宗族，仍然掌握著大權。

當則天皇帝遜位之時，曾有洛州長史薛季昶建議張柬之：「二張雖除，諸武尚存，斬草不除根，春風吹又生！」

張柬之答道：「大事已定，諸武如同砧上之肉，還能興風作浪嗎？不如等皇帝裁決，將來大張天子之威！」

他不瞭解新皇帝的個性，等到情況完全朝他想像的相反方向發展，他才意識到事態的嚴重，對唐中宗說道：「當初武周建立之時，李氏宗室幾乎被屠殺殆盡，如今陛下返正登基，武氏諸人官爵如故，這樣能安天下人心嗎？」

唐中宗只是微笑著，沒有回答。

他並沒有忘記張柬之這些人的功勞，每個人都封了大官，後來武三思建議他：「不如將他們封王吧，這樣，也不會有人吵著說不該封異姓爲王了。」唐中宗馬上答應，封張柬之爲漢陽王、敬暉爲平陽王、桓彥範爲扶陽王、袁恕己爲南陽王、崔玄暐爲博陵王。

他沒有想到，這是武三思的計謀，先把他們明升暗降，然後再一一除去，果然過了不久，這五位功臣都被告發「圖謀反叛」，先後被貶，再也無法回到中央，影響朝政。

爲什麼唐中宗對武三思言聽計從？那是因爲韋后的緣故，武三思聰明伶巧，善於觀風使舵，他看出新皇帝對皇后的信任，便通過種種關係，讓自己的大兒子武崇訓娶了韋后的小女兒安樂公主，這樣，武三思在朝中的地位更加鞏固。

那時，宮中有個叫上官婉兒的女子，是當年遭到武則天誅殺的上官儀留下的孫女，因爲懂得詩詞歌賦，爲人又柔順，很得武則天寵愛，她與武三思的關係不錯，甚至被傳出有些曖昧的關係。

中宗復位以後，上官婉兒繼續被任用，並專掌起草詔令，深深受到信賴，武三思和韋后成了兒女親家以後，通過上官婉兒居中聯絡，引見他進入後宮，武三思與韋后也越走越近。

據說，武三思經常入宮和韋后下棋，唐中宗就站在一旁觀看，有時武三思和韋后一起坐在龍床上玩雙陸，中宗還站在一旁替他們當裁判，久而久之，武三思與韋后，竟然幹起讓皇帝戴綠帽子的勾當。

唐代的兩性關係較爲開放，也沒有什麼貞潔烈女的觀念，尤其是貴族婦女，周旋在眾多男性之間的事，所在多有，武則天、太平公主、上官婉兒都是如此，不過，身爲國母的皇后，竟然公開與大臣勾勾搭搭，倒也不多見。

由於武三思和韋后勾結，唐中宗又對韋后言聽計從，朝中大事，唐中宗都要找武三思商量，唐中宗還依照韋后的意見，任命武三思爲宰相，以致武三思在朝中的勢力，比武則天時期還要顯赫得多。

對這一切，唐中宗似乎都無所謂，他唯一在乎的，只是當年的承諾，那對當初在房陵（今湖北房縣）窮鄉僻壤間患難夫妻的承諾：「將來有一天若能重見天日，我發誓對你不加禁忌。」

也許那時候的他沒有想到吧，那個溫柔的結髮妻子，不加禁忌的結果，竟會是這般模樣。在他看來，女人掌握大權，是再自然也不過的事，他只想好好的玩樂，好好的補償妻子，把年輕時代所受的苦難通通忘記。

因此，京師至山東發生瘟疫，他無所謂；山東河北爆發旱災，餓死了成千上萬的百姓，他也無所謂；武三思縱容屬下，把五位已經遭到流放的大臣一一殺死，他也無所謂。

元宵節，他帶著韋后，換上百姓服裝，來到熱熱鬧鬧的長安街頭，在化度寺門前的大街上，觀賞五彩繽紛的花燈，這一夜，他還依照韋后意見，放出幾千名宮女看燈，致使一半以上的宮女都跑掉了，他仍然無所謂。

他萬萬沒有料到，自己的這一生，注定要栽在女人的手裡，他的妻子，甚至他的女兒，對於權力慾望的渴求，遠遠超過他所能想像的程度。

女兒安樂公主的野心，甚至比母親還要大，她一心想做第二個武則天，在韋后縱容之下，她跋扈宮中，凌辱大臣，自以爲是皇帝的愛女，無視王法，爲所欲爲，當時的朝中大臣，許多都是經由她所任命，因而權傾中外，有一次，她自己寫了一份詔書，把詔書的內容用手遮住，要求中宗加蓋皇帝印，中宗竟笑嘻嘻地答應她的要求。

在這樣放縱的情況下，安樂公主就更加無法無天了，有一件事，她非常不能接受，就是唐中宗在神龍二年冊封其第三子李重俊爲太子。「憑什麼？」她怒道：「憑什麼只因爲他是男人，就可以立爲太子？」

韋后曾爲唐中宗生下一個兒子，不過現在已經死了，就只剩下這個女兒最受寵愛，安樂公主經常以此爲由，向母親抱怨：「娘，那個李重俊雖是陛下的兒子，卻不是你的兒子啊，將來他當了皇帝，可不會孝敬您哪！」韋后也覺得有道理，就經常在唐中宗面前，說李重俊的壞話，並且勸說丈夫改立安樂公主爲皇太女。

唐中宗開始猶豫了，「對啊，爲什麼朕一定要立男孩爲太子？」他開始思索這個問題：「女兒當皇帝，難道就會斷了我李家的香火嗎？」

有時候，他會把自己的想法無意間在朝堂上吐露，對此，左僕射魏元忠表示強烈反對，他曾經在女主當政下吃過不少苦頭，不願意這種情況再度出現。

「哼，魏元忠是山東傻瓜，懂個屁！他有什麼資格議論國家大事。祖母都能做天子了，難道天子的女兒就不能當皇帝嗎？」安樂公主說

不僅如此，安樂公主對於皇家園林，也看成自己的財產，她還向中宗提出，把位於長安城近郊，專門用來訓練水軍的昆明池，作爲她的私人湖泊。

「此事我朝並無先例……況且，這麼大個湖，你要了去，不嫌難以管理嗎？」唐中宗微笑地拒絕了女兒的要求，安樂公主大怒，命人挖掘一個定昆池，長達數里，表示凌駕於昆明池之上。她還派了奴僕，到民間四處搶奪女子，充當她府上的奴婢。

有人把這個情況告訴左臺侍御史袁從一那裡。袁從一向來秉公執法，他命人逮捕了安樂公主的奴僕。安樂公主越過司法機構，直接請皇帝下令釋放，軟弱的唐中宗也竟然同意，以致袁從一氣憤地說道：「皇上用這樣的態度辦事，怎麼能夠治理天下呢？」

對於朝中的一切亂象，尤其是安樂公主、韋后與武三思之間的狼狽爲奸，最難以忍受的，就是太子李重俊。

安樂公主經常與夫婿武崇訓聯合起來，凌辱太子，說他是「低三下四的女人生的兒子」，還說道：「不要以為你是太子，就可以趾高氣昂，將來會怎麼樣，還難說得很！」

這真是惡人先告狀，比起安樂公主，李重俊哪裡趾高氣昂了？忍無可忍之下，神龍三年，公元七〇七年七月十一日，他與素來親信的左羽林大將軍李多祚、右羽林將軍李思沖、李承況、獨孤禕之等人，矯詔調動羽林騎兵三百多人，以迅雷不及掩耳之勢，衝入武三思府中，殺死了武三思父子及全家，隨即調轉隊伍，從章肅門衝入宮中，斬關而入，準備擒殺武三思的同伙韋后、上官婉兒和安樂公主。

這時，中宗夜宴剛剛結束，忽聽右羽林將軍劉景仁報告說太子謀反，急忙帶領韋后、安樂公主、上官婉兒登上玄武門城樓，調兵護駕。李重俊在城樓之下，不得其門而入，唐中宗乃在城樓上宣告：「爾等均為朕宿衛之士，奈何跟從李多祚造反？只要能斬除叛亂者，非但既往不咎，還能享得富貴無窮！」

羽林軍人心動搖，喪失鬥志，李重俊攻打玄武門失利，李多祚、李承況與獨孤禕之都被部下殺死，李重俊出逃鄠部縣（今陝西盧縣）後，也為部下謀害。

中宗以太子手級祭祀太廟，並追封武三思為太尉、梁宣王，武崇訓為開府儀同三司、魯忠王，改玄武門為神武門，玄武樓為制勝樓，韋后率領王公大臣，上中宗尊號：應天神龍皇帝，百官又上韋后尊號：順天翊聖皇后，改元景龍，大赦天下。

從此，安樂公主和韋后更加肆無忌憚，韋后更模仿起武則天當年的舉措來，每當中宗臨朝聽政，韋后也都要上朝坐在簾子後面訓示，並且自稱她衣箱中裙子上有五色祥雲升起，命畫工畫下圖，讓文武百官看，製造所謂的「祥瑞」。

右驍衛將軍、知太史事迦葉志忠上表說道：「當初，高祖成為皇帝前，天下歌頌〈桃李子〉；大宗皇帝登基前，天下歌頌〈秦王破陣樂〉；高宗當皇帝前，天下歌頌〈側堂堂〉；則天皇帝登基前，天下歌頌〈武媚娘〉，陛下御宇前，天下歌〈英王石州〉、〈桑條書〉，於此可見人心之向背，皆有徵兆。如今皇上皇后仁德歸心，一統天下，臣謹進〈桑條歌〉十二篇，請宣示中外，進入樂府。」

韋后和安樂公主的野心已暴露無遺，朝中大臣群情激憤，議論紛紛。

這時，前許州（今河南許昌）司兵參軍燕欽融上書中宗，指斥韋后干預朝政，安樂公主危害國家，揭露她們圖謀不軌，告誡皇上不可不防。

唐中宗閱表後，召燕欽融上朝當面詢問，燕欽融慷慨陳詞，毫無懼色。

皇帝沉吟許久，沒有說話，揮了揮手，讓燕欽融暫時退下。誰知燕欽融還沒有走出朝門，韋后便指使親信兵部尚書宗楚客派人把燕欽融追回，當著中宗的面，在大殿的庭石上把他摔死。

「這是誰讓你這麼幹的？」唐中宗終於火了，質問宗楚客道。

宗楚客回答：「臣奉順天翊聖皇后娘娘之命，誅殺奸臣。」

唐中宗怒道：「你的眼裡只有皇后，還把朕這個皇帝放在眼裡嗎？」

自從武三思死後，韋后少了一個伴，卻更加放縱囂張，安樂公主的夫婿武崇訓在太子之亂中喪命，於是改嫁武三思另一兒子武延秀，據說韋后和這個女婿的關係也不大正常，此外，善於醫術的散騎常侍馬秦客、善於烹調的光祿少卿楊均，經常出入後宮，都與韋后有染，這些淫亂後宮的傳聞，雖說大臣們不敢在朝堂上當面提出，但唐中宗仍時有耳聞，剛開始的時候，他還不相信自己的妻子會如此，久而久之，也不免懷疑起來。

當他大罵宗楚客之時，就已經把心思透露出來了，宗楚客很擔心，便前去稟報韋后。

韋后正在和女兒安樂公主商量事情，聽見宗楚客的話，知道皇帝開始懷疑她們，如果她幹下的這些事情洩露，恐怕會有生命的危險，至於安樂公主，也希望母親可以仿效武則天的故事，臨朝稱制，這樣，她就有機會立爲皇太女，可以繼承大寶，君臨天下！

於是，妻子謀害丈夫，女兒謀害父親，韋后與安樂公主，既有善於醫術的馬秦客提供毒藥，又有善於烹調的楊均可以進御膳，母女兩人，便在唐中宗進食的餅裡下了毒藥，這個沒什麼脾氣的好好先生，就在滿腹狐疑之中，駕鶴歸西。

從這裡可以看出，韋后母女，空有野心，沒有能力。她們只想著奪權，毒死了皇帝，犯下弒君、殺夫、弒父的逆倫大罪，可是對於將來該怎麼辦，卻沒有事先計畫好。

她們密不發喪，連夜召集心腹臣僚來到宮中，舉行緊急會議，打算立溫王李重茂爲太子，下令從各府調來五萬人馬，分左右營屯駐京城，以韋溫總負其責，韋溫的兒子和韋后的其他兄弟分帶左、右營和羽林軍，保衛皇宮。

一切布置妥當，韋后便在太極殿爲中宗發喪，宣布遺制。可是身在宮禁之中的太平公主，也得知了兄長的死訊，連忙與上官婉兒聯絡，草詔遺制，由皇后知政事，相王李旦輔政。

宗楚客反對這項安排，他說道：「叔嫂之間不通問，將來聽朝之時，如何聯繫，又如何執禮？所以，相王輔政，於禮不合。」於是率領宰相群，聯合上奏，請韋后臨朝聽政。

議論決定，由刑部尚書裴談、工部尚書張錫處理國政，在東都留守；命令左金吾大將軍趙承恩、左監門衛大將軍薛崇簡率領五百精兵前往均川，防備譙王李重福。

李重福是中宗的第二子，本來應當繼承皇位，卻由於當年韋后陷害，早在中宗即位之初，就被貶謫到均州，負責當地防守，不准前來京師。此時韋后心有不安，害怕李重福鬧事，便對他採取了防範措施。

李重茂是中宗的第四子，即位爲天子，年方十六，視爲少帝，尊韋后爲皇太后，相王李旦爲太子太師，實際上的政權掌握在韋太后，以及韋氏宗親的親信黨羽手上。

那時正值六月初，天氣炎熱，長安城中，官員、甲士來回穿梭，氣氛緊張萬分，表面上卻很平靜，猶如暴風雨來臨前夕。大街小巷，人們口耳相傳，都說韋后準備要效仿武則天，將革唐命，改朝換代的日子又要來臨了。

這樣的傳聞與事實相去不遠，韋后眞的有如此打算，她手下那批親信，不斷勸進，還援引讖緯之說，指出韋后革命，乃是上應天心，下順民情，他們打算殺了少帝，只不過忌憚相王李旦與太平公主，這才遲遲不敢下手。

相王李旦共有六個兒子，長子宋王李成器、次子申王李成義、三子臨淄王李隆基、四子岐王李隆範、五子薛王李隆業、六子隋王李隆悌，小兒子很早就死了，現存的五個兒子裡，以三子李隆基最有謀略，此時年方二十五歲，相貌堂堂，廣交英雄豪傑，和羽林軍中許多將領，都是生死至交。

當時，有個叫馮道力的道士和李隆基的關係不錯，一天馮道士來到李隆基家中，對他說道：「您居住的地方名叫隆慶，許多人說『隆』就是『龍』，現在韋氏又改元景隆，和您的名字正相符合，這正是您成就帝業的時候。」

以李隆基的才略，當然不會把這種迷信的說法在心上，可是，兵部侍郎崔日用的密報，卻讓他緊張起來。

崔日用本來是韋后的黨羽，但是他眼看著韋后一夥人七嘴八舌的就想革命，沒有章法可言，擔心萬一革命不成，將受到牽連，於是把韋后等人的想法，告訴李隆基，說宗楚客、武延秀等人，打算殺害相王與太平公主，並且勸李隆基先發制人。

李隆基忖道：「父親生性寬厚，這事要是與他老人家商量，一定不成，不如先與姑母聯絡，比較妥當。」

姑母，就是太平公主。她是高宗的幼女，當時三十多歲，生得體態豐盈，端莊文靜，雍容華貴，又富於權謀，武則天活著的時候，就覺得這個女兒很像她，經常讓她參與機密大事的討論，每次又都囑咐她宮禁嚴峻，不得外出洩露，這樣，太平公主逐漸養成了謹慎處事的習慣。

太平公主早就受夠了韋氏母女的氣，很贊成李隆基的政變計劃，還派了他的兒子薛崇簡作李隆基助手，一起行動。一天，李隆基和薛崇簡、劉幽求、麻嗣宗、葛福順、李仙鳧、普潤等人一起討論行動方案，這些人大多是宮廷羽林軍的將領，討論中曾有人提出，行動計劃要徵得相王同意，才好執行。

李隆基說道：「我們的行動，是以身許國，事情如果成功，則歸於父王，如果事跡敗露，身死社稷，則與父王毫不相干。倘若啓奏父王知曉此事，父王同意了，他老人家就被牽連進來，如果不同意，咱們的大事就幹不成了。」

經過認眞的討論，大家最後同意了李隆基的意見。

六月二十日深夜，李隆基率領劉幽求、鍾紹京等人衝入神武門，襲殺了羽林將軍韋播、中郎將高崇等，然後斬關奪門，衝入後宮。

葛福順率領左萬騎從左進攻玄德門，李仙鳧率領右萬騎從右入攻白獸門，最後會合到凌煙閣前，在太極殿前宿衛皇帝靈柩的衛士聽到喊殺聲，也都披掛整齊投入了戰鬥，加入李隆基的陣營。

後宮裡刀槍相擊，燭光閃閃，殺聲連天，一片浴血混戰。

事出突然，韋后慌慌張張地跑去飛騎營避難，不料飛騎營的將士也與李隆基互相聯絡，看見韋后，當下將她斬殺，提著她的首級獻給李隆基。

混亂之中，韋氏黨羽，全部遭到殺戮，安樂公主那時候還對著鏡子畫眉，心中想像著自己將來當上皇帝的模樣，不料軍隊突然殺進來，就在鏡子前面，將她斬首，上官婉兒也在這場政變中被殺。

韋氏黨羽剷除殆盡，內外平定，結束了戰鬥之後，李隆基立即前去拜見了父親相王李旦，他跪在李旦面前，說道：「事出緊急，未能先行稟報父王，懇請父王降罪。」

李旦急忙向前抱住兒子，流著淚說道：「國家的危難，多虧了你才得以消除，百姓的動亂，也都依靠你才得以安定，社稷宗廟，不墜於地，這都是你的功勞，何罪之有？」

次日清晨，相王李旦和少帝李重茂登上安福門城樓，慰諭百姓，大赦天下。

此後，李隆基被封爲平王，薛崇簡封爲立節郡王，鍾紹京爲中書侍郎，劉幽求爲中書舍人，都參與朝廷政務。

另外，李旦還派遣使者前往均州慰問譙王李重福，安定地方人心，局面遂告穩定。

那時，朝中大臣一致擁戴李旦登基，劉幽求對李隆基說道：「相王從前就當過皇帝，後來則天皇帝繼位，才改為皇嗣，以今日之局面，相王實乃眾望所歸，國事沉重，人心未安，相王豈能固守小節，而不早日繼承大位，以安定天下呢？」

李隆基說道：「父王性情恬淡，明明擁有天下，還要拱手讓人，如今皇帝，乃是親兄弟之子，父王怎肯取而代之？」

劉幽求道：「話不能這麼說，相王應以天下為重，不可置社稷於不顧。」

於是李隆基與兄長李成器力勸父親，不可拘泥小節，失天下人心，李旦看到這樣的情況，只好勉為其難的答應了兒子與文武百官的要求。

幾天以後，少帝李重茂頒布了詔書，寫道：「叔父相王，高宗之子，昔以天下讓於先帝。神龍之初，已有明旨，將立大弟，以為副君。請叔父相王即皇帝位，朕退守本藩，歸於舊邸。」

於是，曾經當過皇帝的相王李旦再次即位，是為唐睿宗，少帝李重茂重新被封為溫王，回到他原本的地位。

睿宗重新即位，依照慣例，必須立太子，理論上，應該把長子宋王李成器立為太子，可是整件事情，都是平王李隆基的大功，萬一李成器成為太子，實在很難保證將來不會再次出現流血政變，睿宗猶豫不決。

宋王李成器很識大體，知道父親的為難之處，上奏說道：「國家安穩，則先立嫡長；國家危難，應先立有功。平王有安邦定國之功，兒臣雖死，也不敢居於平王之上！」

劉幽求也說道：「除天下之禍者，當享天下之福，平王拯社稷於危亡，救君親於大難，功勞卓著，當立爲太子，還有何可疑慮？」

唐睿宗於是決定立李隆基爲太子。

李隆基得知消息，堅辭不受，請求皇帝立李成器，睿宗不准，李隆基只好領命，正式接受太子地位。宋王李成器，拜爲雍州牧、揚州大都督，領太子太師，同年六七月間，召許州刺史姚崇爲同中書門下三品，領兵部尚書；洛州長史宋璟調爲吏部尚書，同中書門下三品，兩人均爲宰相。

在姚崇、宋璟以及太子李隆基等人的鼎力輔佐下，唐睿宗的政績頗爲突出，唐朝的選官制度，在韋皇后時期被破壞，睿宗登基之後，重新恢復了由吏部和兵部分別選拔文官和武官的制度，提高政府的工作效率，同時，將韋皇后和安樂公主等人爲求拉攏人心，私自賣出的官位也全部撤消，還將各個公主府上的一些官員廢黜，另外，對於以前韋皇后等人製造的冤案也進行了平反。

不過，這些都是大臣的功勞，唐睿宗本人，倒是對皇帝這個位子不怎麼感興趣，他的耳根子軟，脾氣和他的兄長一樣柔弱，對於妹妹太平公主的話言聽計從，只要她推薦什麼人，唐睿宗沒有不同意的。

幸好，唐睿宗對於兒子的信任，從來沒有動搖。

景雲三年，公元七一二年六月，有謠言指出：「根據星象所示，皇帝將有災難，皇太子應當即位。」

這當然是為了挑撥睿宗和太子李隆基之間的關係，不料唐睿宗聽了這番話，不但不惱怒，反而微笑說道：「原來傳位還可以避災禍啊，朕的主意打定了。」

七月，唐睿宗頒布詔令，把帝位傳給皇太子。李隆基知道這一情況後，前往拜見睿宗，一邊叩頭，一邊流淚表示拒絕：「父皇春秋鼎盛，兒臣僅以微功，忝為太子，已經覺得不能勝任，不知陛下為何一定要將大位傳與兒臣？」

睿宗心平氣和地對他說道：「朕是因為你立的功，才能夠第二次即皇帝位，現在根據星象，帝位有災，想退位迴避。只有聖德和大功大勛，方可以轉禍為福，所以現在才把帝位傳給你。一直延宕到此時，已經有些晚了，你何必拒絕呢？難道非要等到靈柩前即位才算是孝嗎？」

李隆基還是不願意接受，太平公主在一旁說道：「皇兄，不如你先答應太子，雖傳位於他，仍然總理國政，傳位只是表面，避禍才是真，太子繼承大寶，也算是對皇兄略盡孝道了。」

睿宗乃對李隆基說道：「你不要以為天下事重，負擔不了，昔日大舜傳位給禹，仍然親自巡狩，朕如今讓你繼承大寶，並非忘記國家，有什麼事情，朕都能為你分憂。」

就這樣，唐睿宗自稱太上皇，把帝位傳給了李隆基，他就是唐朝的另一位盛世之君唐玄宗，也就是唐明皇。

太平公主

唐玄宗即位之初，面臨的最大問題，就是太平公主。兩人之間的對立，在唐玄宗才被立爲太子的時候，就已隱然爆發。原來，太平公主在協助發動玄宗政變，除掉韋后以後，依仗著自己功大，日益驕奢，不可一世。她的田園面積越來越大，幾乎包括了京城附近所有的肥田沃土；她宮中的器物越來越精細、奢華，專門爲她採購的人在四川、江南和嶺南地區的道路上絡繹不絕；她使用的車馬儀仗和皇宮中帝后們用的沒有絲毫區別；她的身邊，身穿羅綺的陪侍少年男子有數百人之多；至於婢女、僕婦，更有幾千人之多；各地送給太平公主的狗馬玩物，不計其數。

朝廷中形成兩個派系：太子派與太平公主派，唐睿宗經常與他們兩人商量國事，他們不在身邊，宰相有事稟奏，唐睿宗也會叫他們去徵求太子和公主的意見，舉凡有什麼大事，無法決斷的，唐睿宗就會問：「曾經和太平商量過嗎？曾經和太子商量過嗎？」

在私生活方面，太平公主也越來越墮落，當時，她的丈夫武攸暨剛死不久，有個叫惠范的胡僧家中豪富，財寶很多，善於巴結權貴，於是，太平公主便和他勾搭上了，兩人狼狽爲奸，太平公主替惠范謀得聖善寺寺主位置，一個僧人，竟然也能加三品，封公爵。

原本太平公主支持唐玄宗，那是看他年輕，以爲他好欺負，不料從政便開始，唐玄宗展現了過人的英雄氣概，在立太子、穩定朝政方面，唐玄宗更充分發揮了他的才幹，幾乎沒有太平公主插嘴的空間，這讓太平公主覺得，這位太子並非等閒之輩，假如他掌握大權，自己的權勢恐怕會被削弱。

因此她利用自己的親信，在朝廷當中塑造一種輿論，說太子不是嫡子，不應立，宋王李成器才是皇嗣的正當繼承人，她與益州長史竇懷貞結爲一黨，並且打算吸引大臣韋安石加入，韋安石不肯答應，便與太平公主發生衝突。

有一天，唐睿宗詢問韋安石道：「聽說朝廷大臣都傾心於太子，急著想要推舉他當皇帝，這是怎麼回事？」

韋安石答道：「太子仁明友孝，有功於社稷，這是天下人所共知的事，只希望陛下不要聽信讒言，想必這些流言蜚語，都是太平公主所說的吧？」

太平公主那時候就在簾幕後面偷聽，氣得咬牙切齒。

後來太平公主召集宰相齊集於光範門，商討更立太子之事，群臣大驚失色，唯獨宋璟說道：「太子有功於天下，他才是眞正的天子，公主怎可出此謬論？」

太平公主眼見此一議案無法立即通過，只好暫時打消念頭。

宋璟立即與姚崇聯合起來，密奏唐睿宗，把情況告訴他，並且請求將各皇子外放，將太平公主移居東都洛陽，以免除國家的隱憂，睿宗同意了部分的意見，把李隆基的幾個兄弟都解除職務，卻沒有處置太平公主，他說道：「朕只有這一個妹妹，怎麼忍心把她趕去東都呢？」不久，唐睿宗又聽術士說道：「五天之內，就會有陛下最親近的人，帶兵進宮造反。」他把這件事與大臣們商討，太子侍讀張說拱手說道：「這必定是有心人企圖離間陛下與太子之間的情感，唯今之計，只有陛下令太子監國，必能破除謠言。」

姚崇說道：「張說之言，乃爲國家著想，請陛下納之。」

唐睿宗也開始覺得太平公主不大保險，打算將她安置於蒲州，並且正式下詔，以太子李隆基監國，六品以下之刑罰，皆取決於太子。

太平公主聽說姚崇、宋璟和張說的打算，大爲震怒，親自前去質問太子，那時候，李隆基自忖難與姑母對抗，於是想出一個萬全之策，奏請皇帝，將姚崇、宋璟等一干人等，以挑撥姑姪、離間骨肉的罪刑，請求唐睿宗發落。

這是李隆基爲了保全這些能臣所採取的策略，他知道，姚崇、宋璟等人，已經得罪了太平公主，必定不能久留在長安，請皇帝發落，他知道皇帝的個性溫和，必定不會處置得太過嚴苛，果然，唐睿宗僅將姚崇、宋璟貶爲地方官，這正合了李隆基的心意。

後來唐玄宗即位，似乎是眾望所歸，太平公主也沒辦法繼續反對下去，只好想出了「太子即位，太上皇總理朝政」的意見。

這種妥協下的地位，不是唐玄宗所能接受的，那時太平公主仗著姑母的地位，作威作福，甚至想要誅殺唐玄宗，不僅如此，太平公主對朝政的干涉，也使唐玄宗忍無可忍，她內結將相，外連王公，專謀異計，朝中宰相七人，有五個和太平公主關係密切。

有個人名叫蕭至忠，因爲依附了太平公主，就由一個州官晉升爲刑部尚書、中書令，他可以隨便出入太平公主府第，早晚環伺在公主的周圍，成爲公主的忠實奴僕。掌握皇宮禁兵的常元楷、李慈，也常在私下裡拜謁太平公主，這些公主派的大臣，常在朝堂上與玄宗對立，致使玄宗政令難以推行。

先天二年，公元七一三年七月三日，尚書左僕射竇懷貞，侍中岑羲，中書令蕭至忠、崔湜，雍州長史李晉左羽林大將軍常元楷，右羽林將軍李慈，應太平公主之召，來公主府上密謀，議定第二天，即七月四日，由羽林軍作亂，發動政變，陰謀推翻唐玄宗，擁立太平公主登基當皇帝。

左散騎常侍魏知古得到消息，連忙密奏，陰謀很快被唐玄宗發現了。

當時，就有人勸說唐玄宗：「事已迫切，應當先下手爲強。」

左丞相張說那時候人在洛陽，派人獻了一把刀給玄宗，意思是請玄宗快刀斬亂麻。荊州長史崔日用更上奏說道：「太平謀逆，已非一朝一日，陛下當年還是太子的時候，如果要討伐她，還必須運用權謀，如今已登大寶，只要下一詔書，誰敢不從？姑息養奸，只怕將來後悔也來不及了。」

唐玄宗道：「朕也不是不知道這樣的事，只是擔心驚動了太上皇。」

崔日用說道：「陛下想當孝子，天子之孝，在於安定四海，如果奸人得志，社稷動搖，還能算是孝子嗎？就像當年陛下剷除珠韋一樣，只要能掌握羽林軍，然後誅除逆黨，這樣就不至於驚動太上皇了。」

七月四日深夜，唐玄宗頒布密旨，命令歧王李隆範、薛王李隆業、兵部尚書郭元振、龍武將軍王毛仲，取馬廄中閒散馬匹以及家丁三百多人，率太僕寺少卿李令問、王守一，內給事高力士，果毅李守德等親信十數人，出武德門，入虔化門，召太平黨人常元楷、李慈入見，兩人一現身，眾人出其不意，攻其不備，就在皇宮北門門洞內，將她們殺死，隨即又活捉了蕭至忠、岑義等人，押入朝堂斬首。

竇懷貞慌慌張張地跳進宮中的水溝，自知難以倖免，自縊而死，太平公主發現形勢不妙，急忙逃進聖善寺，在那裡住了三天，才又回到家中。不過，最後她還是被賜死。隨同太平公主一起賜死的，還有他的兒子及黨羽數十人。

兵變發生之時，太上皇聞聽，慌張地登上承天門樓躲避，大臣郭元振奏稱道：「太上皇莫要驚慌，只因爲竇懷貞圖謀不軌，皇上發兵討滅而已，別無他事，請太上皇回府安歇。」

太上皇隨即下令，發佈竇懷貞等人的罪狀，並且從今日起，所有軍國大事由皇帝處分，就是因爲這項命令，玄宗才能賜死太平公主。

從太平公主家中查抄出來的貨物堆積如山，珍奇寶物和皇宮中的相差無幾，土地和牲畜遍布在許多地方，徵歛幾年還沒有計算清楚。在太平公主寵幸的惠范和尙家中，也查抄出了價值達數十萬貫的財產。

兵變的第二天，太上皇以無奈但又輕鬆的心情，頒發詔諭，宣布把一切權利完全移交給唐玄宗，他自己則高居無爲，名副其實地當起了太上皇。

唐玄宗總算完全掌握了國家的權力。那些因爲得罪太平公主的文武百官，重新受到重用，姚崇、宋璟、劉幽求等人，均被召回長安，成爲新時代的宰相班底，那年十二月，唐玄宗下詔，將年號改爲「開元」，一個新的盛世，遂告展開。

開元之治

從唐朝建國到開元元年，已經過了將近一百年，雖說這一百年來政爭不斷，幾乎沒有一天停止，但這個龐大的帝國，仍能維持表面上的強大，不論經濟力與社會穩定度，都是前所未有的水準。

不過畢竟也快要一百年了，許多制度，已是不合時宜，甚至有不少制度，專爲某個人的權力而存在，這樣，是無法長久的。

唐玄宗深切知道這其中的道理，因此掌權之後，便決心要大肆改革一番。

任命姚崇擔任中書令，便是改革的象徵。

據說，姚崇應召來到京城長安之時，唐玄宗正在郊外打獵，玄宗看見姚崇，問道：「你會打獵嗎？」

姚崇回答：「臣弱冠之時，便時常騎馬逐獸，後來才發憤讀書，現在雖已老邁，但是騎馬射箭這樣的事，還沒什麼問題。」

唐玄宗便讓他一同打獵。姚崇箭無虛發，成果豐碩，玄宗非常高興，就命他做宰相，誰知姚崇卻推辭不就。玄宗驚問爲何，姚崇說道：「臣有十件大事，不知皇上是否採納，所以不敢受任。」

唐玄宗笑道：「向來都是君主要求臣下，如今卻是臣下要求君主！」

姚崇拱手道：「陛下恕罪。」唐玄宗追問哪十件事，姚崇說道：「第一件，仁德治國，不用苛刑；第二件，十年之內，不對外用兵；第三件，不許宦官干預朝政；第四，皇親國戚，不得佔據朝廷要職；第五，王公犯法，與庶民同罪；第六，除正當租稅以外，不得額外加徵稅收；第七件，不崇佛，不營造佛寺；第八，待臣以禮；第九，允許朝臣發表不同意見，陛下也當虛心接納；第十，嚴禁外戚干政。」

唐玄宗聽後，沉默了半晌，說道：「你提出來的這些意見，與朕心裡的想法，不謀而合，就算你不提醒，朕也會全數照辦的，這也就是朕爲何力排眾意，執意起用愛卿的緣故啊！」

姚崇於是負起了宰相之責。

當時政治上不安定的因素仍然存在，姚崇爲相，引發了那些幫助他登上皇位的功臣不滿，中書令張說，甚至偷偷跑去和玄宗的四弟岐王李隆範商量，請他出面促使玄宗打消念頭。

姚崇知道了這件事，故意找一天，走路一拐一拐地去見玄宗，玄宗見狀問道：「前幾天看你打獵不是還生龍活虎的嗎，怎麼今天腳上就生病了？」

「臣腳上沒病，心裡卻有毛病。」

「怎麼了？」

「岐王，陛下之愛弟，張說，陛下之輔臣，今天聽說張說秘密乘車前往岐王家，恐朝政爲其所誤，深爲擔憂，因此心裡就犯了毛病。」

這也許是一樁朝臣之間相互排擠的公案，卻也點出了諸王並列於首都的危機，唐玄宗表示同意，當下罷除了張說的宰相職務，將他貶爲相州刺史，並把劉幽求等功臣，也相繼貶出，接著，以兄長李成器兼任岐州刺史、申王李成義兼任幽州刺史、岐王李隆範任絳州刺史、薛王李隆業兼任虢州刺史，各王到任以後，只領大綱，實際政務，皆由中央派遣的長史、司馬負責執行。

這是專制政治的悲哀，就算身爲皇帝，也必須要把所有的潛在政敵除去，才有大展身手的空間，唐玄宗阻斷了京城發動政變的道路，終於坐穩了皇位。

當時朝廷政局，存在著三大弊病，第一是奢侈貪縱的風氣，第二是科舉過份膨脹，造成官員過剩，第三是前兩者的結合，官多又貪縱，自然造成國家財政方面的負擔。

當年武則天爲了吸收效忠者，大開科舉之門，除了種類繁多的考試項目之外，還有納捐、門蔭、詮選等等入仕方式，貞觀年間，長安城的官員不過六百四十多人，到了開元初年，已經暴增到一萬七千六百八十多人，對這種現象，玄宗並無立即改變的辦法，主要是因爲科舉在當時已經形成一股風氣，天下太平已久，多少讀書人都等著考試當官，如果把這個門路堵塞，只會動搖國本。

不過，他對於官吏的考核十分重視，廢除了不少冗官，嚴格執行考試制度，並且經常對官員實行輪調，培養他們的行政能力。

在經濟方面，唐玄宗下令清查戶口，對於地籍以及田賦詳加整理，以增加稅收，並採納姚崇的建議，勒令許多爲了逃避力役賦稅的僧尼還俗，禁止擴建寺廟、鑄造佛像以及撰寫經書。並不是因爲唐玄宗不信佛，只是他要遏止過度瀰漫的迷信風氣，並且杜絕官員假借僧尼之言，干涉朝政的事情再度上演。

開元前期的政治，大多是姚崇、宋璟的功勞，開元四年，公元七一六年，山東地區發生蝗災，蔓延極廣，姚崇命令地方官員盡力捕殺，這時卻有汴州（今河南開封）刺史倪若水表示：「蝗災乃是天降災變，非人力所能及，必須修德祭天，才能解決。」他帶著當地百姓，焚香祈福，對著上天叩頭膜拜，卻一點用處也沒有。

眼見蝗蟲吃光了禾苗，姚崇怒斥道：「作物都快被吃光了，身爲父母官，怎麼忍心不救？百姓若因此而饑饉，將何以自安？」他提出一項滅蝗蟲的辦法，利用夜間在田地裡挖掘大坑，並在坑旁邊點火，蝗蟲看見火光，便會撲向火中，如此邊焚邊埋，很快地便將蝗災抑制住。

雖說如此治蝗，成效卓著，朝廷裡仍舊議論紛紛，有人甚至表示：「殺生太過，有傷和氣！」那是當時佛教盛行的反應。

姚崇朗聲說道：「蝗災的紀錄，歷代皆有，只要處置不當，隨之而來的就是大饑荒，各位都讀過書，想必不願意書上寫的，人民易子而食的現象重演，對害蟲仁慈，就是對人民殘酷！如今陛下仁慈，不忍殺生，這不要緊，不必由陛下降旨，由我負責，若不能滅蝗，甘願引頸就戮！」

在他的堅持下，政策得以推行，蝗災終於消滅，幸好沒有釀成太大的災害。

宋璟為人比較持重，他的地位，有點像貞觀年間的魏徵，只要遇到什麼事，必定立刻直言上諫，即使得罪了皇帝，也是在所不辭，這種正直的風骨，已經很久沒有出現在朝廷之中了，唐玄宗能夠接納他的意見，表示這時候的政治風氣，已經逐步地改善當中。

君臣通力合作，革除弊病，使得大唐帝國進入另一波高峰，開元盛世，關中一帶的米價，跌落到每斗十三錢，靠海的青州、齊州一帶，每斗米價更是只有三錢，物價便宜，百姓的生活便可以不虞匱乏。

那時的社會秩序也很好，各地往來行旅經商者，就算横越人煙稀少的地區，也可以不用防備盜賊。到了開元後期，全國共有八百四十一萬多戶，人口滋生到四千八百一十多萬人，比唐太宗的貞觀之治，多了兩倍，終於回復到隋煬帝大業初年的盛況，後來到了天寶年間，人口更是突破五千萬。

雄偉繁榮的長安城，是唐朝富強的象徵，以隋朝的大興城爲基礎，繼續擴建，直到唐高宗永徽五年，公元六五四年，方告完工，前後歷經五十多年的修築，美輪美奐。

城中的棋盤狀街道，是當年巧匠宇文愷精心規劃的成果，從正門明德門進入，映入眼簾的，是寬達一百五十公尺，長達四千五百公尺的朱雀大街，街道兩側，分別爲東市與西市，分別由東邊的萬年縣與西邊的長安縣管理，兩市之中，商店林立，有打鐵的、賣肉的、賣布料的，想要購買當時最爲風行的陶藝品、紡織品以及胡人的食物，都可以在這裡買到。

城中也有許多茶肆、酒樓以及旅館，供應往來商旅寄宿以及文人雅士飲酒賦詩，消遣他們悠閒的時光。唐代風氣開放，長安城裡的娼妓文化也相當發達，在當時，這種行業是相當高雅的活動，風塵女子人數頗多，她們多半懂得吟詩作對，也富有一定的才情，吸引了不少風流文士前來一親芳澤，許多才子佳人的故事，也都在這些地方上演。

住宅區與商業區是分開的，那時長安城中的固定居民就有五十萬，如果再加上皇族、士兵、奴僕、僧侶道士以及外國人士，居民總數超過一百萬，不但是中國最大的城市，也是世界上最大的城市，唐高宗顯慶三年，高僧玄奘親自主持，迎接慈恩寺石碑，光是參觀的民眾，就已經超過一百萬人。

朱雀大街的底端就是朱雀門，它是皇城的正門，皇城之中，有南北向大街六條，東西向大街七條，街道比外城更為寬廣，中央政府各級官署皆設置於此，成為全國的政治中心。

穿越一條寬達四百五十公尺的橫街，就是宮城，皇宮建築群的所在地，正門叫做承天門，門中有太極殿，包括十六座大殿，西面是掖庭宮，居住著嬪妃，東面是東宮，那是太子的住處以及協辦政務的場所。

出了宮城北面著名的玄武門，就是唐太宗下詔修建的大明宮，正殿是含元殿，北面是宣政殿，宣政殿兩側，分別為中書省和門下省，東側還有弘文館與史館，高宗以後，唐朝政治中樞便轉移到大明宮中，許多國家重大慶典，都在此地舉行。

唐玄宗在大明宮的東南面，修築了興慶宮，宮中有興慶殿、南薰殿、長慶殿、大同殿、勤政務本樓與沉香亭等建築，興慶宮外不遠之處，就是曲江池，風景宜人，是皇帝與貴族、大臣們經常遊樂的地方。

整座長安城不但規模宏大、人口眾多，而且是當時國際交流的中心，各國商旅、朝貢者與外交使節往來絡繹不絕，大食（今阿拉伯）、波斯、天竺、新羅、日本都有很多人民前來，還有西域以及嶺南的邊疆小國，不勝可數，他們各自從他們的國家帶來豐富的文化，來到中國，進行交流，致使長安城的風貌，呈現出多元文化的色彩。

胡人的風俗，在在影響著長安居民乃至全國人民的生活，他們愛吃抓飯、燒餅，喜歡穿戴胡衣、胡帽，聆聽外國傳入的音樂，欣賞不同風格的舞蹈，還有一種從中亞傳入，在馬背上進行的球類活動，名為「波羅球戲」，類似今日的馬球，那時也十分流行，唐玄宗本人，就是波羅球戲的高手。

開元之治，不但是唐朝物質與精神文化的具體呈現，也是大唐帝國的頂峰，呈現出一個泱泱大國兼容並蓄的風貌，如此昌盛的景象，歷經開元、天寶兩個年號，長達四十多年，如果再加上先前的貞觀、高宗、武則天時代，盛世更長達一百二十多年，這樣的長期穩定，在中國的歷史上，是很少見的。

第四章：帝國中衰與安史之亂

所謂的長治久安，似乎永遠只是一個目標，人們總說唐玄宗晚期，荒廢政事，致使大唐帝國的盛世，一去不復返，一場安史之亂，把一個輝煌的帝國，推向衰落，以後的人們，不管再努力，也無法挽回已經失去的燦爛。

其實不該把過錯全部推給唐玄宗，政治、經濟與社會的累積，造成野心家的崛起，處在「當下」的盲點之上，很多事並沒有防微杜漸的可能，也不能奢求一個人的先見之明，龐大的帝國，在當時已經存在許多無法改變的問題，唐玄宗只是恰好在那個位子上而已。

總之，盛世過去了，曾經繁榮的帝國，逐漸走向它的落日餘暉。

藩鎮的危機

開元十一年，公元七二三年五月，以兵變登基，並且坐穩皇位的唐玄宗，為了表示自己文治天下的決心，仿效當年唐太宗在秦王府中設置文學館，在長安城中建置了麗正書院，延攬群儒。一些有名的學者，都被封了官，太常博士賀知章、秘書監徐堅、監察御史趙冬曦等人，均延攬其中，他們在書院裡，或者修書治史，或者講學給皇帝聽。

後來唐玄宗將書院設為正式機構，改稱集賢殿書院，書院中五品官以上稱為學士，六品官以下稱爲直學士，他召回了從前當過宰相的張說，負責管理書院的所有事務。

張說的文采俊麗，構思精密，朝廷之中的許多告示、碑文，都出自其手，算得上是當時的文壇領袖，集賢殿學士齊聚於院廳舉行宴會，眾人請官位最高的張說先行舉杯飲酒，張說道：「學士之禮，以才學德行爲高，不以官階論備份，大夥一同舉杯吧！」

有個中書舍人名叫陸堅，對於唐玄宗如此大手筆的優禮士人，覺得很不能理解，他私下表示：「花那麼多錢請來一群只會舞文弄墨的文人，無益於國計民生，只是浪費朝廷公帑而已。」

張說對他說道：「此言差矣，自古以來，帝王在國家承平之日，往往大修宮室，浸淫聲色，當今天子卻延攬文儒，發揚典籍，這是國家之福啊！所益者大，所損者小。」

從那時候起，這批文士便帶領文武百官，不斷上書，說當今天下太平，連年豐收，此乃帝王之功業，天地之厚德，應由天子親至泰山封禪，以告謝上天恩澤。

連番的歌功頌德之下，唐玄宗也開始飄飄然了，他們說的沒錯，自己登基以來，物資充盈、五穀豐收、禮儀盛行、刑罰不用，的確是史上少有的盛況，如果前往泰山封禪，相信也是萬民同心的事吧！

於是，開元十三年，公元七二五年十月，籌備許久的隊伍，從東都洛陽出發，車騎數萬，馬匹駱駝也多達數萬，隨行的百官、貴族以及四方小國君長，密密麻麻地組成了聲勢浩大的車隊，前後綿延數十里，經過汴州（今河南開封）、宋州（今河南商邱）、許州（今河南許昌），一路朝泰山前進。

到了泰山山腳下，唐玄宗說道：「朕此次前來泰山封禪，乃爲天下蒼生祈福，不爲朕私人密請。」隨即將玉牒出示給文武百官，上面寫著：

有唐嗣天子臣某，敢昭告於昊天上帝：天啓李氏，運興土德，高祖、太宗，受命立極，高宗升中，六合殷盛，中宗紹復，繼體不定。上帝眷祐，錫臣忠武，底綏內難，推戴聖父，恭承大寶，十有三年，敬若天意，四海晏然，封祀岱岳，謝成於天，子孫百祿，蒼生受福。

泰山之巔，已經建好一座封壇，廣五丈，高九尺，台上由石頭堆積出一個九尺高的石碑，這封詔告上天的玉牒，就藏在石碑底下。

封壇的東南邊，有另一座祭壇，上面堆放著木柴，等祭祀昊天上帝的禮儀結束之後，隨即點著祭壇上的木柴，燃燒起熊熊的烈火。

群臣看見那耀眼的火光，同聲高呼萬歲，山腰上的官員聽見歡呼聲，也跟著山頂上的人高喊萬歲，山腳下的官員聽見山腰上的歡呼，也跟著高喊萬歲，呼聲震動山谷，響徹雲霄。

兩天之後，唐玄宗在帳殿之中接受百官朝見，除了文武百官與儒生文士之外，還有來自四方各國的使節，突厥、契丹、奚、大食、崑崙、日本、靺鞨高麗、百濟與日南等國，均有大臣前來參見。

天寶二年，公元七四三年三月廿七日，唐玄宗率領中書令李林甫、宦官高力士以及文武群臣，出長安城東門，來到望春樓畔的廣運潭。

那裡是長安與大運河廣通渠段的連接處，唐玄宗要在這裡，親自主持一場規模空前的水上盛會，由他親自檢閱，經由大運河從全國各地運送而來的貢品與貨物。

從運河的那一端，浩浩蕩蕩地駛來了數百艘嶄新的大船，每一艘船上，都標示著它們所屬的郡名：廣陵郡（今江蘇揚州）、晉陵郡（今江蘇常州）、會稽郡（今江蘇紹興）、南海郡（今廣東廣州）、豫章郡（今江西南昌）、宣城郡（今安徽宣城）……。

船上載運著各地的土產：綾羅綢緞、筆墨紙硯、銅器、瓷器、茶具、象牙、珍珠、藥材……。長安居民蜂擁而至，觀賞這盛大的場面，船隊綿延數里之遙，運河兩岸還有身著盛裝的美女，隨著悠揚的音樂翩翩起舞。

君臣同樂，人人歡欣鼓舞，這不是粉飾太平，而是天下真的太平，四夷來朝、海內晏然，這象徵著玄宗登基三十年來的努力，終於獲得美好的成果。

唐玄宗最親信的太監高力士，看著皇帝臉上滿足的笑容，自己也跟著高興起來，當初年輕的玄宗，剷除韋后、太平公主，順利登基，他都隨侍在側，幫著出主意，替他聯絡各方將領，完成大事。

轉眼間三十多年過去了，玄宗已不再年輕，他自己也不再年輕，玄宗爲了獎賞他的忠心，賜給他許多宦官從來沒有的頭銜：冠軍大將軍、右監門衛大將軍、渤海郡公，他衷心的希望，這樣的盛世，可以永遠持續下去，這樣，他就可以永遠忠心耿耿地服侍他最敬愛的皇上。

眼前的一片繁榮，都是皇帝的功勞，高力士很慶幸，可以服侍這樣一位千古名君，將來的史書，想必會對這一段華麗的時代，大書特書吧！

高力士的目光飄向運河邊圍觀的群眾，百姓生活富裕，才有時間來湊熱鬧吧！他們身上穿著嶄新的服飾，雖然沒有貴族的彩衣那般耀眼，倒也整整齊齊。

這時，高力士注意到，人群之中夾雜著幾個身穿軍裝的男子，神情愉悅地享受著這片歡樂的氣氛，「他們怎麼不在軍伍之中，卻跑去和百姓擠在一起？」高力士心中暗忖著，又望向一旁專職護衛的彍騎隊伍，他們身上穿著光鮮的鎧甲，倒也很守本分地待在自己的崗位之上，只是仔細一瞧，這些戰士們的臉上，看不見剛毅的神色，他們在樂舞聲中，隨之鼓譟起來，隊伍也有些凌亂。

「看來，他們是開小差的吧！」他有些生氣：「這種時候，怎麼可以懈怠呢？」

高力士本想要把這件事稟奏皇上，但是看見皇帝的臉上，露出難得的笑容，心想這些年來，皇上總因爲愛妃去世，悶悶不樂，這時好不容易開懷了，又何必敗了他的興致？高力士不願意破壞這種氣氛，索性閉嘴不說了。

在高力士心裡，忽然升起一種不安的感覺，究竟爲什麼不安，他說不上來。

大唐的經濟繁榮、社會安定，已經一百多年了，文化隨之發展，讀書人越來越多，追求學問、行文作詩的人越來越多，少年及第的新科進士，吸引了眾人豔羨的目光，門第出身已不像從前那麼的重要，社會觀念，也發生了劇烈的變化。

「彍騎」就是在這樣的背景之下成立的。

原來唐朝初年，延續隋朝的兵役制度，在全國各地設置六百多個折衝府，其中設於關中的，便有二百六十多個，軍府負責徵調役男，提供國家必要軍力，這就是「府兵制」，各地折衝府，均有責任輪流負責宿衛京師，號稱「上番」。

隨著太平盛世的長久，社會風氣漸趨文弱，負有兵役責任的役男們大多不堪承受朝廷徵調的痛苦，尤其上番，得要他們從全國各地長途跋涉，前往長安，十分艱辛。

更令他們受不了的是，京城中的那些權貴，根本瞧不起他們這些除了耕田，只會作戰的武人，把他們當成奴僕一樣驅使，所以到了要上番的時候，很多役男都逃跑了。

無兵可用，讓朝廷陷入窘境，北方的突厥、契丹，西方的吐蕃，又經常騷擾邊境，雖說沒有造成太嚴重的災害，但毫不抵禦也是不行的，只好在邊境雇用專門的戰鬥人員，一面屯田，一面抵禦外侮，陸續成立了十個兵鎮，由朝廷派遣節度使，擔任兵鎮最高長官。

至於中央部分，則由兵部尚書張說上奏，請求改爲募兵制度，就在開元十一年，也就是集賢殿書院成立的那一年，唐玄宗標榜著文治天下，認爲應當免除各地役男輪流上番的痛苦，於是下詔在關中附近募兵，號稱「長從宿衛」，第二年改名爲「彍騎」，這些兵力，就形成了長安城周圍的主要武裝力量。

彍騎的總人數有十二萬人，看上去頗爲強大，可是，實際上能夠調齊的，不過七八萬人，而邊境四周的兵鎮，總兵力足足有四十八萬六千九百人，這些兵鎮都由固定的將帥統領，一旦他們不奉朝廷號令，將矛頭轉向京師……

這下子，高力士終於知道自己在擔心什麼了。

楊貴妃

唐朝的皇帝姓李，道家的始祖老子也姓李，所以唐朝的皇室，都把由道家衍生出來的道教，奉爲國教，十分崇信。

唐玄宗深受道家思想影響，也對道教神仙煉丹之術很感興趣，道教講究養身、修行，於是，對於國事，唐玄宗也就不大關心了，整天待在後宮，與寵信的道士趙歸真、劉玄靖等人，談玄論道。

這並沒有多大的影響，國家的運作，交給才能卓越的宰相李林甫，讓玄宗很放心，在李林甫的主政之下，對於國家的稅制與地方費用的調度，都作了有效而切合實際的改革，並且准許百姓用納稅的方式，折抵勞役，還裁汰了許多不必要的官僚，如此一來，朝廷的財政用度大爲充足，國家就更富裕了。

李林甫的才幹雖然不錯，可是私德卻差，當初唐玄宗想要提拔他當中書令時，曾經把這種想法提出來跟老宰相張九齡商量。

張九齡看出李林甫爲人不正直，氣量狹小，直言道：「宰相的地位，關係到國家安危，陛下若拜李林甫爲相，只怕將來國家要遭到災難。」

這些話傳到李林甫那裡，讓他懷恨在心。

朔方（今寧夏靈武）節度使旗下將領牛仙客，目不識丁，但是在理財方面，很有辦法，唐玄宗聽說他是個人才，想提拔他，張九齡沒有同意，李林甫便在唐玄宗面前說道：「像牛仙客這樣的人才，不提拔還等什麼呢？張九齡只是個書呆子，不識大體。」

過了幾天，唐玄宗又找張九齡商量這件事，張九齡仍不同意，唐玄宗發火了，厲聲道：「難道什麼事都得由你這老傢伙作主嗎！」

他對張九齡越發疏遠，加上李林甫在一旁極力誹謗，終於將張九齡撤職貶官，由李林甫取而代之，而那位牛仙客，就成爲李林甫進行財政改革的最佳助手。

李林甫當上宰相，把諫官召集起來，公開宣佈道：「當今皇上聖明，臣下只要按皇上意旨辦事，不用大家七嘴八舌，你們看看皇宮前面的立仗馬吧！牠們吃的飼料，相當於三品官的待遇，但是，只要哪一匹馬在典禮時叫了一聲，就會被拉出去宰了，那時候，牠們後悔也來不及了。」

這是李林甫在威脅諫官，要他們不要亂說話。

有一個諫官不聽，上奏本給唐玄宗，指出皇帝自從開元二十載以後，日漸荒怠政事，希望皇帝可以振作，結果第二天，這名諫官就接到命令，被調往外地擔任縣令。

大家見識到李林甫的厲害，以後再也不敢向玄宗提意見了，唐朝初年以來的納諫風氣，逐漸遭受摧折。

李林甫當宰相，在官吏的任用和升遷上，謹守著過去的規定，考核十分嚴格，不過凡是大臣中能力比他強的，對他有威脅的，李林甫就千方百計排擠他們。

他要排擠一個人，表面上不動聲色，笑臉相待，卻在背地裡暗箭傷人，有一次，唐玄宗在勤政樓上隔著簾子向下眺望，兵部侍郎盧絢正好騎馬從樓下經過，隨口讚賞道：「這個盧絢，氣度不錯啊，以後倒是可以好好提拔他。」

李林甫得知此事，第二天，就把盧絢降職爲華州刺史，盧絢到任不久，又誣陷說他身體不好，不能勝任地方要員的職務，再一次將他降了職。

有一個官員名叫嚴挺之，也在李林甫排擠的名單之內，正在外地當刺史，後來，唐玄宗想起他，就跟李林甫說道：「嚴挺之現在何處啊？這個人很有才能，可以任用呢。」

李林甫道：「臣這就去替陛下辦理。」退了朝，連忙把嚴挺之的弟弟找來，對他說道：「你哥哥不是很想回京城見皇上嗎，我倒有一個辦法。」

嚴挺之的弟弟見李林甫這樣關心他哥哥，十分感激，連忙請教該如何是好。李林甫道：「只要叫嚴挺之上一道奏章，說他生了病，請求回京城來調養，陛下仁厚，必定會召他回京。」

嚴挺之接到弟弟的信，受騙上當，眞的上了一道奏章，請求回長安養病。李林甫拿著奏章晉見唐玄宗，說道：「眞太可惜，嚴挺之現在得了重病，恐怕難以擔負重任了。」

唐玄宗惋惜地歎了口氣，便打消了提拔嚴挺之的念頭。

那時朝中受到李林甫排擠的人很多，他們怨恨之餘，紛紛說李林甫這個人：「嘴巴上甜得像蜜糖一樣，肚子裡卻藏著刀劍，眞是個小人！」

「口蜜腹劍」，就是在形容李林甫這樣的人物。

李林甫一共當了十八年的宰相，是唐朝國史上居相位最久的，在他主政期間，雖然還能維持開元之治的興盛，但是他諂媚上意，杜絕言路，導致朝廷風氣日漸敗壞，埋下變亂的種子。

這大概是上樑不正下樑歪吧，唐玄宗本人的道德標準也不高，他標榜文治，優禮士人，只是爲了塑造一個明君聲望而已，實際上的他，喜歡享樂，喜愛排場，更愛好女色。

他從來就不喜歡他的皇后王氏，還是臨淄王的時候，就寵幸一個娼妓出身的女子趙氏，登基之後封爲妃子，就是趙麗妃，另外，皇甫德儀與劉才人，都是他年輕時代曾經寵愛過的妃子。

後來，唐玄宗又迎娶了武攸之的女兒，立爲惠妃，這個武惠妃，既美貌又有才氣，唐玄宗一下子就把趙麗妃、皇甫德儀和劉才人拋諸腦後。

可是這位武惠妃，卻在開元二十五年去世了，唐玄宗十分悲傷，整日唉聲嘆氣，悼念著死去的佳人，雖說後宮的美女無數，卻沒有一個能夠讓他滿意。這樣過了好幾年，有宦官見狀，擔心皇帝傷心傷身，於是進言道：「壽王的王妃楊氏，國色天香，絕世無雙，陛下不妨召她進宮來瞧一瞧。」

唐玄宗心裡琢磨著，那位楊氏他也還記得，是蜀州司戶楊玄琰的女兒，因爲貌美又有才情，多年前由他親自冊封給他最鍾愛的兒子壽王李瑁爲妃，那時候，武惠妃還陪在他身邊，壽王李瑁又是武惠妃所生，唐玄宗沒有特別注意楊氏的長相，現在仔細回想，腦海中的模糊形象又回來了。

只不過，這是和兒子搶女人哪！這樣做，不知會如何受人責難呢？

「也罷，見見也好。」唐玄宗尋思片刻，便說道：「你們去召壽王妃進宮吧。」他那時還不相信眞的有人能取代武惠妃在他心中的位置。

楊氏進宮了，唐玄宗一看，彷彿被雷擊中一般，說不出話來，那豔麗的容貌，羊脂白玉般的肌膚，就像是武惠妃年輕時的模樣，「不，她比武惠妃更美……」他心裡想著，良久，才迸出一句：「你……你叫什麼名字？」

「臣妾楊玉環，拜見皇上，皇上萬福！」

「玉環，玉環……眞是珠圓玉潤，好，好……」他起身上前，輕輕地將楊玉環摟進懷裡……

就這樣，武惠妃被他完全忘懷了，兒子的妃子就被他給霸佔了。

天寶三年，公元七四四年，楊玉環在皇帝的授意之下，請求出家爲女官，道號太眞，唐玄宗把她接入宮中，讓她待在皇宮裡的道觀，另外替壽王李瑁娶了韋昭訓的女兒爲妃，第二年，就冊封楊玉環爲貴妃，一切禮儀制度，均比照皇后。壽王李瑁敢怒不敢言，搶他妻子的人，既是父親，又是皇帝，他除了乖乖接受安排，還能怎麼辦呢？

唐朝幾個皇帝寵愛的女子，各有特色，唐太宗霸氣十足，除了長孫皇后以外，喜歡的妃子多半爲柔弱乖巧的女子；唐高宗的個性溫和，似乎出於互補心態，比較偏好強悍的女子，蕭淑妃、武則天都是如此。

唐玄宗喜歡的是外型豔麗，善解人意，又懂得音律的女子，因此年輕的時候才會愛上歡場女子。楊貴妃完全符合這些條件，能與唐玄宗一同欣賞雅樂、字畫，又能妙語如珠，逗得唐玄宗哈哈大笑，讓這一對年紀相差三十多歲的伴侶，一點隔閡也沒有。

兩人天天膩在一起，難分難捨，不免有口角的時候，有一次，楊貴妃和唐玄宗起了爭執，龍顏一怒之下，竟把楊貴妃逐出宮去，氣了好幾天，唐玄宗整日不思飲食，動不動就對身邊的人大發雷霆，高力士奏道：「陛下還是請貴妃娘娘回來吧，您已經好幾天不肯進膳了，這樣，您也不好受，貴妃娘娘在外頭知道了，也會不好受吧！」

唐玄宗想起那動人的雙眸，心中也覺得不忍，於是叫高力士去把楊貴妃請回宮來，楊貴妃見到皇帝，珠淚連連，拜倒請罪，唐玄宗連忙安慰道：「你無罪，你無罪，朕也有不對的地方。」兩人言歸於好。

又有一次，同樣的情況，楊貴妃又被趕回私人宅第，這一回是唐玄宗先後悔了，立刻派人送了許多吃的去給楊貴妃，楊貴妃哭著對使者說道：「妾妃罪當死，陛下沒殺我，把我放出來，今天恐怕要與陛下永別了。我的這些金玉珍玩，都是陛下賞賜的，回敬給陛下也沒什麼意思，唯獨髮膚受之於父母，今天就以此表示我的誠心吧！」說著剪下一縷秀髮，請使者代為轉呈。

唐玄宗看了那縷頭髮，也是老淚縱橫，連忙命人迎接楊貴妃回宮，從此對她更加寵愛。

每年十月，唐玄宗都要帶著楊貴妃，前往驪山華清宮（在今陝西臨潼）過冬，在華清宮修造了端正樓，內有芙蓉湯，為楊貴妃專用的沐浴之所，另有蓮花湯，則為唐玄宗沐浴之用，隨行的貴族、官員，在驪山之下，均修有宅邸。

楊貴妃愛吃荔枝，可是荔枝只有南方生產，產期又短，於是唐玄宗每年命令嶺南各驛站，飛馬傳遞，常常跑死許多匹馬，荔枝從嶺南運到長安時，顏色與味道，都和剛摘下來的時候沒有不同。

自從楊貴妃受到玄宗寵愛後，她家裡的兄弟姐妹各有冊封，連遠房親戚也跟著沾光。她的三個姊妹，也被唐玄宗封為妃子，分別為秦國夫人、韓國夫人與虢國夫人，她們出入宮掖，勢傾朝廷，她們在長安城內的府邸，幾乎比皇宮還要豪華，車馬僕從，照耀京師，四方賄賂，集中於府門。

遇有各方進貢之物，玄宗常分賜諸楊家，他們對官府有所請託，官吏們看得如同聖旨，他們生活的豪華浪費，自開元以來無與倫比，氣焰之高，古今罕有。

當時民間流傳一首歌謠：「生男勿喜，生女勿悲，君今看女入門楣。」人人都羨慕楊家的喧赫。

楊貴妃還有個堂兄名叫楊釗，也藉由這層關係當了官，後來因為圖讖上有「卯金刀」三字，大不吉利，所以後來唐玄宗替他改名為楊國忠。

早年，楊國忠是個無賴之徒，不治產業，欠了許多債務，鄰居看見他，都躲得遠遠的，他在家鄉蒲州永樂（今山西芮城西南）難以為繼，便去蜀中謀生，投靠遠房的堂叔。有了堂叔的幫助，加上他能言善道，長於交際，漸有名氣。

當地有個財主名叫鮮于仲通，擔任朝廷的採訪支使，很欣賞楊國忠，不斷在生活上接濟他，讓他的生活，隨著名氣而改善。

當時，劍南節度使章仇兼瓊，與宰相李林甫有衝突，希望藉著楊家的勢力保護自己，商請好友鮮于仲通去長安疏通關係，鮮于仲通趁機把楊國忠引薦給他。

章仇兼瓊準備了價值數萬的財寶、特產，讓楊國忠帶去長安。到了京城，楊國忠給楊氏姐妹分別贈送大量錢財，讓她們心滿意足。於是，她們便在唐玄宗面前說盡章仇兼瓊的好話，也順便提及楊國忠的名頭。

玄宗聞言，便將章仇兼瓊調入京城，擢爲戶部尚書兼御史大夫。

楊國忠當然不會放棄這樣的大好機會，當時唐玄宗正溺於聲色娛樂之中，找不到人陪他玩，聽說楊國忠精於摴蒱（一種賭博遊戲，以擲骰子決勝負），立即召見，爲了讓楊國忠進出宮廷名正言順，便授楊國忠以金吾兵曹參軍之職。

每輪遊戲結束，楊國忠很快就能計算出輸贏結果，唐玄宗讚賞地說道：「眞有度支郎的才幹呀，可令掌管全國財賦的統計和支調。」遂拜楊國忠爲戶部度支郎中。

楊國忠還常請虢國夫人探聽宮廷動靜，揣摩上意，迅速升遷爲監察御史。

宰相李林甫對這個迅速發跡的官員很感興趣，便將之召爲親信，在李林甫排除異己的幾樁冤獄之中，楊國忠總是扮演打手的角色。

當時，玄宗正考慮立太子一事，李林甫出於自身的利益，建議立壽王李瑁，而玄宗卻立了長子忠王李亨，這讓李林甫深感不安，因爲他與李亨的關係很不好，於是他與楊國忠商量道：「咱們總得想個萬全之策，才能自保啊。」

「這個自然。」楊國忠笑道。

幾日後，兩人在宰相府中密談，楊國忠問道：「東宮之中，是否有個人叫韋堅的？」

「有啊，怎麼了？」

楊國忠道：「前些日子聽說，河西節度使皇甫惟明前去拜會韋堅，二人歡飲達旦，徹夜密談，不知他們搞什麼名堂。」

李林甫皺了皺眉道：「我倒沒聽說皇甫惟明與太子有所往來。」

楊國忠笑道：「他兩人若犯了事，還怕攀不到太子身上嗎？」

李林甫恍然大悟，點頭微笑。

楊國忠繼續說道：「依下官看，就誣告他們，唆使太子早日篡奪皇位吧！但是這件事，可得另外找個人來幹才成。」

李林甫道：「此計甚妙，依老夫看，侍御史楊慎矜，可以利用，如有差池，可先殺他滅口。」

幾天後，楊慎矜將皇甫惟明與韋堅「密謀不軌」之事，上奏唐玄宗，李林甫在一旁煽風點火，玄宗大怒，下詔將二人逮捕下獄。

楊國忠聯合楊慎矜、御史中丞王鐵、京兆府法曹吉溫等人，在京城開堂審理，嚴刑拷打，結果，韋堅被貶外地，皇甫惟明被殺，財產全部抄沒。

在李林甫的唆使下，楊國忠大興冤獄，對付所有威脅自己權力的人。他們發現，楊慎矜對太子的態度，似乎抱持著觀望，沒有明確表態，覺得楊慎矜不可靠，於是找了個機會，說他和皇甫惟明有所勾結，將他處死。

太子李亨，自知情勢危急，連忙上表父皇請罪，好在太子平時言行謹愼，加上大宦官高力士有意保護，才倖免於難。

李林甫沒能扳倒太子，老羞成怒，大造冤獄，被誅殺者竟達數百家之多。

楊國忠也乘機大樹黨羽，並受玄宗賞識，不久，擢升度支員外郎，兼領十餘使，權傾朝野，他將轄區內各地藏庫之中存放的糧食，變賣爲金銀布帛等貨物，送往京師，讓中央府庫空前豐盈。

天寶八年，公元七四九年二月，唐玄宗帶著公卿，前往視察，發現了堆積如山的金銀，笑道：「朕當初就知道楊國忠會辦事，果不其然啊，你們看他把國庫經營得多麼富裕啊！」賞給楊國忠紫衣、金魚等榮耀，對他更爲信任。

楊氏一門更加不可一世，四方賄賂的人，絡繹不絕。

隨著地位的上升，楊國忠的權力慾不斷膨脹，不甘心再寄人籬下，便與李林甫產生裂痕。對李林甫而言，當初與楊國忠合作是想藉由楊家的威勢，與太子對抗，以求自保，並不認爲楊國忠有什麼能力，可是長期合作之下，他發現自己錯了，楊國忠並不是那麼容易對付的人。

恰好天寶十一年，戶部郎中王鉷與已故鴻臚少卿刑濤之子刑縡密謀作亂，準備脅迫右龍武軍萬騎，燒毀諸城門，捕殺李林甫、楊國忠等，但未及舉事而敗露。

此事關係重大，一向不大過問政事的玄宗，這時也臨朝召見京兆尹王鉷，要他追捕作亂者。王鉷的弟弟王銲，與這件沒有成功的兵變有所牽連，王鉷有意拖延時間，先暗中通知王銲避去，隨即發兵圍捕刑縡，隨後與楊國忠趕到刑縡家。

刑縡率部屬抵抗，其中有人相告說：「不要與王鉷相鬥，不要傷及王鉷部下。」

這些話被楊國忠的親信聽到，楊國忠如獲至寶，叛亂平息後，連忙晉見玄宗，以刑縡黨徒臨陣對話，控告王鉷參與謀亂。

唐玄宗搖頭道：「王鉷受朝廷重用，就算他的胞弟是共犯，朕也不信他與此事有關連。」頓了頓又對楊國忠道：「你去仔細查清楚。」

王鉷不知皇帝對他的信任，竟然道：「弟爲先人所愛，我不願捨棄他苟活。」

唐玄宗聞聽王鉷竟要與王銲共存亡，非常生氣，下令逮捕王鉷。

王鉷素與李林甫親善，連忙寫信求救，李林甫知道情勢難以挽回，無奈地嘆道：「再鬧下去，連我也脫不了關係了，我這是自身難保啊！」

經過審問，王銲謀反罪名成立，被亂仗打死，王鉷雖然沒謀反證據，卻因爲楊國忠從中活動，亦以連坐而賜死，諸子被殺，家屬流配遠方，財產籍沒。

楊國忠除掉一大政敵，還接管了御史大夫、京兆尹等職務，事情發展至此，刑縡謀亂之事應該已經了結，但楊國忠的目的是對付李林甫，故仍抓住此事，表面上是繼續追查，實際上矛頭直接指向李林甫。

他利用審訊與王鉷兄弟有牽連的人，命他們供出李林甫與阿布思的關係。

原來，李林甫兼領安西大都護、朔方節度使、單于副大都護時，其下屬朔方節度副使突厥人阿布思在征討契丹時，叛走漠北，李林甫被迫引咎辭去節度使職。

此事與刑縡、王鉷兄弟毫無關係，楊國忠借題發揮，窮追不捨審訊逼供許多人，李林甫過去的醜事被揭開，朝中的黨羽也一個一個垮台。

楊國忠不斷把情況上奏玄宗，因此，唐玄宗開始厭惡和疏遠李林甫了，「這老傢伙，朕看他宰相也當得太久了啊！」

李林甫是官場老手，豈會坐以待斃？他決心奮力反撲。

正好在這時，國境西南的南詔國，因不堪唐朝邊將欺凌，舉兵反抗，劍南節度使鮮于仲通率軍交戰，遭致大敗，損失慘重，爲扭轉局勢，玄宗命楊國忠兼伍劍南節度使。

鮮于仲通與楊國忠是老朋友了，這件事對他來說是很大的危機。

不久，閣羅鳳臣服吐蕃，與唐朝衝突加劇，威脅邊境安寧，李林甫馬上抓住這一點，指責楊國忠無能。

楊國忠不得不故作姿態，表示要親自前往邊疆處理，以表明自己其實是很關切邊疆情勢的，並以此堵住李林甫的嘴。

李林甫感到這正是剷除楊國忠的絕好機會，因而急忙奏請皇上准許楊國忠赴鎮。楊國忠本來只是故作姿態，以爲皇帝會另派人選，沒料到弄假成眞，騎虎難下，只好硬著頭皮去了。

臨行前，楊國忠向唐玄宗哭訴，說李林甫這是藉機打擊排斥自己，楊貴妃也出面幫他說情，唐玄宗微笑著，安慰楊國忠道：「愛卿前去蜀地，處理完軍務，就立即回來，朕在京城扳著指頭等你。」意思是說，宰相的地位，就在這裡等著他，過了數月，玄宗果然將他召回。

楊國忠一回朝，李林甫便有窮途末路的感覺，像鬥敗的公雞，只有被宰殺的份了，因爲精神壓力太大，一下子病倒在床。

楊國忠聞知，馬上到李林甫家探視，實際上是察看虛實，他見李林甫臥床不起，病得不輕，不由得喜上眉梢。

李林甫自知鬥不過楊國忠，且來日無多，不禁流下眼淚，說道：「林甫將死，公必繼爲宰相，以後多辛苦啦！」

楊國忠聽老狐狸李林甫說出這種話，不知他有什麼奸計，心情非常緊張，滿頭大汗，半天不敢答話。

不久，李林甫死去。楊國忠代之爲中書令，兼支部尚書，兼任的諸使如故，掌握關內道、京畿道與劍南道的軍政大權，比李林甫生前的權力還要更大。

可是，他對李林甫死前的話，還是耿耿於懷，於是翻出舊帳，硬說李林甫與阿布思曾勾結謀反，找出當年曾受過李林甫排擠的人出來作證，結果，李林甫罪名成立，人雖已死，仍被追奪官爵，廢爲庶人，諸子貶謫嶺表，讓李林甫死後也不得安寧。

楊國忠倒也不是個全然無能的官員，只是他性情急躁，經常對公卿百官頤指氣使，又仗著自己身爲楊家的一員，大作威福，他的兒子楊暄，參加科舉，考試成績很差，負責科舉的禮部侍郎達奚珣猶豫不決，派了兒子向楊國忠奏報：「家父叫我稟報相公，令郎明經所試不中，可是，又不敢讓他落第，請相公裁示……」

楊國忠滿心以爲自己的兒子一定考得上，聽了這樣的話，大怒道：「我的兒子還怕不能享受富貴嗎？竟然被你們這些鼠輩欺負！」

達奚珣無奈地嘆道：「楊國忠挾持權貴勢力，我怎麼還去和他講道理呢？」只好讓楊暄錄取。

京中官員，對楊國忠敢怒不敢言，地方邊將，也和楊國忠處不好，尤其身兼平盧（今遼寧朝陽）、范陽（今北京）、河東（今山西太原）三大節度使，守握重兵十八萬三千五百人的安祿山，對楊國忠很是輕蔑，朝中大臣，他向來只服李林甫，這時李林甫死了，安祿山與楊國忠又不合，大亂由此而爆發。

天寶十三年，楊國忠進位司空，那時，關中水旱連連，鬧起饑荒，唐玄宗十分擔憂，害怕大雨把還沒長好的禾苗打壞了，楊國忠派人取來最好的禾苗，拿去獻給玄宗，說道：「雨勢雖大，並沒有損傷禾苗，請陛下放心。」

唐玄宗也就沒有繼續追究。

不久，扶風郡太守房琯上奏稟報災情，奏表被楊國忠扣留，隨即將房琯逮捕下獄，於是，就算各地的災情再嚴重，也沒有地方官膽敢稟報了。

高力士整天愁眉苦臉，唐玄宗對他說道：「大雨不止，愛卿有什麼話，儘管直說。」

高力士長嘆一聲，道：「陛下，自從您將大權授與宰相，賞罰無章，陰陽失度，老奴除了擔憂，還有什麼可說的呢？」

唐玄宗默然無語。

於是，驚天動地的「安史之亂」，就在這樣的情況下，展開了它的序幕。

漁陽鼙鼓動地來

當年，李林甫不但排擠朝廷的文官，還猜忌邊境的節度使。

擔任朔方等四個鎮節度使的王忠嗣，立下許多戰功，他手下的將領哥舒翰、李光弼，都是驍勇善戰的名將，李林甫看王忠嗣的功勞大，威望高，怕他被唐玄宗調回京城，重現唐朝初年「出將入相」的情況，威脅自己的地位，於是誣告王忠嗣想擁戴太子謀反。

這樣的奸計，差點害王忠嗣丟掉性命，幸而哥舒翰苦苦為王忠嗣申冤，玄宗才免了王忠嗣的死罪，只將他貶官。王忠嗣蒙受不白之冤，一氣之下，就病死了。

邊鎭與胡人相鄰，鎭兵之中，本來就有不少胡人，李林甫認爲，這些胡人不識文字，就算戰功顯赫，也不可能入朝擔任宰相，於是不斷進言，推薦胡人將領，充任節度使，「蕃將驍勇善戰，又與朝中官員沒有聯繫，對皇上忠心耿耿，一定可以負起拱衛全國的責任。」他如此說道。

於是，哥舒翰、高仙芝、安思順、李光弼等人，都成爲節度使，他們在邊境，掌握軍事、財政大權，如同一個個半獨立的勢力，而在這些胡族的節度使中，唐玄宗、李林甫對於平盧節度使安祿山特別器重。

安祿山出生在營州，擁有許多胡人的血統，因而通曉六種邊境民族的語言，年輕時先在幽州邊境擔任翻譯官，後來又到幽州節度使張守珪麾下充當討擊使，因爲不遵守軍令，打了敗仗，張守珪命人將他解送到長安，請朝廷處分。

當時的宰相張九齡爲了整肅軍紀，準備把安祿山處死，唐玄宗聽說這個營州雜胡會六種胡語，辦事十分機靈，下令把安祿山釋放。

張九齡上奏道：「安祿山違反軍令，損兵折將，按軍法不能不殺；依老臣看來，此人並非善類，不殺，恐怕將來後患無窮。」

唐玄宗不聽勸諫，還是赦免了安祿山，後來，張九齡被撤職，安祿山卻靠他奉承拍馬的手段，成爲平盧兵馬使，又不斷賄賂朝廷官員，讓他們說好話，終於在天寶元年，公元七四二年，當上平盧節度使。

第二年，安祿山入朝晉見，上奏道：「去年秋天，營州遭逢蟲害，臣向天焚香祈禱，說：『臣如果事君不忠，心術不正，就請害蟲吃掉臣的心；如果不負皇上，不愧對天地，就請讓蟲害消滅！』這時候，忽然有一大群鳥，從北方飛來，把害蟲吃光了，營州的禾苗也得以保全。」

唐玄宗聽了，微笑道：「看來，你眞是吉人自有天相啊！」對安祿山益發的信任與寵信了。

不出三年，安祿山又兼任范陽（治所在今北京市周圍各縣）節度使，朝中宰相李林甫、裴寬以及禮部尙書席建侯都與他親善，經常在唐玄宗面前誇獎他爲人正直，其實，他哪裡正直？就任以後，就儘量蒐羅邊境的奇禽異獸，珍珠寶貝，送到宮廷討好唐玄宗，順便收買大臣。

他知道唐玄宗喜歡邊境報戰功，就採取陰謀手段，誘騙平盧附近少數民族的首領和將士，前來治所參加宴會。在酒席上，用藥酒灌醉他們，把兵士殺了，又把他們的將領斬首，獻給朝廷報功。

安祿山體型肥胖，據說有三百三十斤重，他看起來傻呼呼的，一臉憨直，實際上卻心思敏捷，在唐玄宗面前，對答如流，詼諧風趣，有一次，唐玄宗摸著他的大肚子開玩笑道：「這麼大的肚子，裡面裝的什麼東西啊？」

安祿山不假思索地回答道：「裡頭沒有別的，只有對陛下的一顆赤誠之心！」

唐玄宗大悅，認爲安祿山眞對他一片忠心，心裡更高興了，封安祿山爲郡王，還替他在長安修造一座華麗的府第，安祿山搬進王府後，唐玄宗每天派人陪他一起飲酒作樂，還讓楊貴妃把安祿山收作義子，還讓安祿山任意進出宮禁，親熱得像一家人一樣。

據說，楊貴妃與這個粗豪的胡人之間，也背著唐玄宗，發生一些不可告人的曖昧關係。

安祿山騙取了唐玄宗和李林甫的信任，又兼河東節度使，控制北方邊境的大部地區，對他而言，這一切得來如此容易，漸漸對年老的唐玄宗起了輕視之心，以爲中央武備廢弛，自己可以輕易凌駕之，他秘密擴充兵力，提拔史思明、蔡希德等一批猛將，任用漢族士人高尙、嚴莊幫他出謀劃策；又從邊境各族的降兵中挑選了八千名壯士，組成一支精兵，囤積糧草，整備武器。

不久，李林甫病死，這讓安祿山鬆了一口氣。朝中大臣之中，安祿山只怕李林甫，因爲在李林甫這個老狐狸面前，他的那些巧言令色根本施展不出來，總覺得自己的計謀，在李林甫面前無所遁形，現在老狐狸死了，換上來的，是那個靠著關係爬上相位的楊國忠，安祿山從來都瞧不起他，根本不把他放在眼裡。

楊國忠知道安祿山看不起他，於是對安祿山也十分怨恨，經常在唐玄宗面前，說安祿山的壞話：「安祿山會造反，陛下可以試著召他入朝，他必定不敢奉召！」

安祿山一眼就看穿奸計，唐玄宗一召喚，他就千里迢迢趕往長安，在玄宗面前哭訴道：「臣以一介胡人，承蒙陛下寵信至此，已是別無所求，但是，楊國忠嫉妒臣受恩寵，經常在背後說臣壞話，臣只怕將來再看不到皇上了。」說著，眼眶都紅了起來。

唐玄宗安慰道：「朕知道你是忠心耿耿的，朝中那些流言，你別放在心上。」賞賜給安祿山大筆金銀布帛，留他在長安三個月，還想提拔他當宰相。

楊國忠大表反對，道：「安祿山雖有軍功，然而目不識丁，怎麼能當宰相呢？」

時間一長，安祿山的謀反跡象漸漸暴露出來，他向朝廷要求把范陽的三十二名漢將都撤換了，由他自己另外委派，鎮中的將軍五百多人，中郎將兩千多人，都是安祿山所提拔的蕃將；唐玄宗親手寫詔書要安祿山到長安，他也推託有病不去，唐玄宗開始有些懷疑，轉念一想：「想來是他前線軍務繁忙，無暇前來吧！」無論唐玄宗或是楊國忠，都沒有想到該怎樣防備安祿山的叛亂。

天寶十四年，公元七五五年十月，安祿山經過周密準備，決定起兵叛亂。這時候，正好有官員從長安來到范陽，安祿山便假造一份詔書，召集將士宣佈道：「楊國忠專權擅政，長安有人傳來皇上密令，要我軍即刻進京，討伐楊國忠！」

將士們覺得事出突然，面面相覷，卻沒有人膽敢表示懷疑。

第二天一早，安祿山點閱兵馬，集結步騎十五萬人，號稱二十萬大軍，在薊城誓師，隨即大舉南下，浩浩蕩蕩地從河北平原往長安進發，一路上煙塵滾滾，鼓聲震天。

那時，中原一帶已經有百年左右沒有發生戰爭，老百姓好幾代沒見過這種陣仗，驚慌萬狀，沿路的官員或者棄城逃跑，或者開城投降，再不然就是束手就擒，叛軍一路向南進攻，幾乎沒有遭到什麼抵抗。

消息傳到長安，唐玄宗還認爲是有人造謠，不肯相信，到後來警報接連傳至，他才相信安祿山眞的造反，立刻召集大臣商議。

滿朝文武從未經過這樣的變亂，嚇得目瞪口呆，人人都慌了手腳，只有楊國忠得意洋洋地說道：「我早說安祿山要反，還不是被我說中了嗎。只不過，謀反者僅安祿山一人而已，陛下儘管放心，他的將士不願意與他一同叛亂，就算不去征討，不出十天，也會有人把安祿山的頭送來長安。」

唐玄宗聽了這番話，略感安心。

那時，正好有安西節度使封常清入朝，上奏道：「只要陛下降旨，由臣前往東都，開府庫，招募驍勇，必能領軍渡河，北上攔擊叛軍，取安祿山人頭。」

唐玄宗大喜，任命封常清爲范陽、平盧節度使，前往洛陽募兵。封常清在洛陽，十天之內募集六萬士兵，作爲防禦之用，玄宗在長安，斬殺安祿山之子安慶宗，以榮王李琬爲元帥，右金吾大將軍高仙芝爲副帥，宦官邊令誠爲監軍，率領朔方節度使郭子儀、右羽林大將軍王承業、河南節度使張介然，帶著彍騎、飛騎與天武軍五萬人，從長安出發，增援東都防備。

安祿山大軍渡過黃河，攻陷靈昌（今河南滑縣），直逼陳留，那時河南節度使張介然才剛剛抵達陳留，倉促之間無法與叛軍對抗，便與陳留太守郭納一同投降。安祿山聽說他的兒子在長安遭到殺害，痛哭道：「我的兒子有什麼罪過？」一怒之下，把陳留投降的將士數萬人之多，連同張介然一同處死。

攻下陳留，叛軍隨即引兵攻陷滎陽，封常清從洛陽派了新招募的大軍把守虎牢關，這些新兵缺乏訓練，哪是叛軍的對手？安祿山大軍一到，如同屠殺，將守軍擊潰，虎牢關立刻陷落，洛陽門戶洞開，河南尹達奚珣投降，封常清退往陝州，與高仙芝帶兵奔往潼關，東都洛陽，遂告失守。

馬嵬驛

洛陽失陷，長安的門戶，就只剩下一個潼關了，洛陽與潼關之間的臨汝、弘農、濟陰、濮陽乃至雲中等郡，紛紛投降，就在這個危急萬分的時刻，常山（今河北正定）太守顏杲卿，奮勇起身抵抗，讓安祿山的進軍速度稍微減緩。

顏杲卿本來與安祿山十分友好，他的太守職位，就是由安祿山所推薦的，但是他知道，自己是大唐的常山太守，不是安祿山的常山太守。安祿山發動叛亂以後，顏杲卿指著身上的朝服，對身旁官員們說道：「咱們身上穿的這一身衣裳，難道是白穿的嗎？」於是說服同僚，秘密對付安祿山。

不過他明白光憑自己的力量，不能與安祿山的二十萬大軍硬拚，於是當大軍來到之時，顏杲卿就與手下的官員袁履謙向叛軍假投降，私底下偷偷招募士兵，準備從後方對付安祿山。

安祿山仍讓他守在常山，但是心裡不放心，把顏杲卿的兒子、姪兒帶到軍營裡做人質，又派兵守在井陘關（今河北井陘），監視常山以及其他各郡縣方面的行動，自己繼續帶兵前進。

後來安祿山渡過黃河，攻下洛陽，正打算向潼關進發，顏杲卿也準備要發兵了。

顏杲卿有個堂弟，就是後世以顏體書法聞名的顏眞卿，那時擔任平原（今山東平原）太守，早已枕戈待旦，修築城池，募集壯丁，儲備糧食，打算對付安祿山，他派人與顏杲卿聯絡，打算同時舉兵，請顏杲卿攻佔井陘關，截斷安祿山的歸路，以阻擋其西進之謀。

顏杲卿打聽到井陘關守將李欽，喜歡喝酒，就假傳安祿山的命令，派人帶了美酒好菜，前去慰勞他，等李欽喝得酩酊大醉的時候，顏杲卿便將他殺死，一舉佔領了井陘關。

第二天，顏杲卿又擒獲安祿山麾下的兩名將軍，派人分別前往河北各郡去告訴當地已經投降的官員們道：「如今朝廷已命榮王李琬爲大元帥，將軍哥舒翰爲副元帥，統領三十萬大軍討伐安祿山，大軍將出井陘關，遲早進軍河北各郡。受安祿山脅迫而投降的，趁早反正，可以既往不咎，如果執迷不悟，罪加一等。」

各郡官員聞聽消息，紛紛響應顏杲卿，河北二十四個郡，原本投降安祿山的，有十七個郡又重新回到唐軍陣營。

如此一來，常山的顏杲卿，便與平原的顏眞卿遙相呼應，唐軍兵威大振。

安祿山正準備向潼關方向進兵，一聽到河北各郡形勢生變，後方不穩，只好改變主意，領軍返回洛陽。天寶十五年正月，他在洛陽自稱大燕皇帝，設立文武百官，同時派遣大將史思明、蔡希德各領一萬人馬，兵分兩路，進攻常山。

顏杲卿起兵倉促，常山周圍的防禦工事尚未完成，兵力又少，敵不過兩路叛軍夾攻，叛軍到了常山城下，顏杲卿陷於苦戰，派人前往太原求援，但是，太原節度使王承業不肯出兵。

原來，顏杲卿在河北立下大功，王承業卻上表朝廷，把這些輝煌的功績據為己有，還因此獲得大將軍封號，這時覺得顏杲卿的存在，如芒刺在背，根本不希望顏杲卿繼續立功，所以不肯發兵。

史思明把常山團團圍困，顏杲卿帶領常山軍民，奮勇抵抗了四天，城中糧食斷絕，刀劍弓矢也損耗殆盡，常山終於陷落在叛軍手裡。

蔡希德、史思明縱兵屠城，殺了一萬多人，又把顏杲卿、袁履謙抓起來，押送到洛陽去見安祿山。

安祿山很生氣地責問顏杲卿道：「你本來只是范陽的一個小小功曹，我接連提拔你，讓你當上太守，為什麼反叛我？」

顏杲卿怒氣衝衝地罵道：「你本來只是營州一個牧羊的小子，皇上接連提拔你，讓你作了三鎮節度使，有哪點對不起你，你為什麼要反叛他？我乃大唐之臣，祿位乃天子所賜，就算你保舉我，我也不能隨你造反！今日為國除奸，恨不得斬你的頭，不幸落入奸人之手，憑什麼說我反叛你？」

安祿山惱羞成怒，要左右兵士把顏杲卿、袁履謙拖到洛陽城天津橋邊的柱子上綁起來，使用殘酷的刑罰折磨，顏杲卿神色凜然，一面忍受著酷刑，一面仍痛斥道：「你這隻渾身臊味的胡狗，要殺要剮隨便你！」叛軍兵士用刀割下他的舌頭，顏杲卿滿口鮮血，還發出含糊的罵聲。袁履謙看到顏杲卿受刑的殘酷情景，也是大義凜然，氣得自己咬碎舌頭，連血帶舌噴在旁邊一個叛將的臉上。

兩人就在大罵聲中，慘遭叛軍殺害，顏杲卿一家人，三十多口死於刀下。

常山陷落，史思明、蔡希德繼續領兵攻擊那些重歸大唐的郡縣，所到之處，燒殺擄掠，幾乎將百姓屠殺殆盡，鄴、廣平、鉅鹿、趙、博陵、上谷、魏、信都諸郡，又重新陷於安祿山之手。

顏杲卿從起兵到失敗，雖然只有十幾天，但是他們的抵抗，拖住了叛軍的兵力，暫時拖延長安遭受攻擊的時間，為唐王朝爭取了調兵遣將的機會；他們誓死抵抗的精神，也鼓舞不少人，起身反抗暴虐的叛軍。

顏杲卿被殺後一個月，河東節度使李光弼率領步兵騎兵一萬多人、太原弓弩兵三千人出井陘關，擊退叛軍，收復常山。

接著，朔方節度使郭子儀也帶領精兵來到常山與李光弼會合。

河北的一些百姓受盡安祿山叛軍擄掠的痛苦，聽到郭子儀、李光弼大軍前來，紛紛修築營壘，抵抗叛軍；等郭、李大軍一到，就自願投身軍旅。郭、李兩支大軍兵強馬壯，士氣旺盛，與史思明大軍，在常山附近展開大戰，激戰兩個月，終於在九門城南大破史思明軍，斬首四萬餘級，史思明倉皇逃走。

這一仗沉重打擊安祿山叛軍的士氣，官軍聲勢大振，河北十幾個郡重新回到朝廷手中。

在此同時，顏眞卿從平原出兵，收復魏郡與信都，河南地區又有眞源縣令張巡率領吏民死守雍丘（今河南開封東南），與叛軍激戰三百多回，屢次獲勝，重挫敵人。

河北方面多次易主，終究截斷叛軍的後路，叛軍人心動搖，安祿山大爲恐慌，埋怨謀士高尙、嚴莊道：「幾年來你們勸我起兵造反，說是萬全計策，如今西邊打潼關，幾個月也打不下來；北邊退路也被截斷，我們困守在這裡，倒成了一支孤軍，這就是你們的萬全之策？」

高尙、嚴莊二人默然，安祿山打算放棄洛陽，逃回范陽，重整旗鼓。

正在安祿山進退兩難，唐朝挽回頹勢大有可爲之時，朝廷內部卻起內訌，替叛軍打開了潼關大門。

潼關是長安城的門戶，形勢險要，道路狹窄，當時封常清、高仙芝退守此地，就是爲了要集中兵力，與抵禦叛軍，沒想到監軍邊令誠不明就裡，以爲兩人畏戰，上奏朝廷，將兩人斬於軍中。

大敵當前，竟在前線處死主將，這樣的處置，實在很有問題，若不是顏杲卿在河北的牽制，潼關很有可能當下就已失守。

唐玄宗強行起用生病的大將哥舒翰，前往潼關接替高仙芝，哥舒翰固守關隘，叛軍將領崔乾祐在關外屯兵半年，沒法打進去。

潼關守軍每天晚上都要在烽火臺燃起一把火，作爲平安的信號。關內的烽火臺接到信號，也燃起烽火報平安，如此一路傳到長安，讓長安君民放心，他們把這種烽火，稱爲「平安火」。

宰相楊國忠看著城外的平安火，心中卻不覺得平安，曾經有人對他說道：「當心啊，哥舒翰立下大功，你的宰相地位，恐怕就不保囉。」

這一點，楊國忠倒不擔心，因爲哥舒翰也是胡人，不可能來和他搶這個位置，可是如今，朝野上下都認爲，安祿山之所以叛亂，都是因爲他作威作福的緣故，如今哥舒翰手握重兵，萬一那些大臣與哥舒翰商量，要他帶兵誅殺自己，這就不是鬧著玩的了。

當時，有種情報指出，安祿山叛軍在陝州、洛州的兵力，不滿四千，而且都是老弱殘兵，楊國忠便以此爲由，極力勸說唐玄宗，要他派遣哥舒翰領軍出潼關，前往收復陝洛。

唐玄宗被接踵而至的軍情弄得心亂如麻，聽了楊國忠的話，覺得有道理，就叫哥舒翰照辦，哥舒翰表示不可，他道：「安祿山久經陣戰，怎麼可能毫無準備？這不過是他的疑兵之計，想引我們出兵攻擊，陛下千萬不可上當。」

郭子儀和李光弼得知皇帝的打算，也上奏表示不可，他們道：「如今情勢，應當由我二軍從河北引兵北上，直搗范陽，俘虜叛軍家屬，賊眾必定無心再戰，自行潰敗，至於潼關大軍，應當固守原地，以防衛京師，牽制敵軍。」

「叫你出兵你就出兵，囉唆什麼？」楊國忠對哥舒翰的使者道：「我看你是想違抗皇命吧？」

哥舒翰承擔不起「違抗皇命」這樣的罪名，只好痛哭一場，帶兵出關，臨行之前，嘆道：「國家大事，就敗壞在這些奸臣的手中！」

關外叛將崔乾祐早已養精蓄銳，派兵埋伏在靈寶（在今河南省西部）西面山谷之中，哥舒翰號稱二十萬的大軍出關，沒過多久，就中了埋伏，幾乎被叛軍打得全軍覆沒，只剩下八千兵馬，倉皇逃回潼關。

天寶十五年六月九日，潼關失陷，哥舒翰也遭到俘虜，形勢產生了戲劇性的轉變。

潼關方面的使者，曾至長安告急，唐玄宗及時召見，聽了使者的話，只派遣將軍李福德率了部分兵力前進潼關，此外並未做出任何裁示，他還不瞭解狀況，不知道哥舒翰已經全軍覆沒，更沒料到固若金湯的潼關竟會失守。

直到夜晚，唐玄宗沒有看見平安火，這才緊張起來，連忙叫楊國忠去想辦法。

楊國忠把文武百官召集起來商量，大家都很著急，卻想不出主意，天寶末年，權力過份集中，中央各部機構職責不清，無法應付這樣的突發狀況，楊國忠知道留在長安，沒有生路，就勸玄宗逃到蜀地去。

唐玄宗本來還想等待情勢變化，可是那時，長安城以外的官員百姓，已經急忙收拾細軟，開始逃亡，朝廷根本等不到確切的情報。

到了六月十二日晚上，他終於沉不住氣，命令龍武大將軍陳玄禮集合禁軍，準備馬匹，次日清晨，就帶著楊貴妃、楊國忠、高力士以及少部分的王妃、公主、皇孫，匆匆忙忙地向西邊出發。

那天早朝的時候，文武百官赫然發現，他們的皇帝與宰相，竟然棄他們於不顧，自己逃命去了，城中一片混亂，官員百姓倉皇逃竄，也有一些大臣索性留在府中，打算等安祿山來的時候投降。

玄宗一行派遣宦官先到沿路各地，要求地方官員準備接待，可是這種危急萬分的時刻，保命要緊，誰還管得著這些皇帝的排場？結果地方官員逃跑了，派出去的宦官也逃跑了。

這班養尊處優慣了的人，大半日沒有吃飯，一點力氣也沒有，累得兩腿發軟，無法前進，隨行太監好不容易找到當地百姓，向他們討了一些雜糧麥餅，帶回車隊中。貴族們從來沒有吃過這樣的粗食，但腹中餓得發慌，顧不得什麼體面，沒有碗筷，就用手撈著吃，一下子就吃得精光，患難之中，這餐難得的食物，倒也頗爲香甜。

唐玄宗勉強嚥了幾口麥餅，心情沉重，眼淚直流，幾個百姓擠到御車前，對玄宗道：「安祿山想造反，不是一天兩天的事了，這些年來，有人向朝廷告發，不是被關就是被殺，陛下周圍的大人們，只知道讓陛下聽順耳的，外面的情況緊急，一概不讓陛下聽到，我們普通百姓的聲音，就更不用說了。要不是到了今天這步田地，我們怎麼能站在陛下面前說話呢！」

唐玄宗垂頭喪氣地道：「朕實在太糊塗，現在後悔也來不及了啊！」

到了晚上，他們來到金城（今陝西興平），一天趕了八十里路，累得渾身虛脫，當地官員也已經逃走，一行人只好在空無一人的縣城中，胡亂睡了一夜，皇帝、王公、貴妃、太監、衛士東倒西歪，混雜在一起，也顧不得什麼身分了。

十四日，他們到了金城附近的馬嵬驛，隨行將士又餓又疲勞，滿腔的憤怒，全部指向楊國忠，他們認爲，這全是受了奸相楊國忠的累，害得他們挨餓受累，流離失所。

這個時候，有二十幾個吐蕃使者攔住楊國忠的馬，圍著他大罵，向楊國忠要糧。

楊國忠還沒來得及答話，兵士們已經嚷了起來：「楊國忠要造反了！」一面嚷，一面就射起箭來，一箭射中楊國忠的馬鞍。

楊國忠慌忙逃向驛站，幾個兵士趕上去，就在驛站的門前砍死了他。

兵士們殺了楊國忠，情緒激昂，把唐玄宗住的驛館包圍了起來，唐玄宗聽到外面的沸騰喧鬧，問明白了狀況，大吃一驚，不得不扶著拐杖，走出驛門，慰勞兵士，要他們回營休息。

兵士們不理唐玄宗的話，照樣喧譁叫鬧。玄宗派高力士找到禁軍統帥陳玄禮，問兵士們爲什麼不肯散。

陳玄禮答道：「楊國忠謀反，已被他們所殺，楊貴妃也不能留下來了。」

唐玄宗愣住了，沉默半晌才說道：「貴妃長年住在內宮，就算楊國忠謀反，她又怎麼會知道呢？」

高力士在一旁說道：「貴妃誠然無罪，可是，將士們已將楊國忠殺了，身爲家人的楊貴妃，如果還待在陛下身邊，將士們豈能自安？將士不自安，陛下就不能安穩，這一點，還請陛下愼思。」

這幾天來，唐玄宗的老淚已經流乾了，他的心如刀割，但是性命與愛情之間，他選擇了性命，艱難地揮了揮手，叫高力士把楊貴妃帶往別處，讓她自縊而死，一代紅顏，香消玉殞，楊貴妃的姊妹，秦國、韓國與虢國夫人，也都遭到殺害。

楊貴妃被殺之後，由陳玄禮入內檢視，隨即出來告知兵士，兵士們知道這樣的情況，總算安靜下來，一場風波，就此平息。

不過，事情還沒有完全結束，十五日，唐玄宗的車隊，正打算從馬嵬驛出發，繼續趕路，卻被當地的百姓攔阻下來，他們生氣地說道：「長安的宮闕是皇上的家居，長安的陵寢是皇上的墳墓，如今皇上捨棄了家園與墳墓，還能跑哪裡呢？」

萬念俱灰的唐玄宗，默默地承受著百姓的責罵，無言以對，太子李亨上前宣慰父老，唐玄宗看著百姓越聚越多，幾乎把太子包圍起來，長嘆一聲，仍舊不發一語，任由太監牽著馬，帶著他緩緩離開，留下太子面對群眾。

百姓們對著李亨說道：「如果殿下和陛下都入蜀，將來中原大事，由誰來主持？」

李亨不知道該怎麼辦，想要請示父親，父親卻已不見蹤影，宦官李輔國說道：「殿下不如留下來主持大局吧，現下各地還有不少官軍，太子在，或許還有挽回的機會。」

於是太李亨毅然決定，留在當地，安撫百姓，宣慰軍民。

這個決定，讓他和父親分道揚鑣。

一個月後，太子一行人向北出發，前往投靠朔方節度使，那時節度使郭子儀正領軍作戰，留守的將領杜鴻漸恭敬地迎接，於是，李亨就在朔方節度使的治所靈武，宣布登基爲帝，改元至德，是爲唐肅宗，遙奉唐玄宗爲太上皇，此時唐玄宗已經逃到成都，得到這個消息，順水推舟道：「這是他順天應人吧，朕也沒什麼好憂心了。」說著，派人把傳國玉璽送去靈武。

多年以後，唐玄宗回到長安，秘密派人前往馬嵬驛，打算收斂楊貴妃的屍骨，另行改葬，他派去的後宮官員，沒有找到楊貴妃的屍身，只在殘破的驛站裡，尋到一只香囊，回來獻給太上皇。

他默默地凝視著，彷彿可以從這只褪色的香囊上，找尋當年的回憶。

後來，他讓宮廷畫師畫了一幅楊貴妃的畫像，懸掛在宮殿之中，每天，他都會來到這幅畫像之前，佇立良久，畫像之中那嬌媚的笑臉，眼神含情脈脈，彷彿伴隨著悠揚的霓裳羽衣曲，翩翩起舞，他閉起眼睛，過去的一幕幕，浮現腦海，不由得發出一聲輕輕的嘆息。

更多年以後，大詩人白居易將楊貴妃的一生，寫成了著名的《長恨歌》，替這一齣悲劇，譜上淒美而浪漫的色彩：

漢皇重色思傾國，御宇多年求不得，楊家有女初長成，養在深閨人未識；
天生麗質難自棄，一朝選在君王側，回眸一笑百媚生，六宮粉黛無顏色；
春寒賜沿華清池，溫泉水滑洗凝脂，侍兒扶起嬌無力，始是新承恩澤時；
雲鬢花顏金步搖，芙蓉帳暖度春宵，春宵苦短日高起，從此君王不早朝；
承歡侍宴無閒暇，春從春遊夜專夜，後宮佳麗三千人，三千寵愛在一身；
金屋妝成嬌侍夜，玉樓宴罷醉和春，姊妹弟兄皆列土，可憐光彩生門户；
遂令天下父母心，不重生男重生女，驪宮高處入青雲，仙樂風飄處處聞；
緩歌謾舞凝絲竹，盡日君王看不足，漁陽鞞鼓動地來，驚破霓裳羽衣曲；
九重城闕煙塵生，千乘萬騎西南行，翠華搖搖行復止，西出都門百餘里；
六軍不發無奈何，宛轉蛾眉眼前死，花鈿委地無人收，翠翹金雀玉搔頭；

君王掩面救不得，回看血淚相和流，黃埃散漫風蕭索，雲棧縈紆登劍閣；
峨眉山下少人行，旌旗無光日色薄，蜀江水碧蜀山青，聖主朝朝暮暮情；
行宮見月傷心色，夜雨聞鈴腸斷聲，天旋地轉迴龍馭，到此躊躇不能去；
馬嵬坡下泥土中，不見玉顏空死處，君臣相顧盡霑衣，東望都門信馬歸；
歸來池苑皆依舊，太液芙蓉未央柳，芙蓉如面柳如眉，對此如何不垂淚；
春風桃李花開日，秋雨梧束落葉時，西宮南內多秋草，落葉滿階紅不掃；
梨園子弟白髮新，椒房阿監青娥老，夕殿螢飛思悄然，孤燈挑盡未成眠；
遲遲鐘鼓初長夜，耿耿星河欲曙天，鴛鴦瓦冷霜華重，翡翠衾寒誰與共；
悠悠生死別經年，魂魄不曾來入夢，臨邛道士鴻都客，能以精誠致魂魄；
為感君王輾轉思，遂教方士覓殷勤，排氣馭雲奔如電，升天入地求之遍；
上窮碧落下黃泉，兩處茫茫皆不見，忽聞海山有仙山，山在虛無飄渺間；
樓閣玲瓏五雲壺，其中綽約多仙子，中有一人字太真，雪膚花貌參差是；
金闕西廂叩玉局，轉教小玉報雙成，聞道漢家天子使，九華帳裡夢驚魂；
攬衣推枕起徘徊，珠箔銀屏迤邐開，雲髻半偏新睡覺，花冠不整下堂來；
風吹仙袂飄飄舉，猶似霓裳羽衣舞，玉容寂寞淚闌干，梨其一枝春帶雨；
含情凝睇謝君王，一別音容兩渺茫，昭陽殿裡恩愛絕，蓬萊宮中日月長；

回頭下望塵寰處，不見長安見塵霧，惟將舊物表深情，鈿合金釵寄將去；
釵留一股合一扇，釵擘黃金合分鈿，但教心似金鈿堅，天上人間會相見；
臨別殷勤重寄辭，詞中有誓兩心知，七月七日長生殿，夜半無人私語時；
在天願作比翼鳥，在地願為連理枝，天長地久有盡時，此恨綿綿無絕期；

睢陽之圍

安祿山在洛陽，得知唐玄宗放棄長安，倉皇逃亡，自己都感到訝異，以爲有詐，連忙命人告知潼關的崔乾祐暫時按兵不動，直到十天之後，確認皇帝眞的是逃走了，這才讓軍隊進入長安。

他們佔領了唐朝的兩京，被勝利的喜悅沖昏了頭，以爲天下大勢已定，整日飲酒作樂，在長安城中打家劫舍，姦淫美女，還把不肯投降的官員、皇族全部殺死，連懷抱中的小嬰兒也不放過。

這樣還不夠，幾天之後，安祿山又訓令，將李姓皇族的親戚、王妃、駙馬，以及楊國忠、高力士的親朋好友上百人，全部集中到皇城東側的崇仁坊，挖出他們的心肝，敲碎他們的頭蓋骨，用來祭奠自己起兵之時，被唐玄宗殺掉的兒子安慶宗。

有時候，殺人似乎也會讓人上癮，這些叛軍的興致全都用在這裡了，安祿山本人也沉溺在享樂之中，因而沒有繼續進軍，這讓唐玄宗平安逃到成都，唐肅宗順利在靈武建立政權，也讓各地反對安祿山的勢力，得以重新整合起來。
唐肅宗即位之後，民心士氣爲之一振，因爲自從潼關失陷以來，玄宗的行蹤就沒有多少人知道，等到太上皇的詔書從成都發出，新皇帝的詔書從靈武發出，各路兵馬便有了效忠的對象，復興的希望重新燃起。唐肅宗任命郭子儀爲武部尚書，李光弼爲戶部尚書，兩人構成了復興唐室的主要力量。
至德二年，公元七五七年正月，安祿山患了眼疾，身上又長了惡瘡，讓原本脾氣就很暴躁的他，更是經常大發雷霆，左右侍從稍有不如意的，就用鞭子抽打，甚至誅殺，他整天待在洛陽深宮之中，文武大臣都難得見上一面，只有透過中書侍郎嚴莊奏報。
嚴莊跟隨安祿山起兵，地位尊貴而手握大權，卻仍經常遭受安祿山的折辱，心懷怨恨已久，這一日將安祿山的兒子安慶緒與宦官李豬兒找來，對他們說道：「皇帝登基以來，倒行逆施，讓我們這些在他身邊辦事的人，時時得要提心吊膽，想來二位也有同感吧！」
安慶緒是長子，理應成爲繼承人，可是安祿山寵愛妃子段氏，想要以段氏的兒子安慶恩取而代之，安慶緒擔心自己地位性命都將難保，於是對嚴莊說道：「你有何計策，我都聽你的。」
李豬兒是安祿山最信任的宦官，可是在他心中，總忘不了自己少年之時，被安祿山強行閹割的屈辱，那時候他流了好多的血，差點連命也丟了，這時回想起來，傷口彷彿隱隱作痛，新仇舊恨並起，咬牙怒道：「天天挨他的揍，哪天被揍死都不知道，這樣的日子，我活不下去了！」

於是那天深夜，安慶緒與嚴莊手執兵刃，立於寢宮之外，李豬兒提刀直入殿中，對著安祿山的大肚子猛砍，這幾下砍得眞深，安祿山的腸子都流出來了，而他居然還能坐起來，指著李豬兒大罵：「你……你這個家賊……」抽搐了幾下，氣絕身死。

安慶緒進入殿中，在龍床下挖了一個大坑，把父親的屍體埋進去，揮刀警告一旁早已嚇呆的侍從：「你們如果敢透露半點消息，我要你們死得更慘！」

第二天一早，嚴莊召集百官，說道：「皇上病重，封晉王安慶緒爲太子！」就在當天，安慶緒宣布登基，尊安祿山爲太上皇，不久宣告安祿山的死訊，替他發喪。

安慶緒除了遺傳到父親的貪婪之外，什麼都不會，朝中之事，無論大小，都由嚴莊取決，他自己樂得輕鬆，躲在後宮裡飲酒狂歡。

那時，叛軍主力正在大舉圍攻太原，史思明、蔡希德、高秀嚴、牛廷玠等軍從各地殺來，李光弼浴血苦戰，情況非常危急。

安慶緒即位之後，命令史思明率軍返回范陽，鞏固老巢，史思明撤兵後，叛軍實力大爲消減，李光弼利用這個機會，率領敢死隊大舉反擊，將蔡希德軍擊潰，斬首七萬多級，太原遂告安穩。

不久之後，郭子儀又領兵擊敗崔乾祐，收復河東安邑，西北地區的局面，倒向唐朝這一方，唐肅宗於是從靈武南下，進駐長安西方的鳳翔府，監督各地軍隊，進行反攻的準備。

唐肅宗有個心腹謀臣，名叫李泌，他和唐肅宗自幼就是好友，這時唐朝遭逢大難，李泌以布衣的身分，來到靈武，替唐肅宗出謀策劃。

他向唐肅宗提出一項戰略，指著地圖說道：「如今，各路兵馬士氣旺盛，正是反攻的大好時機，陛下可命李光弼出太原，取井陘關攻擊河北；命郭子儀自河東出兵威脅潼關；陛下親自率領大軍，自鳳翔、扶風，徐徐向長安進發，將叛軍包圍，令其首尾不能兼顧，然後派遣精兵，直搗范陽，覆其巢穴；最後四方大軍合圍並進，徹底消滅敵人，此乃一勞永逸之計。」

「如此一來，收復兩京，豈不是曠日廢時嗎？」唐肅宗破敵心切，這個辦法會花很久的時間，不願意採納，因為他已經接獲安祿山的死訊，十分興奮，於是任命郭子儀為天下兵馬副元帥，協同大元帥廣平王李俶，率領關內節度使王思禮、朔方兵馬使僕固懷恩幾路兵馬，大舉進攻長安。

不料，清渠一戰，郭子儀竟然被叛軍的安守忠、李歸仁擊敗，損失了不少軍械，好不容易才帶著敗軍，狼狽回到鳳翔。

郭子儀跪在唐肅宗面前請罪，用人之際，唐肅宗沒有責罰他，說道：「這不是你的錯，你還能帶兵全身而退，已經很不容易了，敗是敗在軍力不足啊！」他想起北方的回紇，頗為強盛，自天寶初年以來，這個民族突然崛起，佔據了東突厥的領土，與唐朝的關係不錯，於是，他派遣使節，前往回紇請求援軍。

回紇酋長懷仁可汗對於領土沒什麼野心，但是對使者許下的優厚酬庸很感興趣，就讓自己的兒子葉護與大將帝德領兵援助唐朝。

得到回紇的生力軍，又從西域調回許多兵力，歷經數個月之久的準備，這時唐軍又集結了十五萬大軍，再由郭子儀率領，於九月間再度發動攻擊，香積寺一戰，大破敵軍，一舉收復長安城。

城中百姓，受了好幾個月的荼毒，這回終於盼到了官軍，許多人不由得感動得流下了眼淚。郭子儀乘勝追擊，繼續向東挺進，收復了華陰、弘農二郡，長安局面穩定，並且開始籌畫進攻東都。

其實當時，叛軍的總軍力是在唐軍之上的，只不過那時，洛陽東方的淮水上游一帶，曾經爆發非常激烈的戰爭，牽制叛軍十幾萬的兵馬，讓郭子儀等人，可以從容規劃，部署收復兩京的戰略。

這場戰爭的主角名叫張巡，他本來只是個小小的眞源縣令，安祿山大軍南下，各地郡縣紛紛投降，他卻招募壯丁，積極準備抵抗。

那時，眞源縣附近的雍丘（今河南杞縣）守將令狐潮已經投降，張巡就率領他招募的壯丁佔領了雍丘。

安祿山就派令狐潮領兵四萬，進攻雍丘，張巡和雍丘將士堅守六十多天，他與將士穿戴著盔甲吃飯，包紮好傷口再戰，打退叛軍三百多次的進攻，殺傷大批叛軍，使令狐潮不得不退兵。

長安失陷，令狐潮又集合人馬來攻城，他寫了一封信，勸張巡投降。

消息在雍丘城中傳開，城中有六名將領，原本都很有聲望，戰功也高，看這個形勢，信心動搖，一同勸張巡道：「我們與敵軍實力懸殊，長安又被敵軍拿下，皇上是死是活也不知道，不如投降吧。」

張巡很生氣，卻對他們說道：「此事明日再與眾人商量。」

第二天，他召集全縣將士來到府衙之前，對眾人宣佈這六人背叛國家、動搖軍心的大罪，當場將他們斬首示眾。

將士們見狀，紛紛表示，願與張巡奮戰到底。

令狐潮不斷攻城，張巡組織兵士在城頭上放箭，把叛軍逼回去。但是，日子一長，城裡的箭用完了，爲此，張巡心急如焚，後來他想了一個辦法，利用月黑風高，從城頭上垂吊幾千個稻草人，徐徐降下。

令狐潮的兵士發現了，連忙稟報，令狐潮斷定，那是張巡派兵趁夜偷襲，命令兵士向城頭放箭，一直放到天色發白，這才發現，大量的箭枝都射在稻草人身上。

就這樣，雍丘城中又多了幾十萬枝箭，又可以與敵軍周旋了。

羅貫中寫《三國演義》的時候，把這個典故，轉化成赤壁之戰前夕，神機妙算的諸葛亮，想出草船借箭的計謀，其實神機妙算的，正是這位張巡。

幾天後的一個夜晚，城牆上又出現了人影，令狐潮的兵士見狀，認為張巡又來騙他們的箭，冷笑道：「想用老招式騙人上當，太瞧不起人了吧！」大家誰也不去理它。

哪知這次城上垂吊下來的，並不是稻草人，而是張巡派出的五百名勇士，他們乘叛軍沒有防備，發起突擊，令狐潮要想抵抗已經來不及了，心中害怕，策馬逃亡，幾萬名叛軍失去指揮，四下奔竄，一直逃到十幾里外，才氣喘吁吁地停下來。

令狐潮連連中計，氣得咬牙切齒，重新整頓兵馬，又回來繼續攻城。

張巡派部將雷萬春在城頭上指揮作戰，叛軍一到城下，就拉起弓箭，往城頭之上猛射，雨點一般地飛向城頭，雷萬春猝不及防，竟然身中六箭，痛入骨髓，為了安定軍心，咬牙忍住了疼痛，屹立不搖地站在原地繼續指揮。

叛軍將士見狀，還以為這又是張巡詭計，不知放了什麼木人草人的在城頭欺騙他們，於是射箭的速度就緩了下來，後來，令狐潮間接得知，那個屹立不搖之人就是雷萬春，不禁大吃一驚。

他策馬來到城下喊話，請張巡見面，張巡上了城頭，令狐潮道：「我看到雷將軍的勇敢，這才見識到你們的軍紀嚴明，可是這樣有用嗎？天命所歸，不會保佑閣下的。」

張巡冷笑一聲，喊道：「你們這些背叛的傢伙，連做人的道理都不懂，還與我談什麼天命！」說著，就命令將士出城猛衝過去。

令狐潮嚇得調轉馬頭，沒命地逃跑，他手下的十四個將領，都被活捉，還有一百多人遭到斬殺。

從那以後，令狐潮退守陳留，不敢與張巡正面對決，只不斷派出零星軍隊，騷擾張巡的糧道。

其實張巡眞正能作戰的部隊，不過一千多人，敵軍有好幾萬人之多，雙方兵力相差幾十倍，張巡卻總能看準時機，發動奇襲，屢次獲得勝利，眞是史上少見的善戰將領。

至德二年，公元七五七年正月，安慶緒弒父自立，叛軍之中的汴州刺史、河南節度使尹子奇，率領同羅、奚兵十三萬，大舉進攻睢陽，準備朝江淮地區發展，並且繼續進兵江南。

睢陽太守許遠派人向張巡送來告急文書，張巡忖道：「睢陽的位置遠比雍丘重要，如果陷於賊軍之手，只怕後果不堪設想，更何況我在此地，雖然還能暫時抵擋，畢竟實力懸殊，難以長久……」於是，他毅然放棄了雍丘，帶兵前往睢陽，協助許遠防守。

許遠地位比張巡高，但是他很有自知之明，知道張巡善於用兵，智勇雙全，就把軍權交給張巡，請他總理城中防禦：「我不懂軍事，閣下能征善戰，今後我當爲閣下守城，有什麼指示，儘管吩咐。」並且奏報朝廷，表舉張巡爲河南節度副使。

睢陽城的兵力總共才六千多人，敵軍足足有十三萬，實力懸殊，根本不成比例，不過對張巡來說，以寡擊眾，已經是司空見慣的事了，他督勵將士，晝夜苦戰，和叛軍僵持十六天，俘獲敵將六十多人，殲滅敵軍二萬多人，守軍看見新來的主將如此英勇，心生仰慕，無不慷慨赴敵。

尹子奇不得不暫時退兵，過了兩個月，得到了增援兵力，又把睢陽城緊緊圍住。他自恃軍力雄厚，千方百計進攻，日夜輪番猛攻。

張巡召集將士訓話：「我們蒙受國恩，如今國家遭逢大難，死守此城，乃是分內之事，只是，想起各位勞心勞力，爲國捐軀，你們得到的獎賞，卻不足你們功勳的萬一，每當念及此事，我就覺得痛心啊！」

眾將士說道：「這種時候，我們如果還想著獎賞，還是個人嗎？張將軍不要煩心，我們誓死跟隨您，拚死與敵人決戰！」

張巡宰殺牛羊，犒賞將士，隨即傾城而出，尹子奇見狀，笑道：「全城出動，也不過就這麼點人哪？眞是一群不知死活的傢伙！」與將領們竊笑不已，誰知睢陽將士來勢極快，城門才開，軍隊已經交鋒，張巡親自揮舞帥字旗，指揮軍隊衝鋒陷陣，一下子又斬殺了敵將三十多人，敵兵三千多人。

尹子奇退了幾十里，驚魂甫定，嘆道：「看這樣子，會是一場硬仗啊！」

睢陽城將士雖然接連打了幾次勝仗，但是叛軍去了又來，形勢越來越緊急，一天夜裡，張巡命兵士擂起戰鼓，響聲震天，城外的叛軍聽到鼓聲，連忙擺開陣勢，準備交鋒，不料等到天亮，還沒見唐軍出城。

尹子奇派人登上瞭望台觀看，只見城裡毫無動靜，就命令兵士卸甲休息，許多叛軍將士折騰了一夜，疲憊不堪，不少人倒在地上就呼呼睡著了。

正在此時，張巡和雷萬春、南霽雲等十幾名將領，每人帶領五十名士兵，忽然開啓城門，殺了出來，分路猛衝敵營，叛軍防備鬆懈，陣形大亂，又被斬殺了五千多人。

張巡想在尹子奇出陣指揮的時候，趁機將他射殺，但尹子奇相當謹慎，每次上陣，總讓幾個將領伴隨，穿著相同顏色的戰袍，騎著同樣的戰馬，叫人無法分辨誰是主將，爲此，足智多謀的他又想出了一個辦法。

有一次，兩軍對陣，張巡命人用野蒿削出一支箭，射到敵人陣營裡，叛軍兵士拾到這支箭，以爲城裡的箭已經用完了，興高采烈地拿去呈報尹子奇。

城頭上的張巡早就盯著那枝箭的去向，尹子奇剛剛把蒿箭接到手裡，張巡立刻對身邊的南霽雲說道：「南老八，那個人就是尹子奇，快放箭！」

南霽雲是個神射手，一箭射去，不偏不倚，正中尹子奇的左眼，尹子奇哀嚎一聲，捂住滿臉鮮血，跌下馬來。

張巡下令出城衝殺，又打了一個大勝仗。

尹子奇攻城不克，反而瞎了一隻眼睛，又氣又恨，回去養了一陣子傷，又帶了幾萬大軍，將小小一座睢陽城，包圍得水洩不通，這一次，他不輕易開戰，因爲他已經嘗夠了張巡的計謀，訓令各軍堅守陣地，只圍不戰。

城外士兵越聚越多，城中士兵越打越少，到後來，睢陽城只剩下一千六百多人，糧食又已斷絕，城中幾乎沒有存糧，兵士每天每十個人才能分一升米，拿樹皮、茶葉、泥土混在一起煮來吃，這樣死守了十個月，到最後，連一粒米都沒有了。

兵士們熬不住，接連病倒，情況越來越危急，張巡別無他法，只好派南霽雲帶了三十名騎兵冒死衝出重圍，前往臨淮（在今江蘇盱眙西北）去向守將賀蘭進明請求援軍。

賀蘭進明說道：「睢陽城旦夕之間就要陷落，這時候就算派兵前去，恐怕也來不及了吧？」

南霽雲說道：「霽雲願以性命擔保，睢陽城短時間內絕對不會失陷！大人，睢陽與臨淮唇齒相依，如果睢陽陷落，臨淮也保不住了啊！」

賀蘭進明道：「並非我不願派兵，只是，我也有所苦衷……」原來臨淮轄下的靈昌太守許叔冀，正與他鬧得不可開交，打算脫離臨淮獨立，所以他不敢分兵去救睢陽。

國難當頭，政客只知你爭我奪，不曉得共體時艱，這是時代的悲哀。

賀蘭進明見南霽雲是個勇將，想把他留在身邊，必能替自己增添不少實力，於是設宴款待南霽雲，請眾將領作陪。

南霽雲心急如焚，哪裡喝得下酒？他流著眼淚激動地說道：「我來的時候，睢陽軍民已經有一個多月沒吃到糧食了，我在這裡怎能忍心吃這些佳餚？就算吃了，又怎麼能嚥得下去？將軍手握重兵，眼看睢陽城陷落，卻不肯分兵救援，難道是忠臣義士所該做的嗎？」說著，把自己的一個手指咬了下來，滿口鮮血淋漓，將手指扔在桌上，氣憤地說道：「霽雲不能完成主將的使命，只好留下這個手指作證，回去也好有個交代。」

與會官員看了，驚訝萬分，都用袖子掩住臉，有些人忍不住哭了起來。

南霽雲離開臨淮，回到睢陽，臉上的表情悲痛萬分，城中將士見他空手而回，知道沒救了，紛紛抱頭痛哭。南霽雲把借救兵的情況向張巡、許遠報告以後，眾人反覆商量，張巡道：「睢陽乃是江淮的屏障，一旦失守，叛軍長驅南下，江淮不保，江南財賦之地也將不保。」

他們決心繼續死守。

城裡糧食斷絕，他們就煮樹皮吃；樹皮吃完，就殺戰馬；戰馬殺光了，只好捉麻雀老鼠，到後來，連這些東西也吃完了，張巡一狠心，把愛妾殺死，許遠一咬牙，把家中奴僕殺死，煮成肉湯分給士兵們吃，活人吃完了，又吃死人，景象悽慘萬分。

城中將士、百姓被這種淒涼而悲壯的氣氛感動了，他們明明知道，這樣堅守下去，絕對沒有生路，但他們沒有一個人叛逃，自願留在這個沒有希望的城池之中，與城共存亡。

到了最後，戰死的戰死，餓死的餓死，全城只剩下四百人，尹子奇再度下令攻城，他們搭起雲梯，攀上城頭，守軍餓得連反擊的力氣都沒有，張巡向著西方，叩頭而拜，說道：「臣已經盡力了，還是不能保全此城，臣此生不能報答陛下，死後必當化為厲鬼，殺盡天下奸賊！」

至德二年，公元七五七年年十月，睢陽城終於陷落，張巡、許遠、雷萬春、南霽雲等三十六名將領全部被俘。叛將把他們一個個綁了起來，逼他們投降。

張巡看著架在自己脖子上的刀鋒，冷笑一聲，把叛將痛斥一頓。叛將沒理他，轉向南霽雲，勸他投降，南霽雲沒有作聲。張巡轉過臉高喊道：「南老八！男子漢死了就死了，也不能在叛賊面前屈服啊！」

南霽雲笑了笑，說道：「張公儘管放心吧！我還在盤算該用什麼法子收拾他們呢，所以才沒說話，哪會怕死啊！」

尹子奇來到他們面前，用他僅剩的一隻眼睛看著張巡，問道：「聽說你每次督軍作戰，瞪得眼皮都裂了，牙齒也碎了，這是爲什麼？」

張巡冷哼道：「我恨不得生吞逆賊，只可惜能力不夠！」

尹子奇拿刀撬開張巡的嘴，果然只剩下三四顆牙齒了。

「哼哼，既然你要做忠臣，我就讓你做忠臣吧！」

張巡、許遠等人面色不改，意氣如常，坦然面對死亡，睢陽城全城軍民，都遭到殺害，他們寧願死去，也不肯投降。

由於張巡等人的堅守，睢陽以南的江淮地區才沒遭到叛軍的破壞，屏障了半壁江山，延續了唐朝百年的壽命。

河南節度使張鎬聽說了睢陽的情況，很受感動，連忙發兵前進，打退尹子奇叛軍，收復睢陽城，這時，距離張巡、許遠殉國，已經三天了。又過七天，廣平王李俶率領回紇兵馬，與郭子儀會合，長驅東進，收復洛陽。

安慶緒逃往河北鄴城，繼續頑抗。

十月二十三日，唐肅宗回到長安，並在十二月，迎接太上皇返回京師，下詔改年號爲乾元，以成都爲南京，鳳翔爲西京，長安爲中京，作爲這場動亂的紀念。

可是，動亂還沒有結束。

尾大不掉

唐朝收復兩京，安慶緒逃奔鄴城，屯駐在范陽的大將史思明，看見情勢似乎倒向朝廷，於是遣使奉表，統轄的十三郡八萬兵馬，投降唐朝，唐肅宗大喜，任命史思明爲歸義王、范陽節度使。

乾元元年，公元七五九年九月，唐肅宗召集九鎮節度使，集合大軍二十萬，並聯合回紇兵馬，兵分九路，大舉討伐安慶緒。唐肅宗認爲，軍中以郭子儀、李光弼功勞最大，可是他們必定無法互相統攝，於是派了宦官魚朝恩擔任觀軍容使，以監督諸軍。

大軍北上，包圍鄴城，安慶緒躲在城裡，除了喝得醉醺醺，也想不出什麼辦法，幸好鄴城城牆高大，官軍一時還打不進來，雙方就這樣僵持住了。

此時，史思明又反叛了，因爲他和李光弼不合，擔心李光弼對他不利，所以領兵十三萬，從范陽南下，攻佔了魏州城（今河北大名），不過他也無心救援安慶緒，就在魏州城中自己宣布即位，號稱大燕聖王，起先按兵不動，到了乾元二年三月，忽然率領大軍直驅鄴城，與九節度使之兵在安陽河上展開激戰。

各路大軍，沒有統一的指揮系統，號令不一，二十萬人亂成一團，忽然一陣大風，揚起漫天風沙，天昏地暗，把陣形吹亂，史思明趁機猛攻，將大軍殺得四處逃散，郭子儀退回洛陽，李光弼等人亦退回本鎮，魚朝恩把失敗的責任推給郭子儀，唐肅宗聽信讒言，撤除郭子儀朔方節度使的職務，讓李光弼接替。

這場大戰，竟然讓原本即將滅亡的叛亂軍死灰復燃，史思明解了鄴城之圍，屯兵城南，並不入城與安慶緒相見。

左右臣子對安慶緒說道：「時勢比人強，不如咱們就投靠史思明吧！」安慶緒只貪圖享樂，對於自己皇帝的身分，倒不怎麼在乎，就向昔日的部下稱臣了，史思明把安慶緒等人騙來營中相會，隨即將他逮捕，數落他弒父的罪狀，將他斬首。四月，史思明留下兒子史朝義鎮守鄴城，領兵回到范陽，自號大燕皇帝。

到了九月，史思明又率領大軍，兵分四路渡過黃河，攻佔汴州，並且進逼洛陽。

當時李光弼負責洛陽防務，洛陽的官員見敵軍來勢洶洶，十分害怕，便有人主張退到潼關。李光弼說道：「雙方勢均力敵，我們退兵，那是示弱，敵人就會更加猖獗，可是，洛陽為四敞之地，無險可守，不如轉進他處，進可以攻，退可以守。」城中官員同意，李光弼便下令把官員與百姓全部撤出，帶兵到了河陽（今河南孟縣）。

史思明進入洛陽，只得到一座空城，要人沒人，要糧沒糧，又怕遭到偷襲，只好帶兵出城，在河陽南邊築好陣地，與李光弼對峙。

李光弼是個久經沙場的老將，眼前的兵力不如叛軍，只能智取，不能強攻，他聽說史思明從河北帶來一千多匹戰馬，每天都要在河邊沙洲放牧，就命令部下把到各處找來許多剛剛分娩的母馬，將牠們的小馬拴在馬廄裡，等叛軍戰馬一到沙洲，就把母馬放出來與戰馬混在一起，過了一會，母馬想起小馬，嘶叫著奔回來，馬匹有著群體行動的特性，敵人的戰馬也跟著到唐軍陣地來了。

史思明一下子失去上千匹戰馬，氣急敗壞，命令部下集中戰船，從水路進攻，前面以一艘火船開路，準備把唐軍搭建的浮橋燒掉。

李光弼探聽到這個消息，命人準備數百枝長竹竿，以鐵甲包裹竿頭，等叛軍火船駛來，讓兵士站在浮橋上，手執竹竿頂住火船。

火船沒法前進，時間一久，就燃燒了起來，片刻後便沉沒了。

唐軍又在浮橋上以投石車攻擊敵人戰船，將船上的敵兵打得頭破血流，有許多艘連人帶船都沉入水中，那些掉進水裡的士兵，掙扎著爬上岸，沒命地逃跑，被唐軍追殺。

史思明派部將進逼河陽，都被李光弼用計打退，最後，史思明集中了全部兵力，派部將周摯猛攻河陽北城，自己攻打南城，李光弼帶領部將登上北城，觀察敵軍軍情，只見敵軍如同潮水一般，正一隊一隊向北城逼近。

唐軍將領嘴上不說，心中卻十分害怕，李光弼鎮靜地說道：「各位別怕，叛軍雖多，但是隊伍不整齊，可見他們求勝心切，軍心並不穩定。你們放心，不出半日，我保證將他們擊敗。」

李光弼命將士分頭出擊，雖然打得勇猛，但是敵人退了一陣，後續的援軍隨之補上，源源不絕，激戰近半日，雙方還不分勝敗，他召集部將舉行會議，說道：「這半日來激戰連連，你們觀察敵軍的陣勢，哪一方面的戰力最高？」

眾將領異口同聲答道：「西北角和東南角。」

李光弼點點頭，撥出五百騎兵，以二將分別率領，攻打西北角和東南角，並將其餘的將士集中起來，冷靜地傳達軍令道：「將士們待會作戰，一律看旗幟行動，緩慢揮旗，你們可以各自行動，如果急速揮旗，就是總攻的信號，各位看到這個信號，必須奮勇向前，不得臨陣退縮！」說到此處，拿了一把短刀插在靴子裡，道：「打仗原本來是拚生死的事，我乃朝廷大臣，決不死在敵人手裡，你們如果戰敗，我就在此自殺謝罪，絕不會讓你們死了而我還獨自活著。」

眾將士聞言，鼓起勇氣，奮勇上陣殺敵。

沒有多久，部將郝廷玉從陣前轉身回頭奔來，李光弼很生氣，派兵士帶著他的劍迎上去，要將郝廷玉就地正法。

郝廷玉見狀，知道主帥誤會了他，連忙大聲喊道：「我的馬中了箭，想回來換匹馬，並不是退卻。」

傳令的兵士報告李光弼，李光弼立刻給郝廷玉換上新的戰馬，重新上陣作戰，唐軍士氣旺盛，戰機已至，李光弼急速揮動旗幟，下令總攻，各路將士看到城頭旗號，爭先恐後衝進敵陣，喊殺聲震天動地。

叛軍受到猛烈攻擊，再也抵擋不住，紛紛潰退，被唐軍殺死、俘虜了一千多人，另外還有一千多兵士被擠到水裡淹死，周摯倉皇逃走，史思明還不放棄，繼續進攻南城。

李光弼把北城俘虜來的叛軍趕到河邊，史思明見狀，知道周摯已經全軍崩潰，不敢再戰，連忙下令撤退，逃回洛陽。

李光弼知道史思明兵多將廣，並沒有追擊，繼續固守河陽，雙方相持將近一年半，多次擊退史思明。

宦官魚朝恩對唐肅宗說道：「李光弼與史思明對峙這麼久，應該已經讓史思明精疲力竭了，這時候如果不進攻，收復東都，還等什麼時候呢？」

唐肅宗聽信魚朝恩的話，命令李光弼攻打洛陽。

李光弼認爲敵人兵力還很強，不該輕易攻城，唐肅宗擔心他懷有異志，接二連三派宦官催促他進攻，李光弼冒險出兵，屯兵洛陽北面的邙山，部下僕固懷恩違命進駐平原，史思明發動奇襲，唐軍大敗，死傷數千人，河陽遂告失守。

李光弼吃了敗仗，倒是沒有受罰，也許是唐肅宗自覺對不起他吧，命他改任河南副元帥、太尉、侍中，並領河南、淮南東、西與山南東等八道行營節度，轉鎭臨淮。

史思明去了一個強大對手，就打算乘勝進攻長安，京師震動。

此時，叛軍內部又發生內訌，史思明被他兒子史朝義殺死，原來史朝義奉父親之命進攻陝州，卻吃了敗仗，害怕被父親所殺，乃先下手爲強，與幾個將領合謀，將父親殺死，距離史思明邙山之戰，才只有一個月。

這場內訌，讓叛軍內部四分五裂，史朝義雖然也登基稱帝，部下卻大多不服從他，眾叛親離之下，史朝義節節敗退，廣德元年，公元七六三年，僕固懷恩收復洛陽，史朝義北逃范陽，被部下殺害。

在這前一年，七十八歲的太上皇與五十二歲的唐肅宗先後去世，太子李豫登基，是爲唐代宗，一場歷經九年，三個皇帝，蔓延半個中國的大動亂，總算結束，史稱「安史之亂」。

這場劇烈的動亂，造成華北地區極爲慘重的破壞，生靈塗炭，經濟衰退，只能依賴漕運，從受損相對較小的江南半壁，運送米糧財物，維繫中央政府的運作。

戰爭期間，唐朝政府在內地增設許多兵鎮，用以抗敵，戰爭結束後，爲了酬庸投降的叛軍，朝廷讓他們繼續統轄原本的兵鎮，再加上人心思定，朝廷不得不與原有的兵鎮妥協。

如此一來，節度使遍佈全國各地，他們在地方上擁兵自重，還可以自行指定繼承人，形成半獨立狀態的軍閥，米糧財物經常難以上解中央，造成中央財政連年吃緊，統治權力萎縮，國勢日漸衰頹。

國力衰弱之餘，又有外患交侵，除了協助平亂而被養大的回紇，看出唐朝已經成了紙老虎，經常騷擾之外，原本就已強大的吐蕃、南詔等國，更是不把唐朝放在眼裡。昔日天可汗統御天下的霸業，已成爲昨日黃花，只能從夢裡追尋。

國家圖書館出版品預行編目 (CIP) 資料

被消失的中國史 5: 隋唐盛世到安史之亂 / 白逸琦著 . -- 二版 .
-- 臺中市 : 好讀出版有限公司 , 2022.06

面 ;　公分 . -- (中華文明大系 ;5)

ISBN 978-986-178-600-1（平裝)

1. 隋唐史 2. 通俗史話

610.9　　　　111006361

好讀出版

中華文明大系 5

被消失的中國史 5：隋唐盛世到安史之亂

作　　者／白逸琦
總 編 輯／鄧茵茵
文字編輯／莊銘桓
封面設計／鄭年亨
行銷企劃／劉恩綺
發行所／好讀出版有限公司
台中市 407 西屯區工業 30 路 1 號
台中市 407 西屯區大有街 13 號（編輯部）
TEL:04-23157795 FAX:04-23144188 http://howdo.morningstar.com.tw
（如對本書編輯或內容有意見，請來電或上網告訴我們）
法律顧問　陳思成律師

線上讀者回函
獲得好讀資訊

讀者服務專線／ TEL：02-23672044 / 04-23595819#230
讀者傳眞專線／ FAX：02-23635741 / 04-23595493
讀者專用信箱／ E-mail：service@morningstar.com.tw
網路書店／ http : //www.morningstar.com.tw
郵政劃撥／ 15060393（知己圖書股份有限公司）
印刷／上好印刷股份有限公司
如有破損或裝訂錯誤，請寄回知己圖書更換

二版／西元 2022 年 6 月 15 日
定價：280 元

Published by How Do Publishing Co. ,LTD.
2022 Printed in Taiwan

ISBN 978-986-178-600-1